写给中国孩子的

思维游戏书

逻辑思维游戏

王　玥◎主编

北京工艺美术出版社

图书在版编目（CIP）数据

写给中国孩子的思维游戏书．逻辑思维游戏 / 王玥主编．-- 北京：北京工艺美术出版社，2023.8
ISBN 978-7-5140-2629-0

Ⅰ．①写… Ⅱ．①王… Ⅲ．①智力游戏－儿童读物 Ⅳ．①G898.2

中国国家版本馆 CIP 数据核字 (2023) 第 055730 号

出 版 人：陈高潮　　策 划 人：杨　宇　　装帧设计：郑金霞
责任编辑：周　晖　　责任印制：王　卓

法律顾问：北京恒理律师事务所　丁　玲　张馨瑜

写给中国孩子的思维游戏书　逻辑思维游戏
XIE GEI ZHONGGUO HAIZI DE SIWEI YOUXISHU LUOJI SIWEI YOUXI
王玥　主编

出　　版　北京工艺美术出版社
发　　行　北京美联京工图书有限公司
地　　址　北京市西城区北三环中路6号　京版大厦B座702室
邮　　编　100120
电　　话　(010) 58572763（总编室）
(010) 58572878（编辑室）
(010) 64280045（发　行）
传　　真　(010) 64280045/58572763
网　　址　www.gmcbs.cn
经　　销　全国新华书店
印　　刷　天津海德伟业印务有限公司
开　　本　700 毫米×1000 毫米　1/16
印　　张　8
字　　数　30千字
版　　次　2023年8月第1版
印　　次　2023年8月第1次印刷
印　　数　1～20000
全套定价　199.00元（全五册）

FOREWORD

前言

孩子在身体茁壮成长的过程中，智力也在快速增长，在这个阶段对孩子进行开发全脑的思维训练，能使孩子的智力得到提升，让他们未来的道路更加光明璀璨。

那么如何对孩子的思维进行有效的训练呢？众所周知，爱玩是孩子的天性，生硬的知识灌输方式是他们极为厌烦的，而花样百出的游戏能带给孩子难以言说的快乐，因此，把学习、思考与游戏结合起来，无疑是最适合孩子的学习方式。

在尊重孩子的天性和认知水平的基础上，我们专为孩子打造了《写给中国孩子的思维游戏书》，力求通过一道道具有趣味性和挑战性的思维游戏题，帮助孩子建立超强的思维模式，激发孩子的无限潜能。

本书精选了数百道思维游戏题，涵盖逻辑思维、推理思维、发散思维、图形思维、数字思维等不同类型题目，

每道题目都极具代表性，有些还是世界知名的经典题目。本书架构清晰，编排合理，游戏形式多样，版式活泼，图文并茂，在观察图形、灵活运算、寻找规律、推理案情、巧走迷宫等过程中，相信孩子的思维能力会得到很大提升。

本书适合孩子利用碎片时间进行阅读和训练，在课间、茶余饭后的闲暇时间里都可以拿出来练一练、玩一玩。在享受游戏的快乐中，孩子的思维能力得到稳步提升，并逐步建立起优秀的思维方式。

小游戏也能玩出大智慧。相信孩子在我们精心打造的游戏天地中，一定会越玩越上瘾，越玩越聪明！

CONTENTS 目录

第一章 假设思维

第四章 因果思维

第五章 类比思维

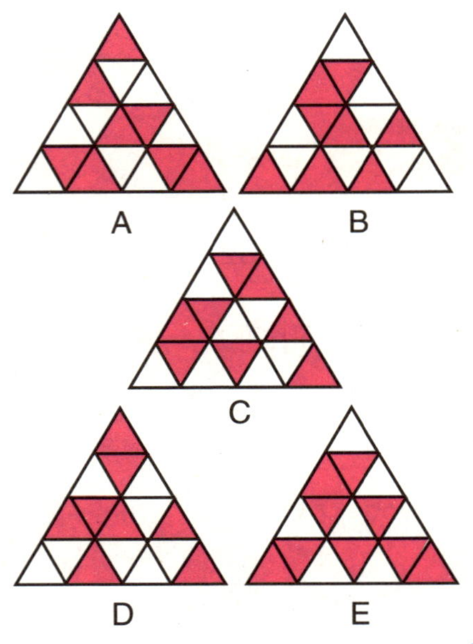
A
B
C
D
E

第一章
假设思维

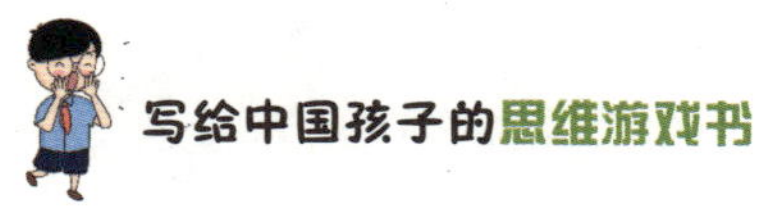

三位青年的年龄

每日来打卡

游戏难度 ★★★☆☆

_____月_____日　　耗时_____分钟

有人问三位青年的年龄。

小张说："我 22 岁，比小王小 2 岁，比小何大 1 岁。"

小王说："我不是年龄最小的，小何和我差 3 岁，小何是 25 岁。"

小何说："我比小张年纪小，小张 23 岁，小王比小张大 3 岁。"

这三位青年每人回答的三句话中，其中都有一句是故意说错的。

你能判断出她们各自的年龄吗？

哪里的人？

游戏难度 ★★★☆☆

_____月_____日　　耗时_____分钟

在下面5个说话的人里面，有2个人是广州人，其余的是上海人。其中的4个人说了真话，有1个人撒谎。

A说：“B和C两者之中只有1个是广州人。”

B说：“C和D之中有1个是上海人。”

C说：“D和A来自不同的城市。”

D说：“C和E之间至少有1个人是广州人。”

E说：“A和B之中有1个人是广州人。”

头脑风暴

请问，他们之中哪几个是广州人，哪几个是上海人？

分辨矿石

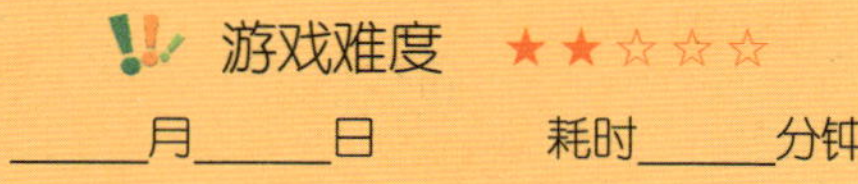

____月____日　　耗时____分钟

这天，老师让小朋友辨认一块矿石。

小磊同学说：“这既不是铁，也不是铜。”

小美同学说：“这不是铁而是锡！”

小婷同学说：“这不是锡而是铁。”

老师最后说：“你们之中，有一位同学判断都对；另一个人的判断都错；还有一人的判断一对一错。”

看看你的判断，这块矿石到底是什么？

五大洲的序号

每日来打卡

地理老师把一张世界地图悬挂在黑板上，并给五个大洲标上序号，让学生辨认出这五个大洲，五个学生分别回答如下：

小周：“3 号是欧洲，2 号是美洲。”

小郑：“4 号是亚洲，2 号是大洋洲。”

小冯：“1 号是亚洲，5 号是非洲。”

小沈：“4 号是非洲，3 号是大洋洲。”

小石：“2 号是欧洲，5 号是美洲。”

老师说他们每个人都答对了一半。

你能判断出这五个大洲的序号吗？

他们各自在做什么？

兄妹 4 人去野炊，他们一个在挑水，一个在烧水，一个在洗菜，一个在淘米。现在知道：老大不挑水也不淘米；老二不洗菜也不挑水；如果老大不洗菜，那么老四就不挑水；老三既不挑水也不淘米。

你知道他们各自在做什么吗?

谁得优秀？

每日来打卡

游戏难度 ★★★☆☆

____月____日　　耗时____分钟

所有六年级学生在完成学业之前，必须进行一次体育测试。测试后，小周、小郑、小峰、小沈四名同学谈论他们的成绩。

小周说：“如果我得优秀，那么小郑也得优秀。”

小郑说：“如果我得优秀，那么小峰也得优秀。”

小峰说：“如果我得优秀，那么小沈也得优秀。”

以上三名同学说的都是实话，但是四人中只有两个人得优秀。

头脑风暴

请问，这四人中谁得了优秀？

窃贼的谎言

警察发现一伙人在盗窃，他们是张三、李四、王五、阿七。在审问他们谁是老大时，他们的回答各不相同。

张三说：“老大是王五。”

李四说：“我不是老大。”

王五说：“李四是老大。”

阿七说：“张三是老大。”

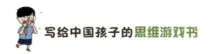

经过了解，这一伙人中只有一个人说的是实话，其他三人说的都是假话。

警长问他的部下：“知道谁是老大吗？”

部下指着一个人说：“是他。”

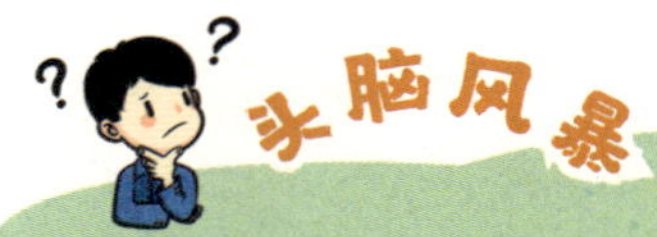

请问，你知道“他”是谁吗？

是谁的名字？

游戏难度 ★★★☆☆

______月______日　　耗时______分钟

老师用圆珠笔在手上写了 A、B、C、D 四个人中的一个人的名字，她握紧手，对他们 4 个人说："你们猜猜我手中写了谁的名字？"

A 说："是 C 的名字。"

B 说："不是我的名字。"

C 说："不是我的名字。"

D 说："是 A 的名字。"

四个人猜完后，老师说："你们四个人中只有一个人猜对了，其他三个人都猜错了。"

四个人听后，都很快猜出老师手中写的是谁的名字了。

你知道老师手中写的是谁的名字吗？

冠军是谁？

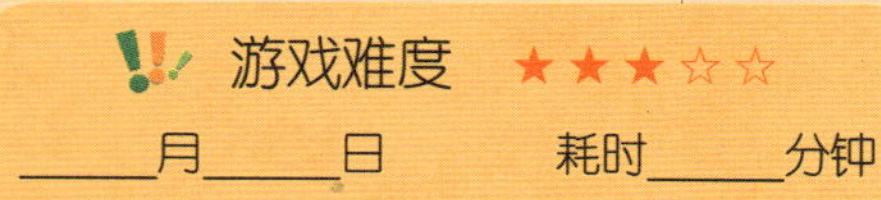

田径场上小赵、小钱、小孙、小李、小周、小吴 6 人参加百米决赛。对于谁是冠军，看台上甲、乙、丙、丁 4 人有以下猜测：

甲说：“冠军不是小赵就是小钱。”

乙说：“冠军不是小孙。”

丙说：“小李、小周、小吴都不可能是冠军。”

丁说：“冠军是小李、小周、小吴中的一人。”

比赛结果是，这 4 人中只有一人的猜测是正确的。

你知道冠军是谁吗？

成绩的排名

期中考试结束后有5位同学获得了排名第1到第5的好成绩。下面是他们的对话。

A说："我不是第5名。"

B说："C是第3名。"

C说："A的排名在E后面。"

D说："E是第2名。"

E说："D不是第1名。"

出于谦虚或其他原因，第1名和第2名都说了谎话。那3个成绩相对较差的学生反而说了真话。

那么他们的排名到底怎样？

谁的年龄比较大？

大明和二明是两兄弟，有一天被一个路人问到谁的年龄比较大。

大明说：“我的年龄比较大。”

二明说：“我的年龄比较小。”

他们两个也不是双胞胎，而且他们之中至少有一个人在说谎。

请问，谁的年龄比较大？

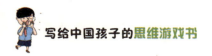

上午还是下午？

有兄弟二人，哥哥上午说实话、下午说谎话，而弟弟正好相反，上午说谎话，一到下午就说实话。有一个人问这兄弟二人：“你们谁是哥哥？”较胖的说：“我是哥哥。”较瘦的也说：“我是哥哥。”那个人又问：“现在几点了？”较胖的说：“快到中午了。”较瘦的说：“已经过中午了。”

请问，现在是上午还是下午？谁是哥哥？

乒乓球的颜色

每日来打卡

游戏难度 ★★★☆☆

_____月_____日　　耗时_____分钟

在一次晚会上，主持人要做一个智力测验游戏，他拿出 3 个乒乓球，其中 2 个是白色的，1 个是红色的。他叫了甲、乙两名观众，让他们背靠背站立，然后给了每人 1 个乒乓球，看谁可以先猜到对方手中乒乓球的颜色。在发完球后，两个人都没有先说话，然后乙说：“我知道了，甲手里拿的是白色的。”

头脑风暴

你知道乙猜测的对吗？他是怎么猜测出来的吗？

车的颜色

每日来打卡

游戏难度 ★★★☆☆

_____月_____日　　耗时_____分钟

吴某、孙某、赵某、李某4人的车的颜色为白色、银色、蓝色和红色。在问到他们各自车的颜色时，吴某说："孙某的车不是白色的。"孙某说："赵某的车是红色的。"赵某说："李某的车不是蓝色的。" 李某说："吴某、孙某、赵某3人中有一个人的车是红色的。"而且只有一个人说的是实话。

现有以下几个选项：

① 吴某的车是白色的，孙某的车是银色的。

② 孙某的车是蓝色的，赵某的车是红色的。

③ 赵某的车是银色的，李某的车是蓝色的。

④ 李某的车是银色的，吴某的车是红色的。

头脑风暴

如果李某说的是实话，那么以上选项哪一个是正确的呢？

帽子的颜色

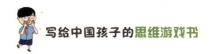

在一个晚会上，有 3 顶蓝帽子和 2 顶红帽子。在前面扮演小丑的明明、亮亮、华华排成一列站着。明明后面站着亮亮，亮亮后面站着华华。他们 3 人头上各戴上 1 顶帽子，剩下的帽子被藏了起来。他们可以看到前面的人帽子的颜色，但看不到自己的。主持人让他们抢答自己的帽子的颜色。一番沉默过后，谁的帽子都看不到的明明说："啊！我知道了。"

请问，明明的帽子是什么颜色？

怪脾气女子

每日来打卡

有4个女子，其中1人是有怪脾气的女子，她常常撒谎，其他3人是单纯的女子，从不撒谎。她们每个人都戴着一条项链，其中的一条项链是白金项链，戴着它的人，无论是单纯的女子还是有怪脾气的女子，都会说谎。而且，她们互相都知道谁是有怪脾气的女子、谁是戴着白金项链的女子。下面是她们的对话。

A说：“我的项链不是白金项链。”

B说：“C是怪脾气女子。”

C说：“戴着白金项链的是D。”

D说：“C不是有怪脾气的女子。”

头脑风暴

根据以上对话，推断到底谁是有怪脾气的女子、谁戴着白金项链？

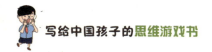

找珠宝

每日来打卡

游戏难度 ★★★☆☆

_____月_____日　　耗时_____分钟

有一个探险队员在一个山洞里找到了两个箱子和一封信，信上写着：“这两个箱子一个装满了珠宝，另一个装满了毒气。如果你足够的聪明，按照箱子上的提示一定可以拿到宝贝。”这时探险队员看到两个箱子上都贴着一张纸条，第一个箱子上写着：“另外一个箱子上的纸条是真的，珠宝就在这个箱子里。”第二个箱子上写着：“另外一个箱子上的纸条是假的，珠宝在另一个箱子里。”

探险队员要想拿到珠宝，他应该打开哪个箱子呢？

住在哪儿？

小吴、小孙、小赵、小李在谈论他们及他们的同学张伟的居住地。

小吴说：“我和小孙都住在北京，小赵住在天津。”

小孙说：“我和小李都住在上海，小赵住在天津。”

小赵说：“我和小吴都不住在北京，张伟住在南京。”

小李说：“小吴和小孙都住在北京，我住在广州。”

假定他们每个人都提供了两个真信息，一个假信息。

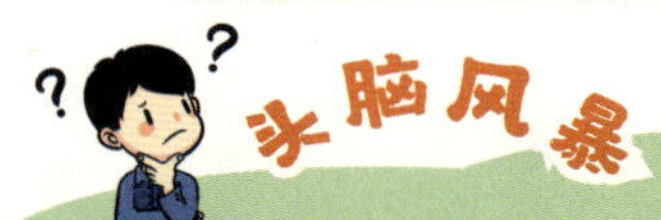

请问，不在场的张伟住在哪儿？

长幼顺序

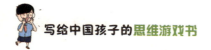

王先生有 A、B、C、D 四个儿子，三个哥哥都生性顽劣，只有最小的弟弟善良淳朴。不过二哥也还算善良，也会说真话。下面是他们关于年龄的对话。

A 说：“B 比 C 年龄小。”

B 说：“我比 A 小。”

C 说：“B 不是三哥。”

D 说：“我是长兄。”

你能判断他们的长幼顺序吗？

多少人戴着蓝帽子？

每日来打卡

游戏难度 ★★★☆☆

_____月_____日　　耗时_____分钟

在一次元旦晚会上，老师想和同学们玩一个游戏。于是他关了灯，给每个人都戴上一顶帽子，并告诉大家这些帽子有的是红色的、有的是蓝色的，蓝帽子至少有一顶。所有人不能交谈，不能取下自己的帽子看颜色。如果谁判断出自己的帽子的颜色是蓝色的话，就拍一下掌。游戏开始了，灯亮了一下，所有人看了一圈，没有人拍掌。然后灯熄灭了。过了几秒，灯又亮了一会儿，还是没有人拍掌，然后灯又熄灭了。这样，直到第四次熄了灯之后，才听见一阵拍掌声。

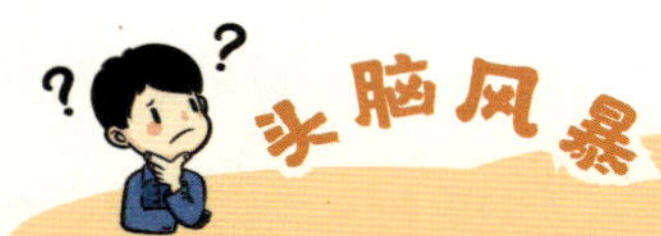

头脑风暴

那么，有多少人戴着蓝帽子呢？

实话和假话

游戏难度 ★★★☆☆

_____月_____日　　耗时_____分钟

小春、小夏、小秋和小冬 4 个人各说了一句话。

小春说："我是个讲真话的人。"

小夏说："我们 4 个人都是说谎话的人。"

小秋说："我们 4 个人只有 1 个人在撒谎。"

小冬说："我们 4 个人只有 2 个人在撒谎。"

头脑风暴

请你想一想，这 4 个人中谁说的是实话，谁说的是假话？

谁是小偷？

每日来打卡

游戏难度 ★★★☆☆

_____月_____日　　耗时_____分钟

某商场发生了一起盗窃案，一块金表被盗了。警察根据群众提供的线索，对涉嫌盗窃的于某、赵某、钱某、胡某 4 人进行了审讯。他们的口供如下：

于某说：“我看见金表是赵某偷的！”

赵某说：“不是我！金表是钱某偷的。”

钱某说：“赵某在撒谎，他是要陷害我。”

胡某说：“金表是谁偷去了我不知道，反正我没偷。”

经查证，4 个人中只有 1 个人的供词是真话，其余的人都在撒谎。

请问，谁是小偷？

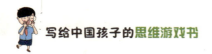

预测错了的选手

每日来打卡

游戏难度 ★★★☆☆

_____月_____日　　耗时_____分钟

在一次羽毛球比赛前，小吴、小孙、小赵、小李 4 名选手预测各自的名次。

小吴说："我绝对不会得最后一名！"

小孙说："我不能得第一，也不会得最后一名！"

小赵说："我肯定得第一！"

小李说："那我是最后一名！"

比赛结果一出，4 人没有并列名次，而且只有其中一位预测错了。

你知道是哪位选手预测错了吗？

谁打碎了玻璃？

每日来打卡

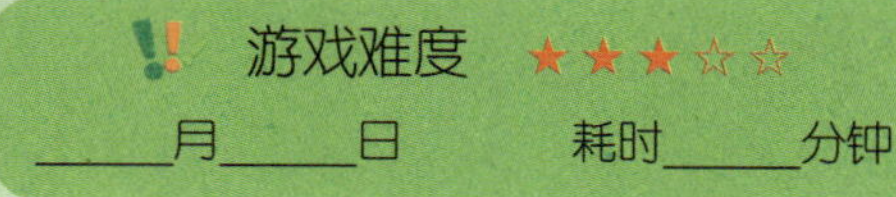

4 个学生在学校里踢足球。砰的一声，不知是谁踢的球打碎了教室的玻璃，李老师跑出来一看，问道："是谁打破了玻璃？"

小张说："是小强弄坏的。"

小强说："是小胖弄坏的。"

小明说："我没有弄坏教室的玻璃。"

小胖说："李老师，小强在撒谎，不要相信他。"

4 个学生中，只有一个人说了实话。

头脑风暴

请问，是谁在说实话？是谁弄坏了教室的玻璃？

比赛的结果

每日来打卡

周末，小宾、小冰、小志 3 个人进行赛跑，结束后，有人询问他们比赛的结果。

小宾说：“我是第一。”

小冰说：“我是第二。”

小志说：“我不是第一。”

事实上，他们中有一个人撒了谎。

你能判断一下比赛的结果吗？

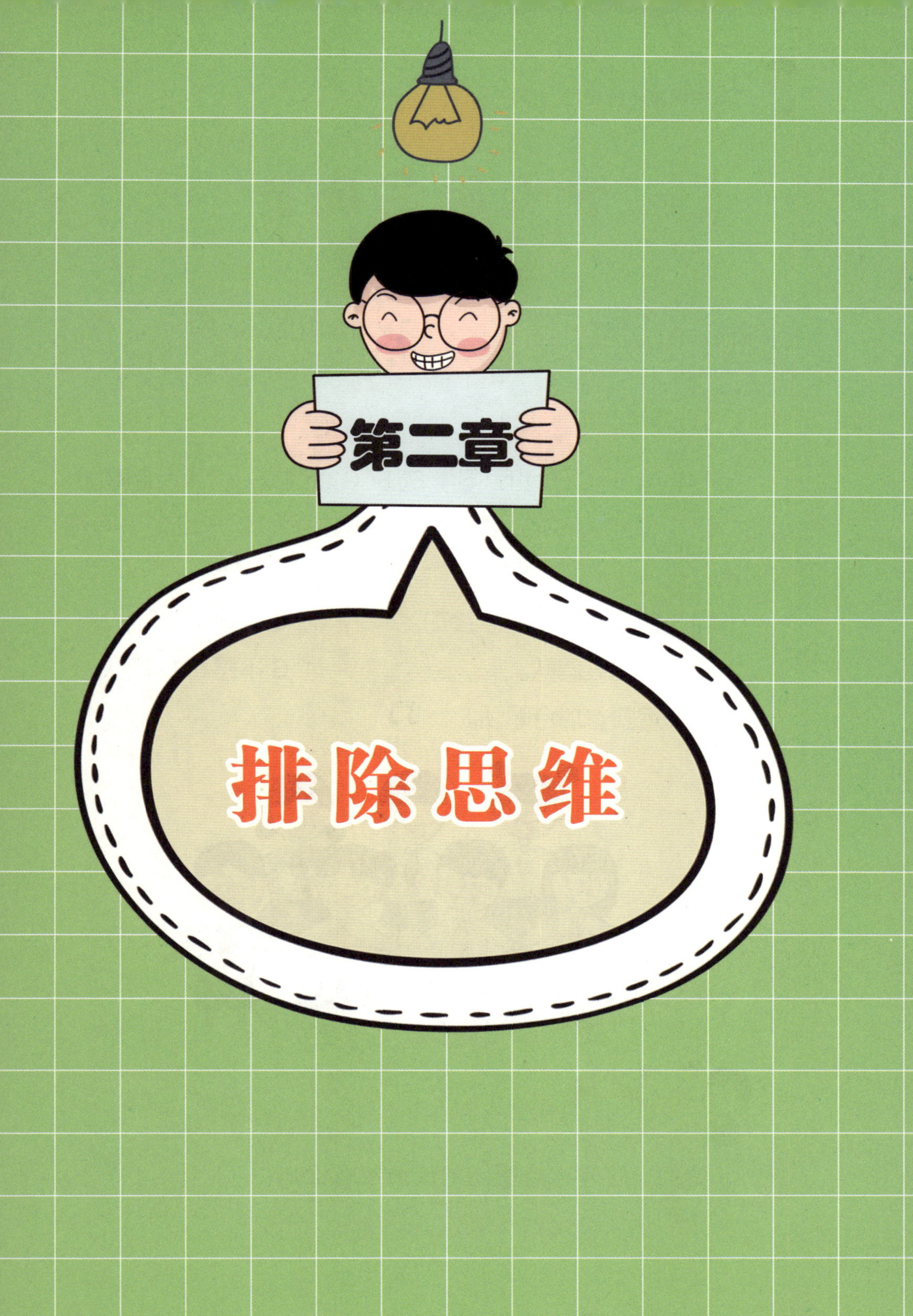
第二章
排除思维

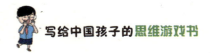

合唱团的成员

每日来打卡

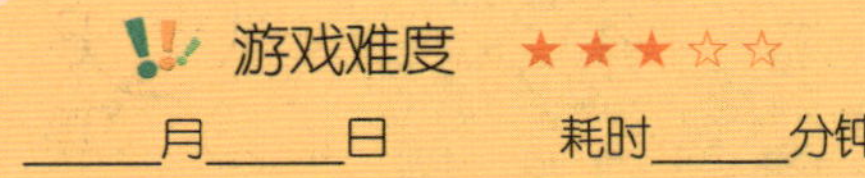

女同学 A、B、C、D 和男同学 E、F、G 想组成一个 4 人合唱团，但他们之中有些人对某人的加入有意见，所以就形成如下有趣的现象：

① 至少要有 2 名男同学参加。　② C 不愿和 E 同队。

③ A 不愿和 F 同队。　④ G 不愿和 D 同队。

⑤ C 一定要参加合唱团。

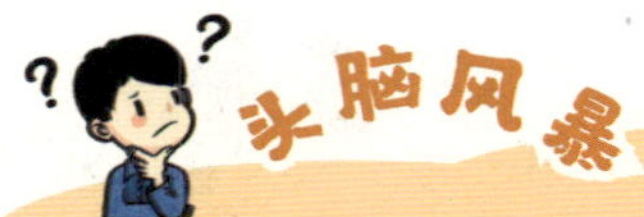

请问，这 4 人合唱团的成员都有谁？

谁的分配最符合？

某公安机关要从代号为赵、王、孙、李、钱、刘6个侦查员中挑选几个人去破案，选人的要求如下：

①赵、王2个人中至少去1个人；

②赵、李不能一起去；

③赵、钱、刘3个人中要派2个人去；

④王、孙2个人都去或都不去；

⑤孙、李2个人中去1个人；

⑥若李不去，则钱也不去。

公安机关把人选的配备问题交给了甲、乙、丙、丁4个人，以下是4个人的分配方法：

甲：挑了赵、王、刘3个人去。

乙：挑了赵、王、孙、刘4个人去。

丙：挑了王、孙、钱3个人去。

丁：挑了王、孙、李、钱4个人去。

头脑风暴

请问，甲、乙、丙、丁4个人中，谁的分配方法最符合题意？

三位先生的职业

威廉姆斯先生、巴尼特先生和爱德华兹先生都寄宿在马·博斯科姆斯公寓。他们当中，一个是面包师，一个是出租车司机，还有一个是司炉工。

现已知：

① 威廉姆斯先生和巴尼特先生每天晚上都下棋；

② 巴尼特先生和爱德华兹先生一起去打棒球；

③ 出租车司机喜欢收集硬币，司炉工带过兵，而面包师则喜欢集邮；

④ 出租车司机从来没打过棒球；

⑤ 爱德华兹先生从来没听说过集邮。

你能根据已知条件，判断出他们的职业吗？

副司机姓什么？

一列火车在深夜里呼呼地行驶着，车上的 3 位乘客根据他们的姓氏分别叫作老张、老陈和老孙，巧的是这列火车的司机、副司机、司炉恰好和这 3 位乘客的姓一样，现在知道：

① 乘客老陈家住天津；

② 乘客老张是位工人，已经参加工作 20 年了；

③ 副司机家住北京和天津之间；

④ 乘客老孙经常在车上和司炉下棋；

⑤ 这 3 位乘客中有一个是副司机的邻居，且这位邻居是位老工人，他的工龄恰好是副司机的 3 倍；

⑥ 3 位乘客中，有一位与副司机同姓的乘客家住北京。

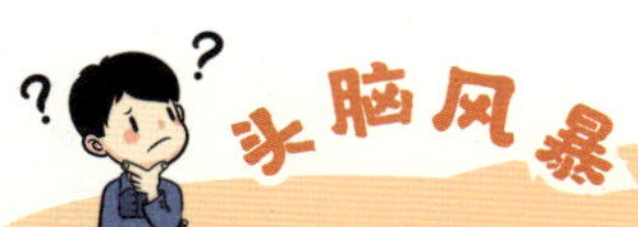

根据上面的情况，你能推断副司机姓什么吗？

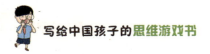

电脑是什么颜色？

靳某最近买了一台新款电脑。朋友们急着想一睹风采，可靳某却还在卖关子，只给他们一个提示："我这款电脑的颜色是银灰、黑、白 3 种颜色其中的一种。"

"靳某一定不会买银灰色的。"小晓说。

"不是白的就是黑的。"童童说。

"那一定是黑的。"光子说。

最后，靳某说："你们之中至少有一个人是对的，至少有一个人是错的。"

请问，靳某的电脑到底是什么颜色？

谁点了清蒸黄鱼？

4 个好朋友前往一家餐厅用餐，他们选了一张圆桌，依A、B、D、C 的顺序坐下，并在看过菜单之后，各自点了主菜、汤及饮料。在主菜方面，薛先生点了一份红烧肉，宁小姐点了一份羊排，而坐在 B 位置的人则点了一份烤鸭。点汤方面，雷女士及坐在 B 位置的人都点了玉米汤，薛先生点了鸡蛋汤，另一人则点了银耳汤。至于饮料方面，雷女士点了可乐，薛先生和宁小姐点了咖啡，而另一个人则点了铁观音茶。当大伙儿点完之后，这才发现：邻座的人都点了不一样的东西。

头脑风暴

如果薛先生坐在 A 位置，试问：谁点了清蒸黄鱼？

各自在做什么？

住在某个旅馆同一房间的 4 个人 A、B、C、D 正在听一组流行音乐，她们当中有一个人在修指甲，一个人在写信，一个人躺在床上，另一个人在看书。

① A 不在修指甲，也不在看书；

② B 没躺在床上，也不在修指甲；

③ 如果 A 没躺在床上，那么 D 没在修指甲；

④ C 既不在看书，也不在修指甲；

⑤ D 不在看书，也没躺在床上。

她们各自在做什么呢？

雕刻艺术家的重要素质

小英希望将来能成为一名雕刻艺术家，因此她去请教雕刻大师范先生："您如果教我学习雕刻，我要花多少时间，才能成为一名雕刻艺术家呢？"范先生回答道："10 年左右。"小英不满足于此，接着问："如果日日夜夜地练习，会不会更快？"范先生说："那得需要 20 年。"

现有以下五个选项：

① 谦虚；

② 勤奋；

③ 尊师；

④ 耐心；

⑤ 决心。

头脑风暴

根据范先生所说，以上哪个选项接近雕刻艺术家的重要素质呢？

箱子的情况

每当乔修建房子需要某样工具时，他总是说："它们在工棚的箱子里。"工棚里，A、B、C、D 这 4 个箱子并排摆在一个隔板上，它们的颜色各不相同，每个里面放着数量不同的有用物件。现有以下几个线索：

① 43 个各种各样的钉子不在褐色的箱子里；

② 蓝色箱子里装着 58 个物件；

③ 螺丝钉放在绿色箱子里，在隔板上紧挨着它的一个箱子里放着垫圈，另一个紧挨着它的箱子里放的东西数量最多；

④ 铺地毯用的大头钉在 C 箱子里。

箱子颜色：蓝色，褐色，绿色，红色。

物品数量：39，43，58，65。

物件：铺地毯用的大头钉、钉子、螺丝钉、垫圈。

你能推断出每个箱子的详细情况吗？

座位的次序

张先生一家人很喜欢猜谜。有一天中午吃饭，张先生的父亲先在圆形的餐桌前坐了下来，问其他 4 个人要怎么坐。没想到他们连这个也要打“哑谜”。

张太太说：“我坐儿子旁边。”

张先生说：“我坐女儿旁边。”

女儿小红说：“妈妈是在弟弟的左边。”

儿子小峰说：“那我的右边是妈妈或姐姐。”

请问，他们一家人到底是怎么坐的?

他们分别从事什么职业？

A、B、C 一家人各从事不同的职业，有法官、律师、画家，但是并不知道哪一个人从事哪一种职业。

已知：

A 是家中唯一的孩子，而且在 3 人当中赚的钱最少；

B 是 C 的嫂子，赚的钱比律师多。

请问，这 3 个人分别从事什么职业？

裙子的颜色

李菲、刘娜、王静都穿着连衣裙去参加丽丽的婚礼。她们穿的裙子一条是花的，一条是白的，一条是蓝的。只知道王静没有穿蓝裙子，李菲既没穿蓝裙子，也没穿花裙子。

头脑风暴

请你想一想，谁穿了白裙子？谁穿了蓝裙子？谁穿了花裙子？

妻子是哪一位？

有4对夫妻，共度一个欢乐的夜晚。妻子是A、B、C、D，丈夫是E、F、G、H。在某个时刻：

① E的妻子不是在与自己的丈夫谈话，而是在与A的丈夫谈话；

② H和D没在谈话；

③ F在拉二胡，而C在吹笛子。

头脑风暴

如果D的丈夫不是F，那么H的妻子是哪一位呢？

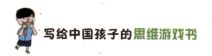

数学竞赛

游戏难度 ★★★☆☆

_____月_____日　　耗时_____分钟

小明、小强、小华 3 人中一人来自 A 市，一人来自 B 市，一人来自 C 市，在数学竞赛中一人获一等奖，一人获二等奖，一人获三等奖。

已知：

① 小明不是 A 市选手；

② 小强不是 B 市选手；

③ A 市的选手获得的不是一等奖；

④ B 市选手获得二等奖；

⑤ 小强获得的不是三等奖。

头脑风暴

请问，这 3 位选手来自哪里？各获得了什么奖项？

选拔谁好呢？

某学校将在小高、小王、小张、小刘、小马、小徐六位同学中选拔 3 位参加全市数学竞赛，通过一段时间的训练考察，老师们对这六位同学有了以下选拔意见：

①不选拔小高；

②或者选拔小张，或者不选拔小王；

③如果选拔小刘，则不选拔小马；

④小高、小王、小马都有可能被选拔出来；

⑤如果不选拔小高，则一定选拔小刘；

⑥选拔小张，或者选拔小徐。

有下列以下选项：

A. 选拔小高、小王、小张　　B. 选拔小王、小张、小刘

C. 选拔小张、小刘、小徐　　D. 选拔小刘、小马、小徐

上面哪一个选项是正确的呢？

谁是科学家？

每日来打卡

游戏难度 ★★★☆☆

_____月_____日　　耗时_____分钟

一名记者采访一位科学家，但不知道科学家姓什么。旅馆看门的老爷爷告诉记者说：“二楼住着3位科技会议代表，分别姓李、王、张，其中有一位是科学家，一位是工程师，一位是编辑。同时还有3位来自不同地方的旅客，他们也分别姓王、李、张。”已知：

① 姓李的旅客来自北京；

② 工程师在广州一家工厂工作；

③ 姓王的旅客说话有口吃的毛病，不当教师；

④ 与工程师同姓的旅客来自上海；

⑤ 工程师和一位教师旅客来自同一个城市；

⑥ 姓张的代表打乒乓球总输给编辑。

头脑风暴

请问，科学家姓什么？

谁受伤了？

卡姆、戈丹、安丁、马扬和兰君都非常喜欢骑马。一天，他们 5 个人结伴到马场骑马。不幸的是，他们当中有个人因为马受惊并狂奔起来而受伤。

现已知：

① 卡姆是单身汉；

② 受伤者的妻子是马扬的夫人的妹妹；

③ 兰君的妻子的女儿前几天生病住院了；

④ 戈丹亲眼看到了整个事故的经过，决定以后再也不骑马了；

⑤ 马扬的妻子没有外甥女也没有侄女。

请你根据已知条件，判断一下究竟是谁受伤了？

第三章
演绎思维

布帛上画了什么？

有一天，刘邦想试一试韩信的智谋。他拿出一块一尺见方的布帛，对韩信说：“给你一天的时间，你在这上面尽量画上士兵。你能画多少，我就给你多少兵。”站在一旁的萧何心想：这一小块布帛，能画几个兵？急得暗暗叫苦。不料韩信毫不迟疑地接过布帛就离开了。

第二天，韩信按时交上布帛，上面虽然画了些东西，可一个士兵也没有。但刘邦看了却大吃一惊，心想韩信的确是一个胸有千军万马的人才，于是把兵权交给了他。

请问，韩信在布帛上究竟画了些什么呢？

露茜要什么？

游戏难度 ★★★☆☆

_____月_____日　　耗时_____分钟

露茜和莉莉去买巧克力，售货员说：“一颗白巧克力 9 角钱，一颗黑巧克力 1 元钱。”于是，莉莉买了一颗白巧克力，并将 1 元钱放在柜台上。

这时，露茜也把 1 元钱放在柜台上，说：“给我一颗巧克力。”售货员给了她一颗黑巧克力。

头脑风暴

售货员是怎么知道露茜是想要黑巧克力的？

携带钢管

铁路系统规定，乘客可以携带长、宽、高小于 1 米的物品上火车。假如你有 1 根钢管，它的直径为 2 厘米，长度为 1.7 米，是不允许携带的。

头脑风暴

你能不能想一个合理的办法（不能弯曲或锯断）携带这根钢管上火车？

他为什么服了？

某地南庄有一位画家，技艺高超，远近闻名。北庄也有一位画家，对南庄的画家有点不服气，总想找机会会一会他。一天，这位北庄的画家来到南庄画家院外，向仆人说明要见他的主人，仆人将他请进院内。只见房门开着，仆人道声："请进！"他用手一掀门帘，立即返身就走，嘴里直喊："我服了，我服了。"

他为什么服了？

被困的人

一条河流中心有一个流沙堆积起来的小岛，岛上有一座古老的桥与河岸相连，可是这座桥已经破烂不堪，很少有人走了。

但有一个人在散步时，从桥上走到小岛上去了。在返回时，刚走了两三步，桥就发出嘎嘎的响声，好像就要断了，他只好又返回小岛。这个人不会游泳，四处呼叫也无人理会，只好待在这个岛上搜肠刮肚地想办法。他在岛上困了好几天，直到有一天，他才过了此桥回到河岸。

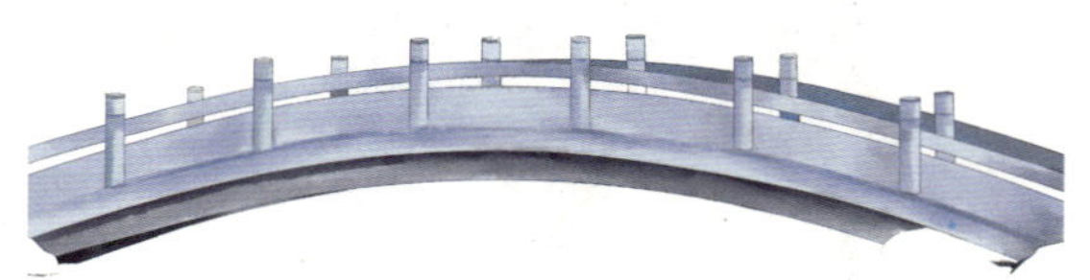

你猜他是怎么过桥的？

辨别身份

每日来打卡

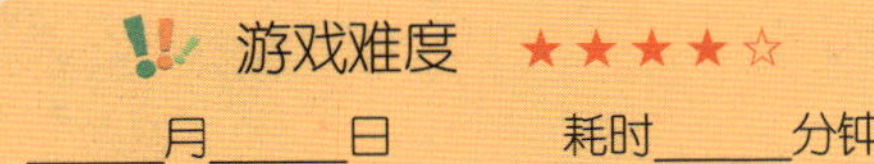

一天下午，某父子二人正在院子里说话，突然，院墙外边伸出一个人头来，那人朝院中看了一圈又缩回去了。

于是父亲问儿子：“你猜这个人是做什么的？”

儿子说：“可能是个小偷，想偷东西，但看见有人就走了。”

然而父亲却说：“那人在寻找丢失的家畜，肯定不是盗贼。”

儿子不信，跑出去问那人是不是寻找家畜的。

那人说：“是啊，你怎么知道我是找家畜的？”

头脑风暴

你知道他父亲是怎么猜到的吗？

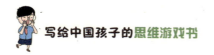

不翼而飞的西红柿汁

在澳大利亚的一个农场里，有一位马虎先生，他在家里自制了很多西红柿汁。有一天，他的小儿子约翰站在窗下，淘气的哥哥汤姆把西红柿汁朝弟弟的头上倒了下去，西红柿汁正好成一条线。马虎先生急忙赶到窗户边一看，真奇怪！约翰的头上没有一滴西红柿汁，地上也没有西红柿汁的痕迹。

顺利入城

有一座城堡，城主下了一道命令，不许外面的人进来，也不许里面的人出去。看守城门的人非常负责，每隔 10 分钟就走出城门巡视一番，看看是否有人想偷着出去或进来。詹姆斯有急事要进城去找他的朋友商量，可是看守城门的人又那样认真，他怎样才能趁守门人不注意时偷偷进入城堡呢？詹姆斯想到一条妙计，顺利地进入了城堡。

你知道詹姆斯是怎样做的吗？

翻硬币

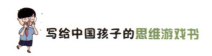

小磊手中有 7 枚硬币，都是正面朝上的。现在要求小磊把它们全部翻成反面朝上，但是每翻一次必须同时翻 5 枚硬币。根据这条规则，你能帮助小磊把它们都翻成反面朝上吗？

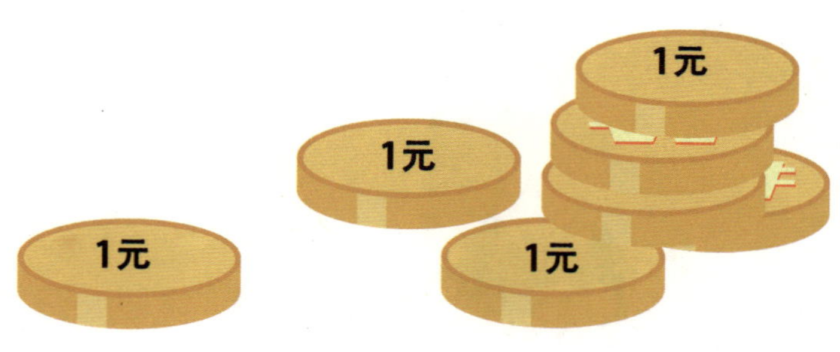

头脑风暴
动脑筋想一想，需要翻几次呢？

藏到哪里去了？

某文具店的生意非常兴隆，有一个小偷经常假装往该文具店门口的邮筒中投信，观察店老板的举动，尤其是现金的存放位置。有一次，这个小偷终于逮到了一个下手的机会，但他偷了钱还没跑出 10 米，店老板就察觉到并追了出去。于是警察就对小偷进行搜身，奇怪的是，此人身上一分钱都没有，无奈只好将其释放，但警方没放弃破案，继续暗中监视他。过了一两天，果然看到那个小偷顺利地取走了钞票。

头脑风暴

你知道小偷到底把钞票藏到哪里去了吗？

怎么过桥？

一辆汽车坏了，被另一辆汽车用钢索拖着前进。但在行进过程中，路遇一座桥梁。桥头的标志牌上写着：最大载重量 30 吨。然而，前面的汽车重 20 吨，后面的坏汽车重 15 吨，明显超过了桥的载重量。

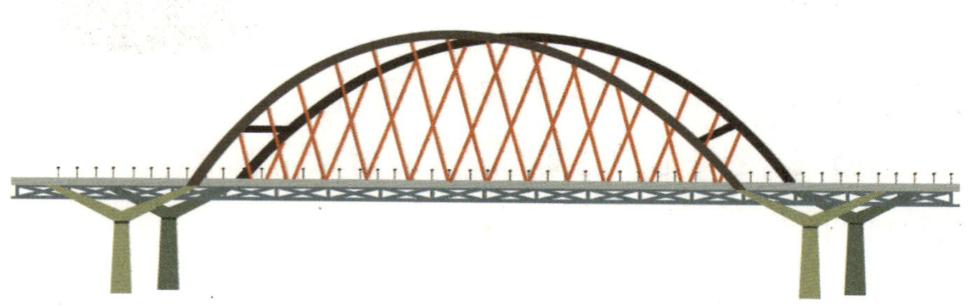

头脑风暴

动脑筋想一想，你能想办法帮他们通过这座桥吗？

有把握及格吗？

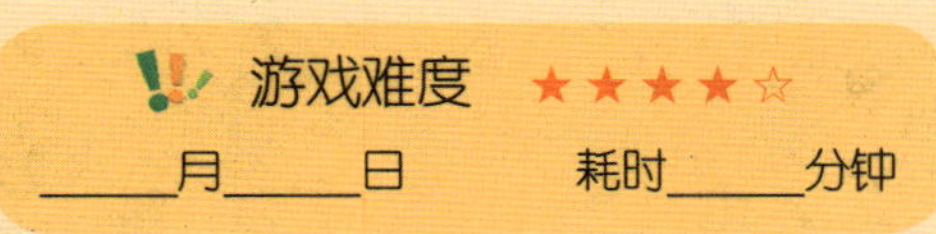

小刚参加了一场考试，试卷上一共有 30 道选择题，每道选择题都有 3 个选项。只要能够答对 18 道题，就算及格。从概率上来讲，随便答也可以答对 1/3 的题目，也就是 10 道题目，而且小明还有 9 道题是有把握答对的。

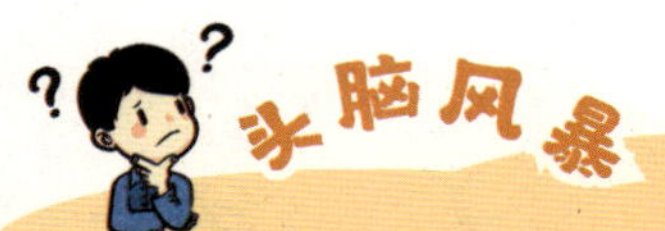

你认为小明能及格吗？

安全的手术

一位病人得了急性盲肠炎，她请来了3位医术高明的医生，并要求他们在当天轮流给自己动手术。因为当时有瘟疫存在，任何人都有可能带来病毒，所以病人和3位医生之间，以及3位医生之间互相都不能有接触，以防止感染。但是，只有两双消过毒的手术手套。

动脑筋想一想，怎么做才是最安全的？

折报纸

每日来打卡

游戏难度 ★★★☆☆

_____月_____日　　耗时_____分钟

周末，小超从爸爸的书房里拿了一张报纸，饶有兴趣地看了起来。爸爸这时走过来，对小超说：“儿子，你能将一张报纸对折一下吗？”小超轻轻松松地完成了。爸爸又说：“你能把一张报纸对折 10 次以上吗？”

头脑风暴

你觉得小超能完成吗？

农夫的动作

每日来打卡

游戏难度 ★★★☆☆

_____月_____日　　耗时_____分钟

从前，有一对勤劳的夫妻在山坡上开垦了几块田地，种了小麦。可贪财的地主看见了，总想把地占为己有，便生出一条诡计，每天把家里的鸡全赶到农夫的地里。农夫看到自己的庄稼被糟蹋，非常心痛。他惹不起财主，只能忍气去赶鸡，可是这边赶跑，那边又来，弄得他毫无办法。他愁眉不展地回到家中与妻子商量。妻子听完农夫的讲述，说："明天，你只要到地里做个动作，要让地主看见，但不要让他看清，这样以后他就不会再放鸡了。"第二天，农夫一试果然有效。

请你猜猜，农夫做了个什么动作?

第四章
因果思维

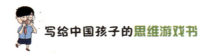

出去的方向

每日来打卡

游戏难度 ★★★☆☆

_____月_____日　　耗时_____分钟

下午，A、B 两人误入一片森林的深处后迷路了，尽管喊了好一会儿“救命”，还是没有人答应。他们身上没有任何能指明方向的工具，也没有通信工具。这时，A 发现林子里有几个树桩，便断定有人来过这里，并告诉 B，他能找到出去的方向。B 不相信，认为这里就算有人来过，也不会有人来救他们，因为那树桩一看便知是砍了很久的。

头脑风暴

你认为 A 真的能找到出去的方向吗？

会有这种可能吗?

有位飞行员不管飞往什么地方，起飞时都只带恰好够往返所需的燃料，因此他总是选择最短的航线。可是有一天，他返航时没有沿飞去时的路线飞行，这使机场上的人很担心，怕他飞不回来。结果他安全返回，而且同往常一样，返航时燃料刚好用完。

会有这种可能吗?

概率是多少？

每日来打卡
游戏难度 ★★★☆☆
_____月_____日 耗时_____分钟

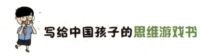

投掷 2 枚硬币，它们全部正面朝上或者全部反面朝上的概率是 50%，因为每一枚都有 2 种可能。当你投掷 3 枚硬币时，它们相同面朝上或朝下的概率也是 50%，因为 3 枚硬币中至少有 2 枚朝上的面是一样的，这时另外一枚正面朝上或者反面朝上的概率各是 50%，所以 3 枚同面朝上的概率也是 50%。

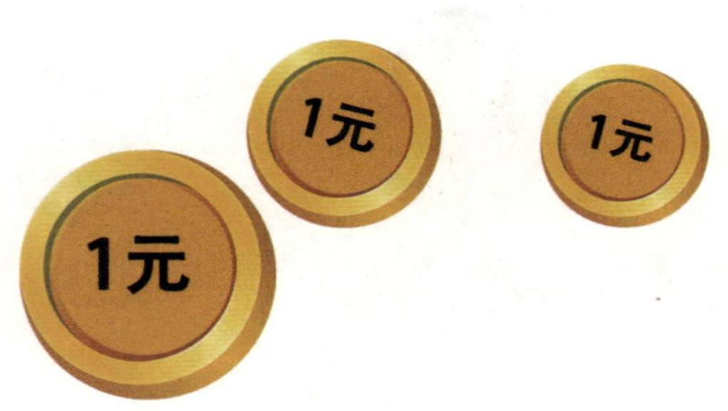
1元
1元
1元

头脑风暴
这种说法正确吗？为什么？

小熊的疑惑

每日来打卡

游戏难度 ★★★☆☆

____月____日　　耗时____分钟

小熊从没坐过汽车，这天进城它坐上了公共汽车。

路上，公共汽车为了躲避一只横穿马路的小猫，来了个急刹车。小熊往前一栽，把额头碰破了。它问这是怎么回事，有乘客告诉它说这是惯性。

从城里返回时，小熊在公共汽车上又碰痛了后脑勺，它又问是怎么回事时，得到的回答仍然是惯性。

小熊顿时迷惑了，心想：惯性不是会碰破额头吗？怎么这一次是碰了后脑勺？这两次坐车，我都是脸朝车开的方向坐的，为什么挨碰的地方会一前一后呢？

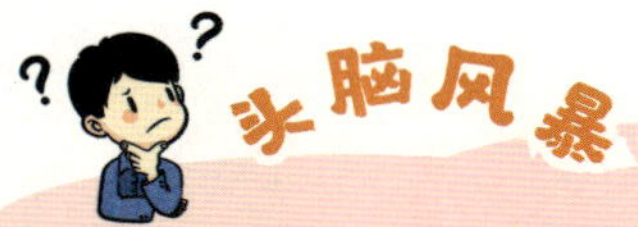

你能为小熊解释一下吗？

一定能回北京吗？

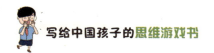

有两个人想从北京出发驾驶飞机环球旅行。一个人说：“我向着北方飞行，只要保持方向不变，就一定能飞回北京。”另一个人说：“我向着南方飞行，只要保持方向不变，也一定能飞回北京。”

他们说的对吗？

水位上升还是下降？

在一个池塘上漂着一个大塑料盆，大塑料盆里还放着几块石头。假如现在将这些石头拿出来放进池塘里，请问池塘水位相对刚才是上升了还是下降了？

动脑筋想一下，水位上升还是下降了？

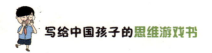

月亮的倒影

在东北某城的教室里，一位地理老师向同学们提出了一个问题："如果河水是由东流向西的，夜晚坐在河的南岸，满月的情况下能否看到河面上映出的月亮的倒影？"同学们议论纷纷，莫衷一是。

正确的回答应该是什么呢？

长工为何被辞掉？

从前，有一个地主雇了一个长工在晚上给他看管仓库。一天早晨，这位长工跟地主说：“我昨天晚上做了一个梦，梦见您家发了大财，您的儿子当了大官。”地主听了很高兴，赏了他一些钱，但下午地主就把长工辞掉了。

这是为什么呢？

神枪手

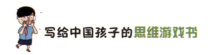

一位神枪手跟朋友一起去钓鱼，钓了半天也没钓上来，他见鱼在清澈的湖水中游着，干脆拿起枪射击。谁知他一连射了好几枪，却连一条鱼也没打中。

请问，这是为什么？

猜罐子的颜色

一个炎热的夏天，双目失明的约翰来到集市上想买一个罐子。他走到一个卖罐子的摊位前，把摊位上摆着的 4 只白罐和一只黑罐都摸了一遍后，对商贩说：“我要这个黑罐子。”商贩大吃一惊，心想：盲人是怎么知道这罐子是黑色的呢？难道他有特异功能吗？

你能说出其中的道理吗？

孪生兄弟为何差一岁？

有一对孪生兄弟，哥哥出生在 2001 年，弟弟出生在 2000 年。

同样的气球

杰克把两个大小一样而且装满水的气球放在两个装凉水的盆子中。这两个盆子装的水一样，可是，这两个气球一个沉在水里，一个浮在水面。

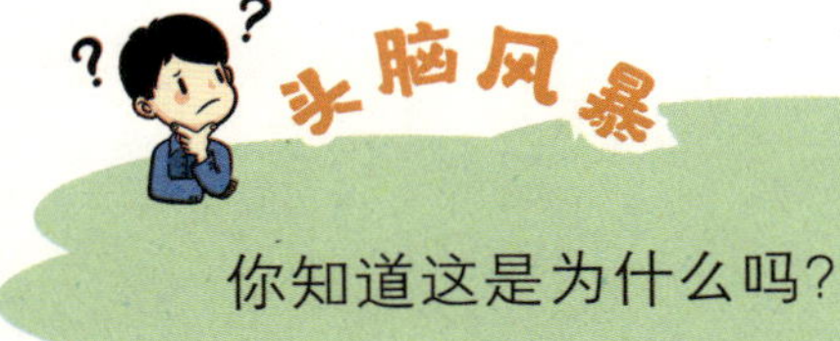

你知道这是为什么吗？

环球旅行家的话

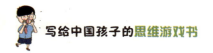

环球旅行家比尔在夏天的时候刚好到达广州，那里正晴空万里。比尔说："早知道这里和那里一样热，我就不用花 6 个月的时间跑到这里来了。"

你认为旅行家的话正确吗?

有这种事情吗？

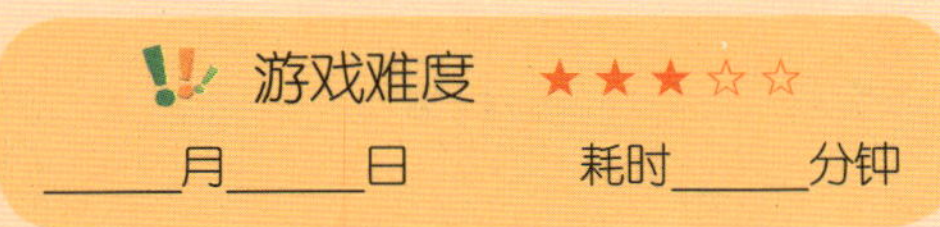

有人问一个女孩的年龄，她回答说：“后天就是我 22 岁的生日了。不过，去年元旦时我还是 19 岁呢。”

有这种事吗？

一句话决定生死

古时候有一位国王，他想处死一批犯人，为了展现自己聪明的一面，做出了一个决定："犯人可以随意说一句话，但是有一个前提，就是这句话必须马上就能验证真假。如果他讲的是实话，就处以绞刑；如果说的是假话，那么就砍头。"

结果，许多犯人不是因为说了实话而被绞死，就是因为说了假话而被砍头；或者是因为说了一句不能马上验证其真假的话而被视为说了假话砍了头；又或者是因为讲不出来而被当成说真话处以绞刑。

有一个犯人非常聪明，他说了一句非常巧妙的话，结果国王既不能将他绞死，又不能将他砍头，最后只得把他放了。

你知道这个聪明的犯人说的是什么话吗？

第五章
类比思维

不同的图形

下面有A、B、C、D、E 5幅图，每幅图都是由方框组成的，其中4幅图有着同样的规律。

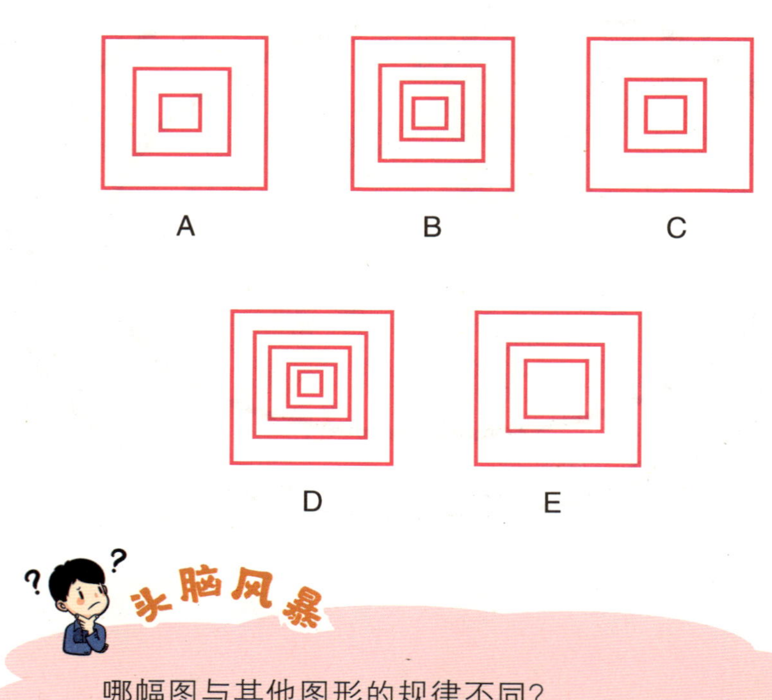

头脑风暴

哪幅图与其他图形的规律不同？

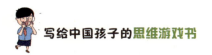

不同的三角形

下面有5个大三角形，每个大三角形内部的小三角形被分成了两种颜色，仔细观察会发现有4幅图有着相同的排列规律。

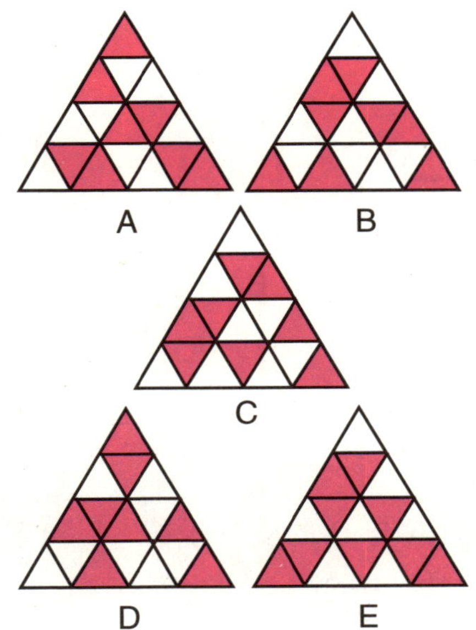

哪幅图没有遵循其他4幅图的排列规律？

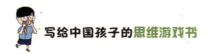

找对应

下面有 A、B、C 三个图形，其中 A 和 B 之间存在某种联系，动脑筋想一下吧！

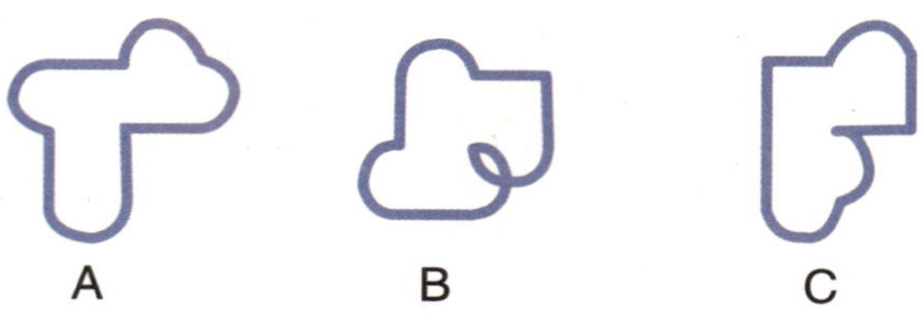

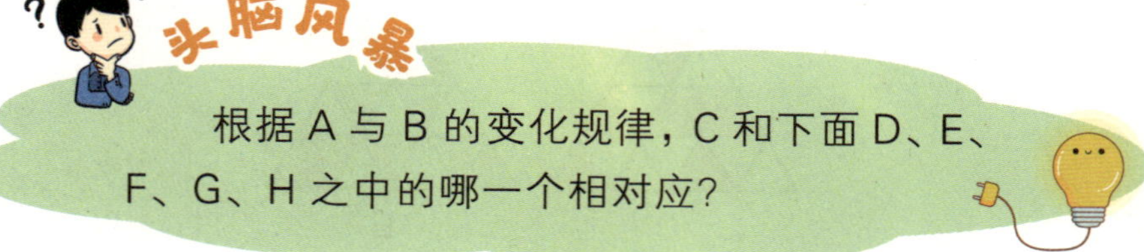

根据 A 与 B 的变化规律，C 和下面 D、E、F、G、H 之中的哪一个相对应？

找不同！

下面 4 幅图都是由圆形、线段、正方形和三角形组成的，其中 3 幅有相似点，只有 1 幅与众不同。

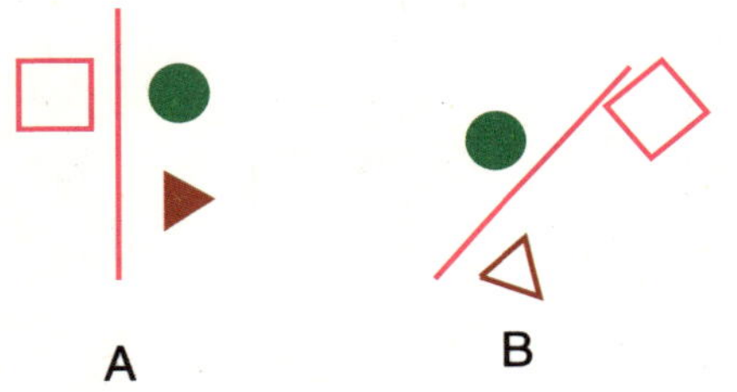

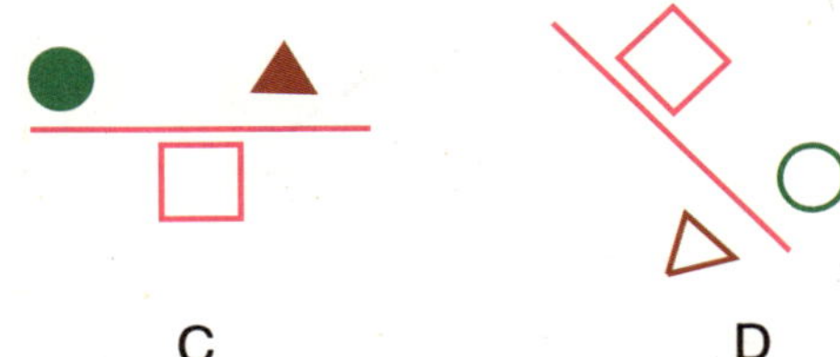

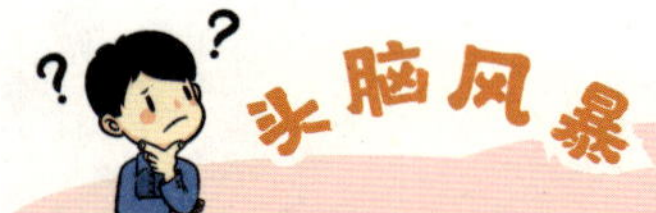

哪幅图与其他几幅不一样？

找不同2

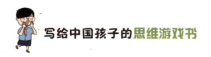

有A、B、C、D、E五幅图，每一幅图都是由不同的形状组成的，虽然各不相同，但是其中也存在某种关联。

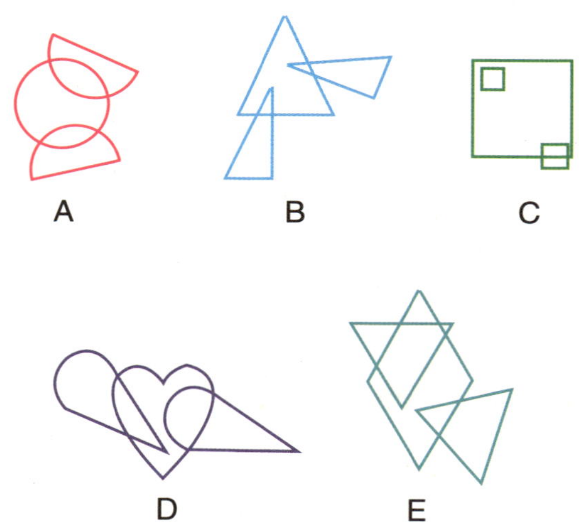

哪一幅与其他图不同？

空间想象力

每日来打卡

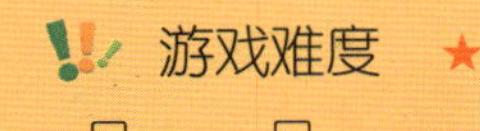

游戏难度 ★★★☆☆

______月______日　　耗时______分钟

下面是一个正方体，你可以想象一下它展开的样子吗？

头脑风暴

这个正方体是由下面 A、B、C、D、E 哪一幅图组成的？

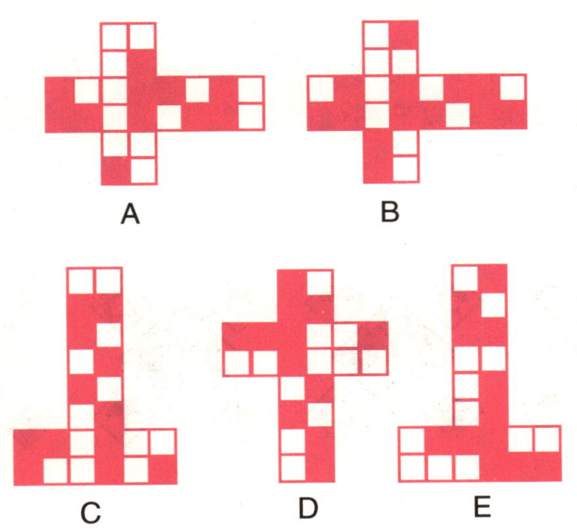

找图形

下面有 3 个图形，从第 1 个图形到第 2 个图形，再到第 3 个图形，内部小图标的变化存在一定的规律。

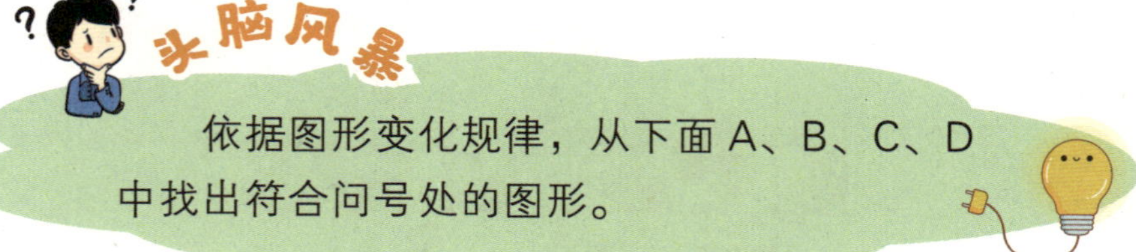

依据图形变化规律，从下面 A、B、C、D 中找出符合问号处的图形。

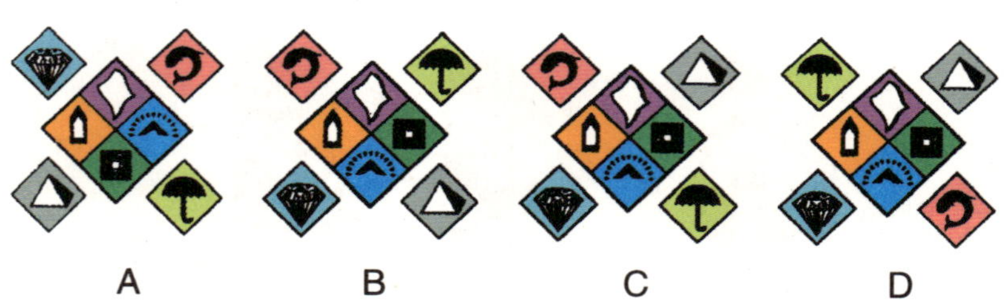

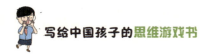

找相似

下面的图形都是由圆形、长方形、正方形和点组合而成的，排列方式都不相同。

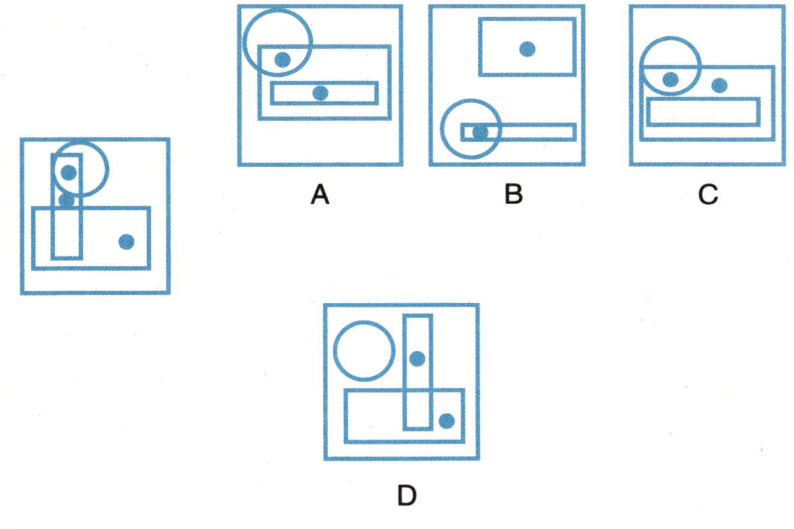

头脑风暴

仔细观察左边的图形，右边 A、B、C、D 四个图形中哪一个图形与它相似？

异样的图

下面有 5 幅由大小不等的圆圈构成的图，这些圆圈不是随意相交的，其中藏着秘密呢！

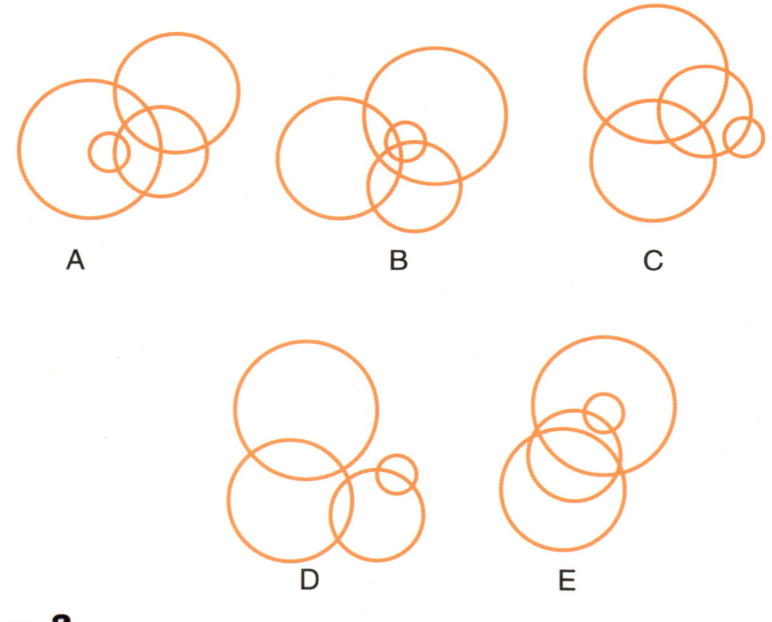

请问，哪幅图有别于其他 4 幅图？

图形转换

下面有 3 幅图，其中图 2 是由图 1 转换而成的，你能找出二者的转换规律吗？

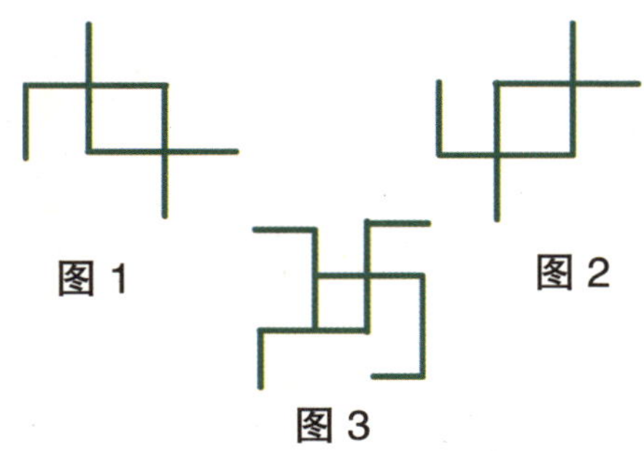

头脑风暴

根据上面的转换规律，图 3 转换后对应的图形应该是下面哪一个？

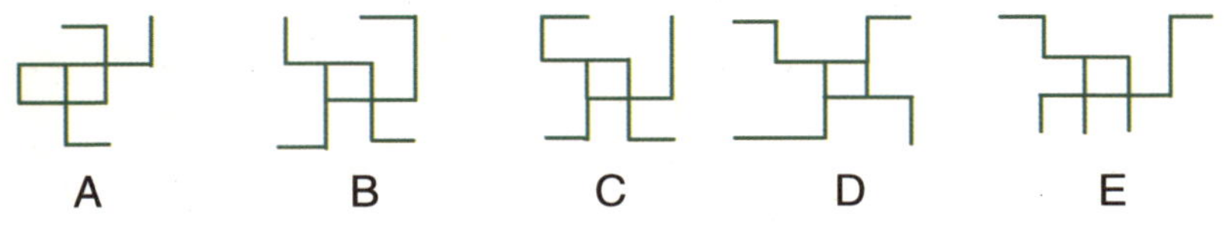

错误的图

下图中从1A到3C的9个小方格中的图形，是由上方A、B、C与左边1、2、3相叠加而成，但其中有一个图形叠加错了。

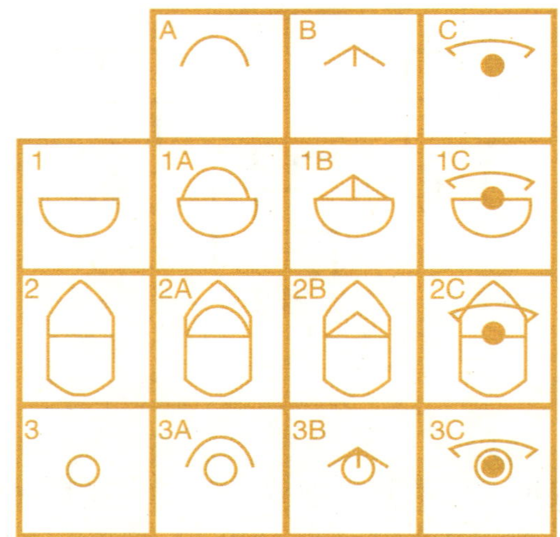

哪一个图形叠加错了？

眼力大考验

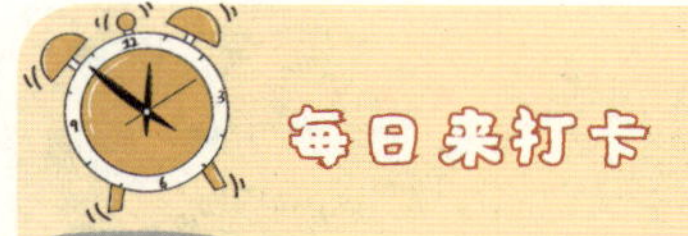

下面有 12 个图形，虽然看起来眼花缭乱，但其中有 3 对图形是完全相同的，你看出来了吗?

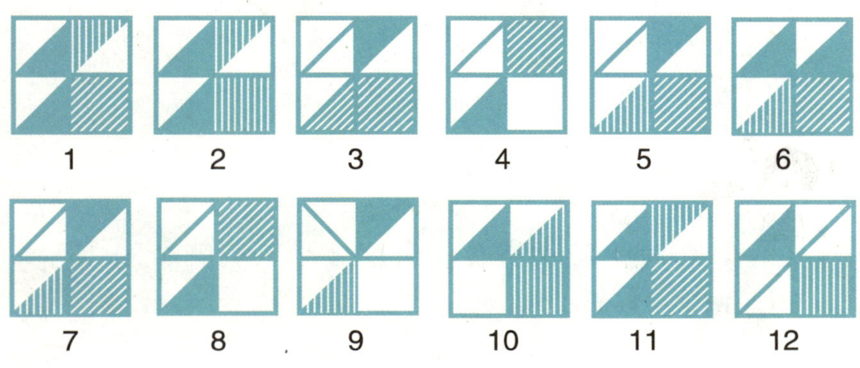

完全相同的图形是哪 3 对?

相似图形1

图1和图2存在着一定的逻辑关系，仔细观察，找出关系。

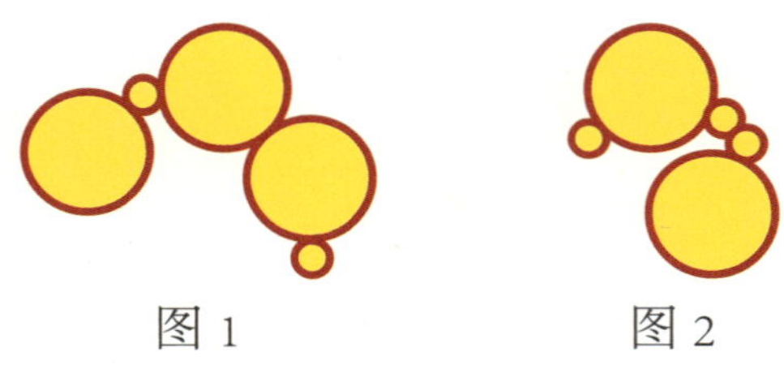

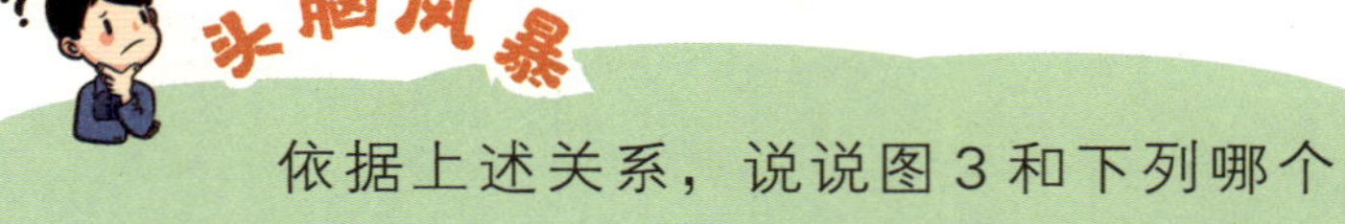

依据上述关系，说说图3和下列哪个图形相似。

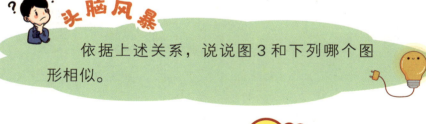

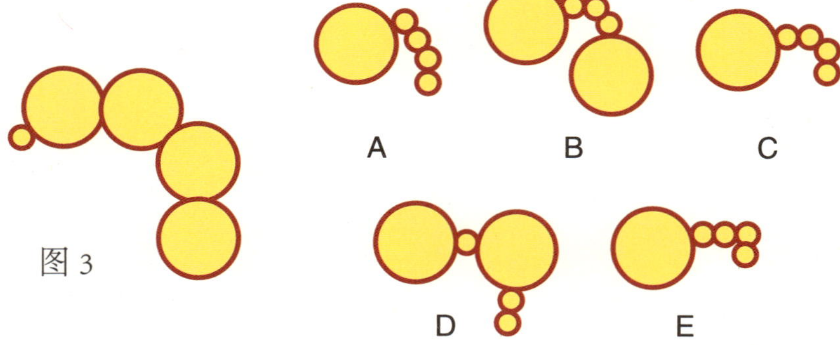

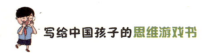

相似图形2

下面的图形包含了三部分，即正方形、长方形和三角形。

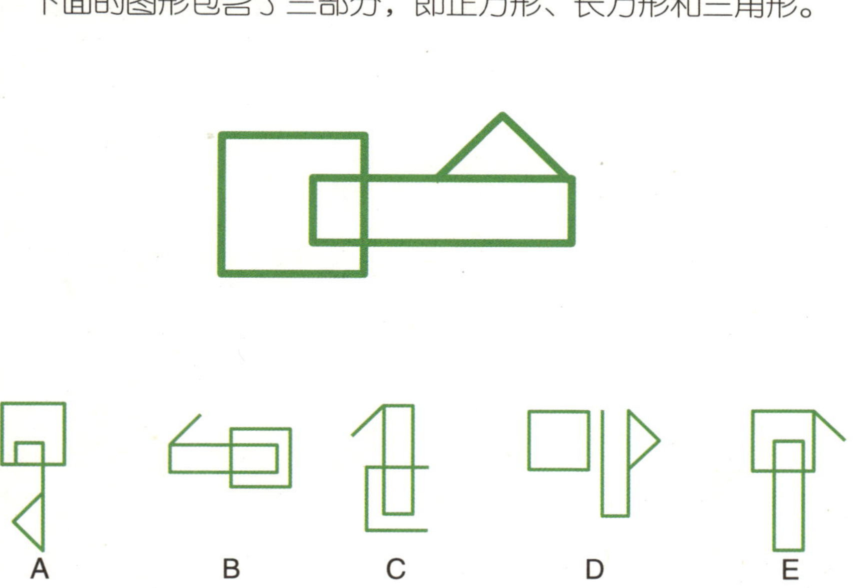

头脑风暴

A、B、C、D、E 五个图形中，哪个图形只需加一条直线就与上面的图形相似？

特别的图形

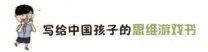

下面是由正方形、长方形、三角形、六边形等结合小三角形组合成的多样图形，仔细观察，找找规律吧！

头脑风暴

哪幅图和其他 4 幅图的规律不一样？

规律推图

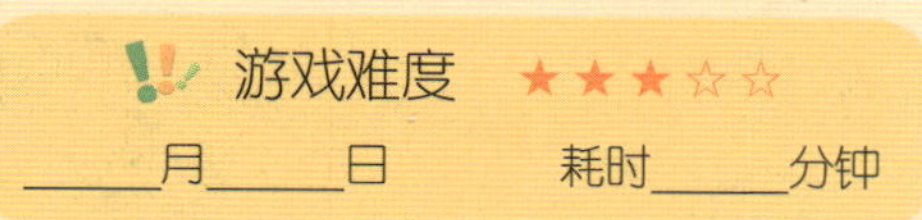

仔细观察下面 4 幅图形，找出其中隐藏的规律。

头脑风暴

下面 A、B、C、D 中的哪一项可以通过上面 4 幅图形的规律推出来？注意线与线之间要相连。

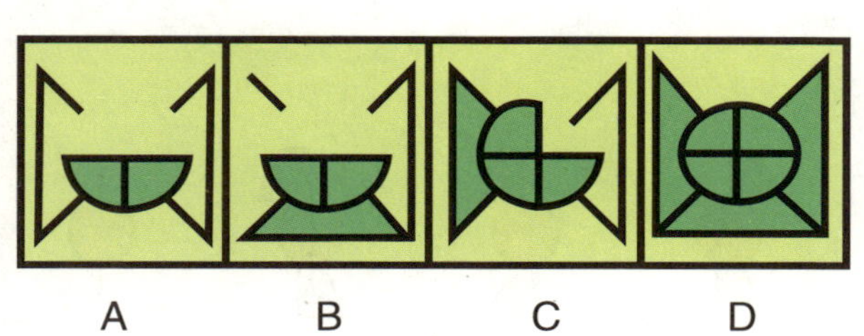

A B C D

看图找规律

下面有两套图形，仔细观察两套图形之间的相似性与差异。

根据相似性，下面 A、B、C、D 中哪一个适合放在问号处？

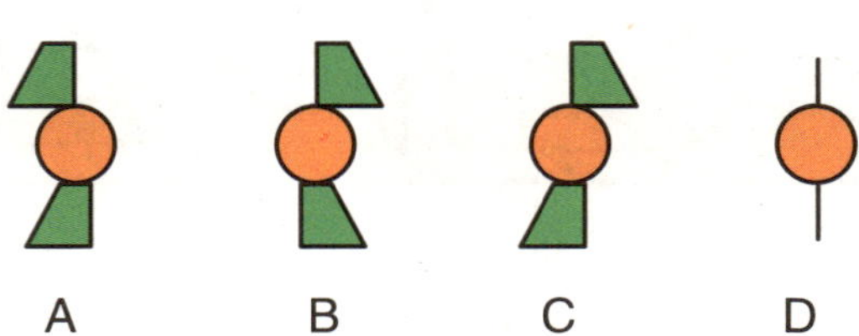

趣味转化

下面有 3 幅图，图 2 是图 1 转化而成的，仔细观察两幅图，找出规律吧！

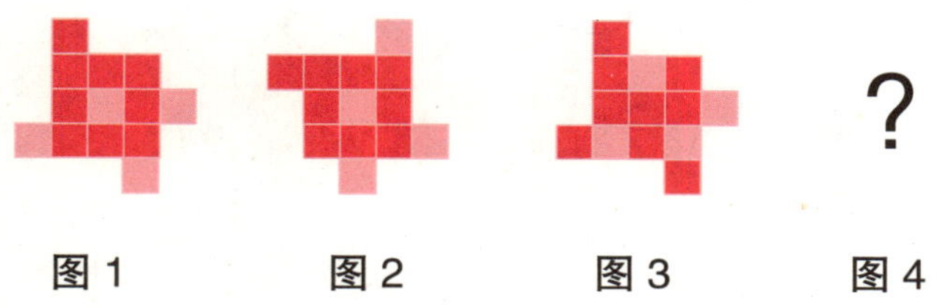

图 1　　图 2　　图 3　　图 4

头脑风暴

根据相同的规律，图 3 转化成图 4 是下列哪个图形呢？

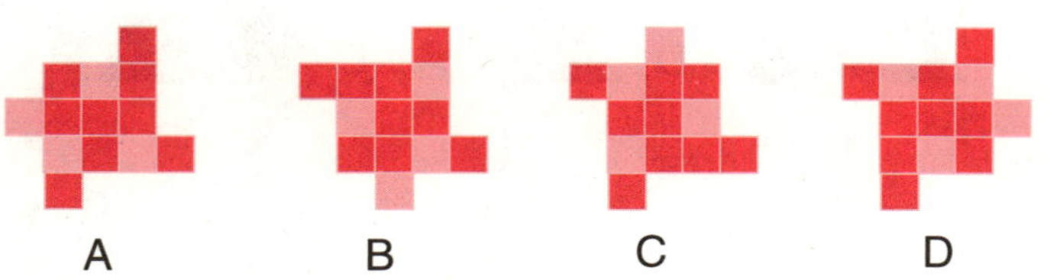

A　　B　　C　　D

图形转化

仔细观察下面的两个方格图，看一看 A 是如何转化成 B 的，找到它们的转化规律。

头脑风暴

以同样的规律，C 转化后成为 D、E、F、G 中的哪一个?

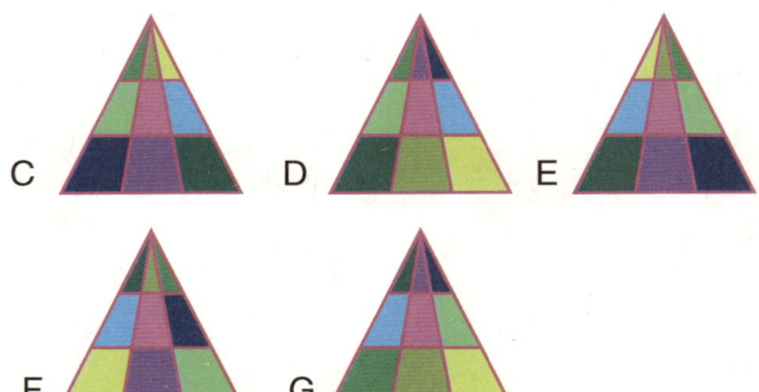

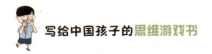

立方体

下面 4 幅图展现的是一个立方体的不同表面，你能根据这些不同的表面想象出这个立方体的样子吗?

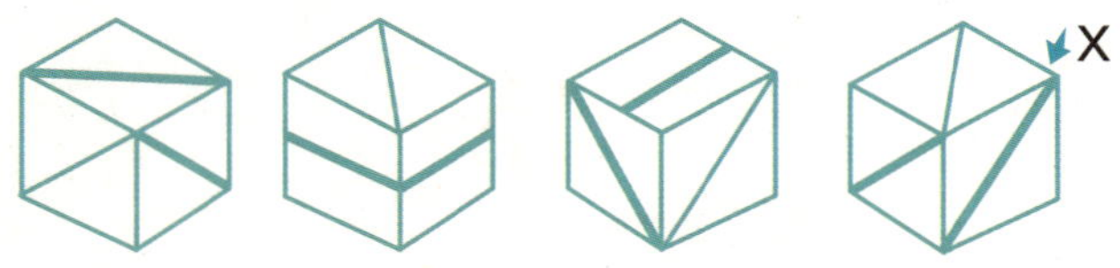

头脑风暴

看不见的“X”面的图形是下列选项中的哪一个?

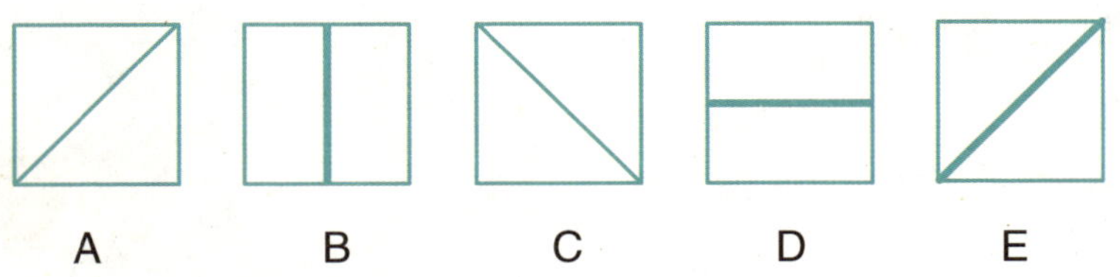

与众不同的蝴蝶结

下面有 7 个美丽的蝴蝶结，其中有 6 个两两相对，且存在着某种对应关系，仔细观察一下吧！

哪一个蝴蝶结与众不同？

小鱼的样子

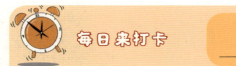

下面有 9 条小鱼，仔细观察会发现每条小鱼的鳞片数量是按规律变化的，而且有些小鱼的鱼头方向还不一样，其中有什么奥秘呢？

最后一条小鱼应该是什么样子的？

骰子展开图

图 2 是 6 个不标准的、有 6 个面的骰子，图 1 是骰子展开后的平面示意图。

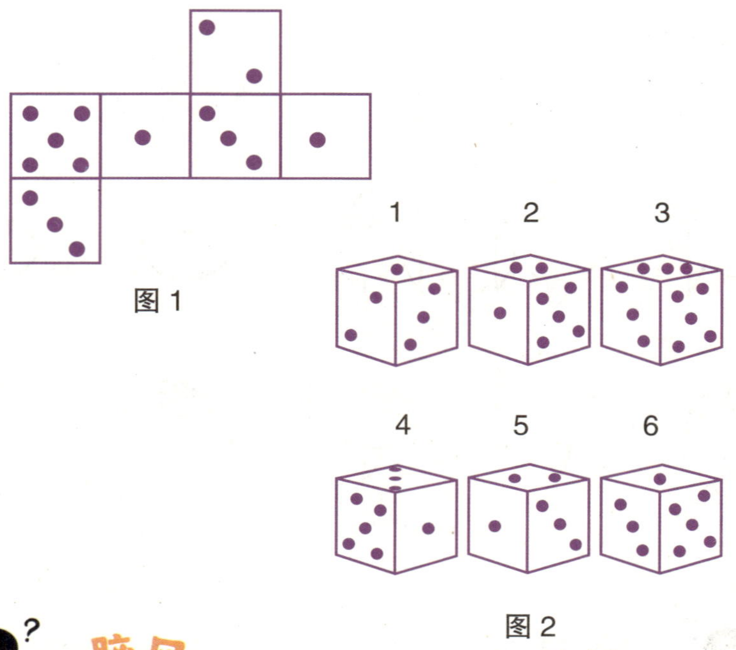

图 1

图 2

头脑风暴

图 2 中哪一个骰子展开后的平面示意图和图 1 不一致？

不一样的图

下面是5幅不一样的图，其中4幅图有同样的规律，你看出来了吗？

头脑风暴

哪幅图与其他4幅图不一样，规律是什么？

不相同的图

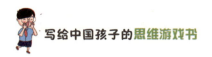

下面 5 幅图都是由圆形和三角形构成的，而且相同图形的颜色也有所不同，其实，这些图形的组合是有一定规则的，仔细观察一下吧！

A B

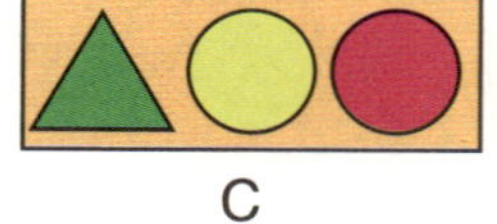

C

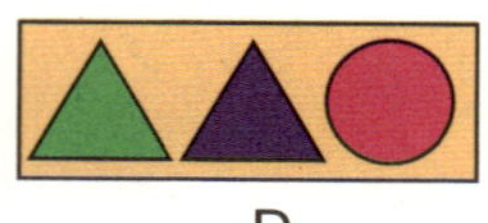

D

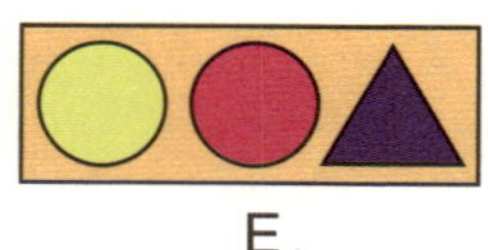

E

哪幅图和其他 4 幅图的规则不同？

不同的图

下面有 5 幅图，每一幅图都是由两种形状组成的，你能看出其中的关联吗?

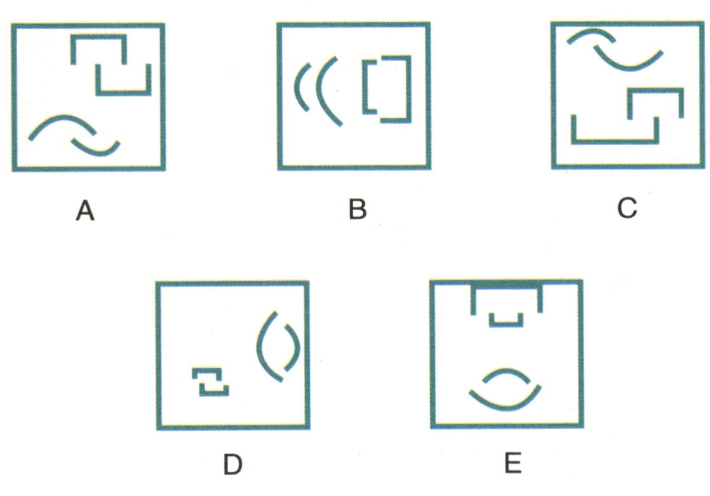

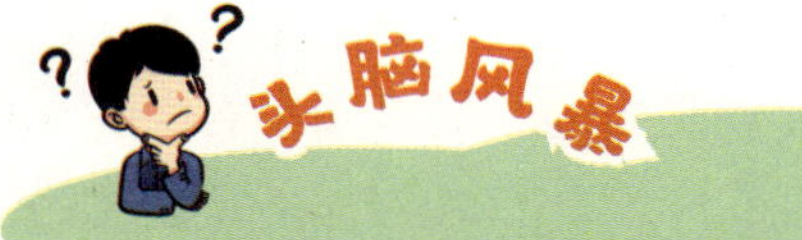

哪一幅图与其他图规律不同?

参考答案

第一章 假设思维

三位青年的年龄

答案：小张 23 岁，小王 25 岁，小何 22 岁。

如果小张说的“我 22 岁” 是真的，小何说“小张 23 岁” 就不是真的。小何另外两句应该是真话，“小王比小张大 3 岁”就推出小王是 25 岁。这样一来，小王说的三句话中“小何和我差 3 岁” 和“小何是 25 岁”都是假话。与每人只说错一句不符合。

因此，小张不是 22 岁，她说的另外两句，“比小王小 2 岁”与“比小何大 1 岁”是真话。

哪里的人？

答案：B、D 是广州人，A、C、E 是上海人。

假设 A 撒谎，从 B 和 C 的发言来看，C 和 A 是同一个城市的，从 E 的发言来看，C 和 B 是不同城市的，结果 A 的发言反而不是谎言，与前面的假设相矛盾。所以，A 的发言是真实的。假设撒谎的是 B 或是 C 或是 E 结果都是一样，他们的发言都是真实的。所以，D 撒了谎，从而可知 C 和 E 都是上海人。因此可以推断，B、D 是广州人，A、C、E 是上海人。

分辨矿石

答案：这块矿石是铁。

可采用假设的方法推理出来。如果假设小磊的两个判断都对，那么小美和小婷的判断有一个是正确的，与老师的结论矛盾，所以，小磊的判断不对。依此类推，最后就会得出结论：小婷同学的判断都对，这块矿石是铁。

五大洲的序号

答案：1 号是亚洲，2 号是大洋洲，3 号是欧洲，4 号是非洲，5 号是美洲。

假设小周说的前半句是对的，则 3 号是欧洲，由此推出小沈说的 3 号是大洋洲是错误的。由于每个人都只说对了一半，可知小沈说的 4 号是非洲是对的，由此推出小郑说的 4 号是亚洲是错的，2 号是大洋洲是对的。又可知小石说的 2 号是欧洲是错的，5 号是美洲是对的，由此推出小冯说的 5 号是非洲是错的，1 号是亚洲是对的，最后得到正确的结论是： 1 号是亚洲，2 号

是大洋洲，3号是欧洲，4号是非洲，5号是美洲。若假设小周后半句话是对的，则会推出自相矛盾的结论。

他们各自在做什么？

答案：老大洗菜，老二淘米，老三烧水，老四挑水。

假设老大在烧水，那老二只能是在淘米，老三只能是在洗菜，由此得知老四在挑水，与题干中的“如果老大不洗菜，那么老四就不挑水”明显矛盾，假设不成立。因此老大在洗菜，由此老二淘米，老三烧水，老四挑水。

谁得优秀？

答案：小峰、小沈得优秀。

我们可以这样想：如果小周得优秀，那么小郑、小峰、小沈都得优秀，这与实际不符；如果小郑得优秀，则小峰、小沈也得优秀，也与实际不符。因此，只有小峰、小沈得优秀，才符合实际情况。

窃贼的谎言

答案：他是李四。

假设张三说的是实话，那么李四说的也是实话，明显不对。假设李四说的是实话，那张三、阿七说的也是实话，明显不符题意。假设王五说的是实话，则张三、李四、阿七说的都是假话，符合题意。因此，李四是老大。

是谁的名字？

答案：是B的名字。

很明显，A与C两人之中必有一人是对的，因为他俩的判断是矛盾的。如果A正确的话，那么B也是正确的，与老师说的“只有一个人猜对了”矛盾。所以A必是错误的。这样，只有C是正确的。B的判断是错的，那么他的相反判断就是正确的，即“是我的名字”是正确的，所以老师手上写的是B的名字。

冠军是谁？

答案：小孙是冠军。

假定甲的猜测正确，则乙、丙的猜测也正确，不符合题意（只有一人的猜测是正确的）。因此甲的猜测不正确。假定乙的猜测正确，则甲、丁的猜测也正确，不符合题意，因此乙的猜测不正确，冠军应该是小孙，这样只有丙的猜测正确，甲、乙、丁的猜测都不正确，符合题意。

成绩的排名

答案：B、D、E、A、C。

A说的一定是真话。因为他如

果说谎，那么他就是最后一名，但他又是第1名或第2名，这是矛盾的。因此，A是第3名或第4名。假设D说的是真话，那么E就是在说谎。于是D是第1名，得出D也是在说谎，这是矛盾的。因此，E不是第2名，而D是第1名或第2名。假设E说的是谎话，那么D就是第1名，而E是第2名。但E是第2名的话是D所说，那是谎话。因此E说的是真话，这使得他的排名在第3名、第4名和第5名之中。D不是第1名，因而是第2名。只有B和C有可能是第1名。如果B不是第1名，那么由于他也不是第2名，他说的就是真话，于是C是第3名，从而也不能是第1名。这种情况是不可能的。于是B是第1名，从而C不是第3名。C既不是第1名也不是第2名，因此他所说的A的排名在E后面是句真话。于是E是第3名，A是第4名，而C是第5名。所以，这些同学的排名是：B、D、E、A、C。

谁的年龄比较大？

答案：二明。

假设大明说的是实话，那么二明说的也是实话，所以与条件不符。如果大明说的是假话，那么二明说的也是假话，两个人都说谎是符合“他们之中至少有一个人在说谎”这个条件的，故两人都说了谎，根据说的内容可知二明的年龄比较大。

上午还是下午？

答案：现在是上午，胖的是哥哥。

假设现在是上午。那么哥哥说实话，也就是较胖的是哥哥。如此则没有矛盾，兄弟二人的话都成立。假设现在是下午，那么弟弟说的是实话，而两个人都说我是哥哥，显然弟弟在说谎话，则自相矛盾。

乒乓球的颜色

答案：对。

如果两个人有一个拿了红乒乓球，在发完球后他就可以很快说出对方拿的是白乒乓球。乙发现甲不抢答，可知甲没有拿红球，那就意味着两个人拿的都是白色乒乓球，所以乙可以说出甲拿的是白色乒乓球。

车的颜色

答案：③。

在问题中说李某说的是实话，而且只有这个人说的是实话，所以吴某、孙某、赵某3人中有一个人的车是红色的。

假设孙某的车是红色的，那么

吴某说的是实话，矛盾。假设赵某的车是红色的，反过来，孙某说的就是实话，也矛盾。所以孙某、赵某的车都不能是红色，接下来可以知道吴某的车是红色的；赵某说的是假话，所以李某的车是蓝色的；吴某说的是假话，所以孙某的车是白色的，因此赵某的车就是银色的。所以选项③正确。

帽子的颜色

答案：蓝色。

假设明明和亮亮的帽子都是红色的，而会场上只有两顶红帽子，那么华华应该立刻回答自己的帽子是蓝色的。华华没有立刻回答，所以，明明和亮亮戴的帽子有两种可能：① 1 顶红色和 1 顶蓝色；② 2 顶都是蓝色。亮亮看得到明明的帽子，如果明明戴的是红色的话，便符合第一种可能，那么亮亮应该可以答出自己的帽子是蓝色的才对。他之所以答不出来，相信你也已经猜到了吧，那就是因为明明的帽子是蓝色的。

怪脾气女子

答案：B、C。

因为 B 和 D 的话是相互矛盾的，所以 2 个人之中必有 1 个人在撒谎。假设 B 说的是真话，那么 D 的话就是假的，从 B 的话来看，C 是怪脾气的女子，等于说撒谎的 D 戴着白金项链。这样的话，C 的话就不是假的了。所以，B 的话应该是假的，即 C 不是怪脾气女子，D 的话是真的。因为 C 的话是假的，所以 C 应该戴着白金项链，撒谎的 B 就是怪脾气的女子了。

找珠宝

答案：打开第二个箱子。

第一个箱子上的话是假的，如果它是真的，那么，第二个箱子的话也是真的，这是矛盾的。

第一个箱子上的假话有 3 种可能：第一个箱子上的话前半部分是假的；后半部分是假的；都是假的。如果前半部分是假的，珠宝在第一个箱子里，并且，第二个箱子上的话是假的，这时，根据第二个箱子的判断，珠宝在第二个箱子里，这和上面的判断冲突；如果后半部分是假的，那么，珠宝在另外一个箱子里，并且第二个箱子上的话是真的，可以判断珠宝在第一个箱子里，这也是矛盾的。所以，第一个箱子上的话都是假的，这时，珠宝在第二个箱子里，并且第二个箱子上的话是假的，这时根据第二个箱子的判断，珠宝在第二个箱子里。

住在哪儿？

答案：张伟住在南京。

因为小吴、小孙都说“小赵住在天津”，我们可以假设这句话是假话，那么小吴、小孙的前一句应当是真话，推出小孙既住在北京又住在上海，矛盾。所以假设不成立，即“小赵住在天津”是真话。因为小吴提供的前两个信息中有一个假信息，而小吴、小李两人的前两句话相同，所以小李的第三句话“我住在广州”是真的。由此可知小孙的第二句话“小李住在上海”是假话，第一句“我住在上海”是真话；进而推知小吴的第二句是假话，第一句“我住在北京”是真话；最后推知小赵的第二句话是假话，第三句“张伟住在南京”是真话。所以，张伟住在南京。

长幼顺序

答案：A、B、D、C。

真话的（二哥和小弟）不可能说“我是长兄”，所以，D的话是假的，那么可知，D不是长兄，而是三哥。那么，B就不是三哥了，C的话就是真的，C就是二哥或者小弟。假设A说的是真话，C和A就是二哥和小弟（顺序暂时未知），B就是长兄了，则A又在撒谎，这是相互矛盾的。所以，A是长兄。从A的话（假话）中可知，B是二哥，C是小弟。

多少人戴着蓝帽子？

答案：4个人戴着蓝帽子。

假设有一个人戴了蓝帽子，第1次亮灯时，他会看到别的人都没有戴蓝帽子，但蓝帽子是至少有一顶的，所以他可以判断自己戴的是蓝帽子，那么，他将在第1次熄灯后拍掌，因为没有拍掌，就说明数量大于1。假设2个人戴了蓝帽子，戴蓝帽子的人会看到另外一顶蓝帽子，但第1次熄灯后没有拍掌，说明蓝帽子的数量大于1，所以戴蓝帽子的这个人会知道自己戴的也是蓝帽子，这样，在第2次熄灯后会有2次掌声，但是没有，说明数量大于2。由此推理下去，因为是在第4次熄灯后才出现掌声，所以说共有4个人戴着蓝帽子。

实话和假话

答案：小夏、小秋说的是假话。

小夏显然说的是假话。如果小秋说的是真话，那么小冬说的也是真话，产生矛盾。所以小秋说假话。如果小冬说真话，那么小春也说真话。如果小冬说假话，那么只有小

春说真话。所以可以确定小春说真话，小夏、小秋说假话，小冬不能确定。

谁是小偷？

答案：胡某。

具体推理如下：

①如果于某说的是真话，小偷是赵某，则赵某说的是假话，那钱某、胡某说的又成了真话。有三句真话，不符合题意。小偷不是赵某。

②如果赵某说的是真话，钱某是小偷，于某说的是假话，钱某说的是假话，胡某说的又成了真话。有两句真话，不符合题意，小偷不是钱某。

③如果钱某说的是真话，那小偷不是钱某，但不一定是赵某。

分两种情况：

赵某不是小偷，这样一来于某说的是假话，赵某说的是假话，而又只有一句真话，那胡某说的也是假话，那小偷是胡某。赵某是小偷，那是不成立的，因为这样于某又说真话了。

④如果胡某说的是真话，那于某说了假话，赵某说了假话，钱某也说了假话，而赵某、钱某不能同时为假。这样又有矛盾了。

因此答案是：钱某说的是真话，小偷不是钱某，赵某不是小偷，这样一来于某说的是假话，赵某说的是假话，而又只有一句真话，那胡某说的也是假话，所以小偷是胡某。

预测错了的选手

答案：小赵预测错了。

假设小吴预测错，那么小李预测也错，不符合题意；假设小孙预测错，那么小孙得第一或最后一名，这与小赵、小李所预测有矛盾，即不止一名选手预测错误，也不符合题意；假设小李预测错，因为其他三名皆预测不会得最后一名，所以也不成立；假设小赵预测错，他只可能得第二、第三、第四名，那么其他三人预测皆正确，所以只能是小赵预测错。

谁打碎了玻璃？

答案：说实话的是小胖，是小明打破了玻璃。

为方便起见，用A、B、C、D分别表示小张、小强、小明、小胖。

①若A是肇事者，由条件可知，C、D都说了实话，这与其中只有一个孩子说了实话矛盾；

②若B是肇事者，由条件可知，A、C、D都说了实话，这与其中只有一个孩子说了实话矛盾；

③若C是肇事者，由条件可知，D说了实话，C是肇事者；

④若D是肇事者，由条件可知，

B、C都说了实话，也与题意矛盾。

所以，D说了实话，C是肇事者。因此，说实话的是小胖，是小明打破了玻璃。

比赛的结果

答案：小宾第一， 小志第二，小冰第三。

我们依次分析即可判断谁是说假话的人。

①如果小宾说假话，也就是小宾不是第一，那么小冰和小志都说了真话，于是谁也不是第一，不合理。

②如果小冰说假话，也就是小冰不是第二，小宾和小志都说了真话，只能是小宾第一，小志第二，小冰第三。

③如果小志说假话，也就是小志是第一，小宾说的是真话，就有两个第一，不合理。

经过上面的分析，可知小宾第一，小志第二，小冰第三。

第二章 排除思维

合唱团的成员

答案：B、C、F、G。

以提示⑤为基础，参照其他条件，可连锁反应式地逐一推出如下结论：

A. 由提示⑤及②，可推知：E不参加合唱团。

B. 由A及提示①可推知：F、G一定参加合唱团。

C. 由B及提示④可推知：D不参加合唱团。

D. 由B及提示③可推知：A不参加合唱团。

E. 由B、C、D可推知：B一定参加合唱团。

所以，4人合唱团的成员是：B、C、F、G。

谁的分配最符合？

答案：乙。

首先，甲的分配方法中“挑了赵、王、刘3个人去”，很明显，这与④中所说的“王、孙2个人都去或都不去”相互矛盾。所以甲的分配不合题意。

其次，丙和丁所说的与上述所列的③“赵、钱、刘3个人中要派2个人去”相互矛盾，所以丙和丁2个人的分配也不合题意。

最后，按乙所说挑了赵、王、孙、刘4个人去，与上述所列的选人要求都符合，所以乙的分配是最符合题意的。

三位先生的职业

答案：这三个人的职业是：威廉姆斯先生是出租车司机，爱德华兹先生是司炉工，巴尼特先生是面包师。

因为出租车司机从没打过棒球，三人当中只有巴尼特先生和爱德华兹先生一起去打棒球，所以出租车司机肯定是威廉姆斯先生。因为爱德华兹先生从来没听说过集邮，所以他肯定不是面包师。

副司机姓什么？

答案：副司机姓孙。

由①和⑥可知，副司机不姓陈。由②和⑤可知，副司机邻居姓张，不姓孙。再由⑤和③可知，老张住在天津和北京之间。最后由⑥可知，老孙住在北京，副司机姓孙。

电脑是什么颜色？

答案：靳某的电脑是白色的。

假设买的电脑是黑色的，那么这三人的话都是正确的，所以此假设不成立，排除黑色；假设电脑是银灰色的，那么三人说的话都是错误的，所以此假设也不成立，排除银灰色；假设电脑是白色的，那么小晓、童童的话是正确的，光子的话是错误的，所以只有白色符合条件。

谁点了清蒸黄鱼？

答案：坐在C座的雷女士点了清蒸黄鱼。

破解此题的关键在于“邻座的人都点了不一样的东西”，因此，只要顺利排除各人所点的东西并且加入他们的主菜，如此一来，主菜栏空白者便是点了清蒸黄鱼的人。薛先生坐在A座，则宁小姐一定不是C座或B座，那么确定D座是宁小姐，而坐在B座的人点了一份烤鸭，那么雷女士肯定坐C座，而且A、D座两人前文交代又点了红烧肉和羊排，所以可以判定C座雷女士点的是清蒸黄鱼。

各自在做什么？

答案：可用排除法求解。由①、②、④、⑤知，既不是A、B在修指甲，也不是C在修指甲，因此修指甲的应该是D；但这与③的结论相矛盾，所以③的前提肯定不成立，即A应该是躺在床上；在④中，C既不看书又不修指甲，由前面分析，C又不可能躺在床上，所以C是在写信；而B则是在看书。

雕刻艺术家的重要素质

答案：④。

选项①“谦虚”、选项③“尊师”可首先排除。选项②、④、⑤较接近，但从题干中小英和雕刻大师的对话中“10 年左右”“日日夜夜地练习”“20 年”等短语可知，大师想表达的是“欲速则不达”，所以其核心为“耐心”，故正确答案为④。

箱子的情况

答案：A. 蓝色，58 个垫圈。

B. 绿色，39 个螺丝钉。

C. 褐色，65 个地毯用大头钉。

D. 红色，43 个各种各样的钉子。

蓝色箱子里放着 58 个物件，绿色箱子里放着螺丝钉，因此不在褐色箱子里的 43 个钉子一定在红色箱子里。我们知道绿色箱子里没有 43 个或 58 个物件，并且条件③也排除了 65。因此它里面一定放着 39 个螺丝钉。那么根据排除法，褐色箱子里的物件数量一定为 65，而且它们不是垫圈（条件③），因此一定是铺地毯用的大头钉，并且在箱子 C 里面（条件④）。这样便剩下蓝色箱子，它里面一定放着 58 个垫圈。绿色箱子不会是箱子 D（条件③），既然紧挨着它的有两个箱子，因此可以确定它为箱子 B。里面放着垫圈的蓝色箱子一定是箱子 A（仍然根据条件③）。这样便剩下了红色箱子，它一定为 D。

座位的次序

答案：从张先生父亲的左边开始，依次是张先生、小红、小峰、张太太。

根据小红和小峰的话，可以推断小峰的左边是张太太，右边是小红；根据张太太的话可知张太太不会坐在小红的旁边，那么小红的右边只会是张先生；剩下的张太太坐在张先生父亲的右边，张先生坐在其父亲的左边。

他们分别从事什么职业？

答案：A 是画家，B 是法官，C 是律师。

因为 A 是孩子，故排除了律师和法官职业，所以 A 是画家。B 赚的钱比律师多，因此排除了律师职业，所以 B 为法官，C 为律师。

裙子的颜色

答案：穿白裙子的是李菲，穿蓝裙子的是刘娜，穿花裙子的是王静。

在所给的条件中，“李菲既没穿蓝裙子，也没穿花裙子”是关键条件。因为 3 个人穿的裙子只有花、白、蓝 3 种颜色，排除蓝、花两种颜色，李菲只能穿白色裙子。又知道“王静没有穿蓝裙子”，结合已推断出的“李菲穿白色裙子”，因此王静只能穿花裙子。3 种颜色中已确

定了两种，剩下的刘娜必定穿蓝裙子。

妻子是哪一位？

答案：D。

A 的丈夫不是 E，他也不可能是 H 或 F，因为他们都没在谈话，因此 A 的丈夫是 G。同样，E 的妻子不是 A 或 D，也不是 C，因此 E 和 B 是夫妻。F 的妻子是 C，H 的妻子是 D。

数学竞赛

答案：小明是 B 市的选手，获得二等奖；小强是 C 市的选手，获得一等奖；小华是 A 市的选手，获得三等奖。

由条件②和④知小强所得不是二等奖。由条件⑤知小强所得也不是三等奖。因此，小强获得一等奖。由条件②和③知小强既不来自 B 市，也不来自 A 市，因此小强来自 C 市。由①可知小明不是 A 市的选手，又知小明也不是 C 市的选手，因此，小明是 B 市的选手。由条件④知，小明获得二等奖。最后，小华是 A 市的选手，他获得三等奖。

选拔谁好呢？

答案：B。

根据①可知不选小高，排除 A，又由③可知小刘和小马不能同时入选，排除 D，又由⑥可以知道小张和小徐不能同时入选，故排除 C，因此正确答案选择 B。

谁是科学家？

答案：科学家姓张。

由⑥知张代表不是编辑，可能是科学家或工程师。由③、⑤知教师旅客来自广州，教师不姓王。由①知教师也不姓李，教师姓张。这样李旅客来自北京，张旅客来自广州，王旅客一定来自上海。由④知工程师姓王。由此得出张代表是科学家。

谁受伤了？

答案：安丁是受伤者。

根据①和②，卡姆是单身汉，而受伤者是有妻子的，所以卡姆没有受伤。

根据④，戈丹平安无事地回来了，他还决定以后不再骑马了，所以戈丹没有受伤。

根据②，马扬的妻子不是受伤者的妻子，所以不是马扬。

根据②③和⑤，马扬的妻子是受伤者的妻子的姐姐，而她没有外甥女也没有侄女，说明受伤者没有女儿。而兰君有女儿，因此受伤者不是兰君。

所以说，安丁是那位不幸的受

伤者。

第三章

演绎思维

布帛上画了什么？

答案：原来，韩信在布帛上画了一座城楼，城门口战马露出头来，一面“帅”字旗斜出。虽没见一兵一卒，却可想象到千军万马的存在。

露茜要什么？

答案：露茜知道价格，并且把1元钱放在柜台上，这1元钱是一张5角钱，两张2角钱，一张1角钱。如果她想要的是白巧克力的话，她就不会再把那1角钱放在柜台上。

携带钢管

答案：找一个长、宽、高都是1米的箱子，把钢管斜着放进去。因为1米见方的箱子的对角线正好超过1.7米，这样就符合了规定。

他为什么服了？

答案：门帘是画的。

北庄的画家误以为是真的门帘而伸手去掀，可见画得非常逼真。

被困的人

答案：这个人在流沙堆积成的小岛上待了好几天，简直与绝食生活差不多。正因为这样，他的身体变得骨瘦如柴，体重轻得可以过这座桥了。

辨别身份

答案：他的父亲是这样解释的：伸出头来的人若是个盗贼，看见院子里有人，便会立即缩回去。但是当他看见院子里有人时还是瞅了一圈，这说明是在寻找东西，而且寻找的还是会动的东西，只瞅一圈而没仔细看，说明还是个大东西，看他的样子是农民，所以应该是寻找家畜的。

不翼而飞的西红柿汁

答案：西红柿汁不会不翼而飞，总得有去处，可能的去处只有一个地方，即当西红柿汁流下来时，约翰朝上张开大嘴，把流下的西红柿汁全部喝了。

顺利入城

答案：詹姆斯趁守门人出来巡视的间隙，快步走进城门。当守门人出来巡视前，又转身往城外走。守门人误认为他想溜出城去，于是就把他赶进了城堡。

翻硬币

答案：翻3次。

分别用“1、2、3、4、5、6、7”代替7枚硬币，最优解为：

第一轮：1、2、3、4、5

第二轮：2、3、4、5、6

第三轮：2、3、4、5、7

藏到哪里去了？

答案：文中提到这个小偷总假装往邮筒中投信，说明邮筒就在附近。那么此小偷事先准备好信封，并在上面贴好邮票、写好自己的地址，当他从文具店里出来后，就直接将这些钞票装在信封里，寄给自己。

怎么过桥？

答案：用比桥面长的钢索，系在两辆汽车之间，这样二者就不会同时压在桥上，便可以顺利通过大桥。

有把握及格吗？

答案：不能。

随便答，答对的概率只能从没有把握的21道题中算，也就是那21道题中，按概率可以答对21÷3=7道，再加上有把握的9道，只能答对16道，所以小刚还是不能及格。

安全的手术

答案：第一位医生戴上两双手套，上面套的第二双手套的外面接触到病人；第二位医生戴上刚才第一位医生套在外面的第二双手套，这样仍是这双手套的外面接触到病人。而且他没有和第一位医生接触；第三位医生把第一双手套翻过来戴在手上，这样，他不会接触到第一位医生接触到的那一面。然后他再套上第二双手套，这样，接触到病人的仍是第二双手套的外面。这样，3位医生之间以及医生和病人之间都没有接触，所以是最安全的。

折报纸

答案：不能。

无论纸张厚薄，要对折八九次几乎不可能。每对折1次，一叠中的页数就会翻1倍。对折1次就成了两页，两次就是4页，9次就会有512页——相当于一本小电话簿了。一叠纸太厚时就很难再对折了。

农夫的动作

答案：拣鸡蛋。

农夫把一篮鸡蛋悄悄放在地里，当地主放了鸡过来时，他提起篮子，做了捡起最后一个蛋的动作，然后匆匆地往家走去。地主虽未看清，但估计是自己的鸡在那里下了蛋，非常后悔，再也不把鸡赶到农夫的地里去了。

第四章

因果思维

出去的方向

答案：能。

树桩上有年轮，年轮不仅记录树的年龄，还可以指示方向。在北半球，年轮密集的一方代表北方，稀疏的一方代表南方。因为树的北面得不到阳光的直接照射，生长较慢，所以年轮密集。

会有这种可能吗？

答案：有可能的。

当天他的飞行目的地，恰好是在起飞地点的地球的另一面，因此飞机返航时，有许多相同距离的航线。

概率是多少？

答案：这种说法是错误的，因为每个硬币在投掷时朝上或者朝下都是独立的，和别的硬币没有关系。在有3枚硬币的情况下，同面朝上的概率只有12.5%。

小熊的疑惑

答案：当静止的车猛然启动时，静止的乘客不能马上从静止状态变为前进状态，就会向后倾倒；而当车高速行驶时，车上的乘客也以同样的速度前进，这时如果突然刹车，乘客不能随着车一起立刻停下来，就会向前倾倒。

一定能回北京吗？

答案：他们说的都不对。

因为飞机越过南极和北极之后，就会改变方向。

水位上升还是下降？

答案：水位下降了。

因为石头的比重远大于水的比重，当石头在大塑料盆里时，所排走的水的重量等于石头的重量，这部分水的体积应该为石头体积的好几倍。而石头在池塘里所能排走的水量仅等于石头的体积。

月亮的倒影

答案：看不见。

在东西流向的河的南岸坐着，也就是面朝北。在北纬29°线以北，可以看到月球和太阳一样在天空的南部东升西落。但如果面朝北，是看不见月亮在河水中的倒影的。

长工为何被辞掉？

答案：长工睡觉了。

晚上看管仓库是不许睡觉的，长工说他做了一个梦，证明他晚上睡觉了。开始地主只顾高兴，过一会儿明白过来了，自然把他辞退了。

神枪手

答案：因为子弹通过空气进入水中时，受到水中的阻力，子弹会偏离方向，所以射不中。

猜罐子的颜色

答案：在阳光下，黑罐子吸收的热量比白罐子多，所以那个黑罐子比别的罐子烫。即使眼睛看不见，也能很快分出哪个是黑罐子。

孪生兄弟为何差一岁？

答案：有可能。

哥哥于 2001 年 1 月 1 日出生在一艘由西向东将过日界线的客轮上，而弟弟则是在客轮过了日界线后才出生的。那时的时间还是处在 2000 年 12 月 31 日。所以，按年、月、日计算，弟弟似乎要比哥哥早出生。

同样的气球

两个气球，一个装的是 4℃以上的热水，一个装的是 4℃以下的冷水，装热水的气球温度高，密度比较小，自然会浮在水面。

环球旅行家的话

答案：正确。

由于地球是自转的，6 个月前，旅行家在南半球过夏天，那时候广州是冬天。

有这种事情吗？

答案：会有这种情况的。

例如她是 1 月 2 日出生，在 12 月 31 日时说上述的话。她在去年 1 月 1 日满 19 岁，次日就是 20 岁，在今年的 1 月 1 日满 20 岁，次日就是 21 岁，因此来年的 1 月 1 日（明天）将满 21 岁，1 月 2 日（后天）就是 22 岁了。

一句话决定生死

答案：这名聪明的犯人说：“我是将要被砍头的。”

如果国王认为这句话是真话，那么这名罪犯将要被处以绞刑，这样，这句话就成了假话，所以他只能被砍头。但如果被砍头，这句话又变成了真话。所以这名罪犯既不能被处以绞刑也不能被砍头，国王只能放了他。

第五章 类比思维

不同的图形

答案：B。

除了 B，方框的个数均是奇数。

不同的三角形

答案：E。

被等分的4个中三角形——3个三角形朝上，中间1个三角形朝下，除了E，所有图中三角形都包含2个小红色三角形和2个小白色三角形。

找对应

答案：F。

A与B之间的关系是所有曲线变为直线，所有直线变为曲线。根据此规律可知，C与F是相对应的。

找不同 1

答案：D。

只有D图线段两侧的图都是空心的。

找不同 2

答案：C。

除了C，其他选项的所有小图形都有一部分在大图形外。

空间想象力

答案：B。

立方体正面右上角的一个色块与立方体右面左上角及下方的2个色块形成一个Z字形。在5个展开图中，只有B的右端有Z字形色块。

找图形

答案：C。

各个图形的中心部分沿逆时针方向旋转，而周围部分沿顺时针方向旋转。

找相似

答案：B。

理由是小长方形与圆形共有一个点，但大长方形与小长方形间没有共同的点。

异样的图

答案：E。

除了E，每一个圆与略大于它的圆都以较小的部分相交。

图形转换

答案：B。

规律：图1上下翻转则为图2。

错误的图

答案：2B。

眼力大考验

答案：1和11；4和8；5和7。

相似图形 1

答案：C。

逻辑关系：在图2中，图1中的小圆都变成了大圆，大圆都变成了小圆。

相似图形 2

答案：B。

特别的图形

答案：E。

因为除了E，其他各图中的小三角形总数都是它们所围绕的图形边数的倍数。

规律推图

答案：A。

由上面的4幅图可知，每一次减去的图形下一幅图就不会再出现，因此先排除C、D。再由减了上面的横线可知，下一幅图应减去下面的横线，这是因为线与线之间要相连。所以选A。

看图找规律

答案：A。

第一套图中，图形的变化规律为：先是四边形转向，再是半圆转向。结合第二套图的变化趋势，我们发现只有A项符合第一套图形的变化规律，故A项正确。

趣味转化

答案：B。

规律：图2是图1上下翻转180度再顺时针旋转90度所变，图B和图3也具有这样的关系。

图形转化

答案：G。

从A到B的转化规律是以中间方格为中心做180度对调。

立方体

答案：D。

由第二幅图可知，第四幅图的其他3个面必有2个面是横线，且这2个面相邻，共有3种情况，分别验证可知，X面为选项D。

与众不同的蝴蝶结

答案：D。

其他各图都有相对应的图形：A和E，B和F，C和G。它们只是红色和白色相反。

小鱼的样子

答案：如图所示。

鳞片的变化规律是加2，加3，减1，如此反复。鳞片为偶数时，鱼头向右。

骰子展开图

答案：3。

根据图1可知，有一个3在5的对面，与5相连的点数只有1个3，不可能出现相邻有两个3的情况。

所以3号骰子是错误的。

不一样的图

答案：D。

规律：A、B、C、E这4幅图中黑块在中间且左右对称，而D不是。

不相同的图

答案：D。

因为除了D之外，黄圆代表1，绿三角代表2，粉圆代表3，紫三角代表4，每幅图中左边两个图形代表的和等于右边图形代表的数字。

不同的图

答案：B。

因为除了B，其他4幅图中的弧线弯曲方向相反，而B中的弧线弯曲方向相同。

写给中国孩子的

思维游戏书

推理思维游戏

王　玥◎主编

北京工艺美术出版社

图书在版编目（CIP）数据

写给中国孩子的思维游戏书．推理思维游戏 / 王珝主编．-- 北京 ：北京工艺美术出版社，2023.8
ISBN 978-7-5140-2629-0

Ⅰ．①写… Ⅱ．①王… Ⅲ．①智力游戏－儿童读物 Ⅳ．① G898.2

中国国家版本馆 CIP 数据核字 (2023) 第 055731 号

出 版 人：陈高潮　　策 划 人：杨　宇　　装帧设计：郑金霞
责任编辑：周　晖　　责任印制：王　卓

法律顾问：北京恒理律师事务所　丁　玲　张馨瑜

写给中国孩子的思维游戏书　推理思维游戏
XIE GEI ZHONGGUO HAIZI DE SIWEI YOUXISHU TUILI SIWEI YOUXI
王珝　主编

出　　版　北京工艺美术出版社
发　　行　北京美联京工图书有限公司
地　　址　北京市西城区北三环中路6号　京版大厦B座702室
邮　　编　100120
电　　话　(010) 58572763（总编室）
(010) 58572878（编辑室）
(010) 64280045（发　行）
传　　真　(010) 64280045/58572763
网　　址　www.gmcbs.cn
经　　销　全国新华书店
印　　刷　天津海德伟业印务有限公司
开　　本　700 毫米 × 1000 毫米　1/16
印　　张　8
字　　数　37千字
版　　次　2023年8月第1版
印　　次　2023年8月第1次印刷
印　　数　1～20000
全套定价　199.00元（全五册）

FOREWORD

前言

孩子在身体茁壮成长的过程中，智力也在快速增长，在这个阶段对孩子进行开发全脑的思维训练，能使孩子的智力得到提升，让他们未来的道路更加光明璀璨。

那么如何对孩子的思维进行有效的训练呢？众所周知，爱玩是孩子的天性，生硬的知识灌输方式是他们极为厌烦的，而花样百出的游戏能带给孩子难以言说的快乐，因此，把学习、思考与游戏结合起来，无疑是最适合孩子的学习方式。

在尊重孩子的天性和认知水平的基础上，我们专为孩子打造了《写给中国孩子的思维游戏书》，力求通过一道道具有趣味性和挑战性的思维游戏题，帮助孩子建立超强的思维模式，激发孩子的无限潜能。

本书精选了数百道思维游戏题，涵盖逻辑思维、推理思维、发散思维、图形思维、数字思维等不同类型题目，

每道题目都极具代表性，有些还是世界知名的经典题目。本书架构清晰，编排合理，游戏形式多样，版式活泼，图文并茂，在观察图形、灵活运算、寻找规律、推理案情、巧走迷宫等过程中，相信孩子的思维能力会得到很大提升。

本书适合孩子利用碎片时间进行阅读和训练，在课间、茶余饭后的闲暇时间里都可以拿出来练一练、玩一玩。在享受游戏的快乐中，孩子的思维能力得到稳步提升，并逐步建立起优秀的思维方式。

小游戏也能玩出大智慧。相信孩子在我们精心打造的游戏天地中，一定会越玩越上瘾，越玩越聪明！

第一章 假设解惑篇

第二章 线索推断篇

第三章 排除推理篇

第一章

假设解惑篇

杀手是被谁击中的？

每日来打卡

游戏难度 ★★☆☆☆

_____月_____日　　耗时_____分钟

有一位富豪有A、B、C、D、E、F、G、H八个保镖。一天，一名杀手刺杀富豪未遂，在逃跑的过程中被保镖的子弹击中了，然而八个保镖都开了枪，富豪不知道究竟是谁击中了杀手。以下为八名保镖的对话。

A：“可能是F击中的，或是H击中的。”

B：“如果子弹刚好击中杀手头部的话，那么是我击中了他。”

C：“我可以肯定是G击中的。”

D：“就算这颗子弹刚好击中杀手的头部，击中他的人也不可能是B。”

E：“A说得不对。”

F：“击中杀手的人不是我，也不是H。”

G：“不是C击中的。”

H：“A的猜测是正确的。”

事实上，这八个保镖中有三个人的猜测是正确的。

头脑风暴

你知道是谁击中了杀手吗？如果有五个人的猜测是正确的，那么又是谁击中了杀手呢？

未来的预言家

阿尔法、贝塔、伽马和欧米伽 4 位古希腊少女正在接受训练，以便将来能当上预言家。实际上，她们之中只有一个人未来当上了特尔斐城的预言家，其余 3 个人，一个当了职业舞蹈家，一个当了宫廷侍女，一个当了竖琴演奏家。

一天，她们 4 个人在练习预言。阿尔法预言："贝塔无论如何也成不了职业舞蹈家。"贝塔预言："伽马终将成为特尔斐城的预言家。"伽马预言："欧米伽不会成为竖琴演奏家。"而欧米伽预言她自己将嫁给一个叫阿特克赛克斯的男人。可是，事实上她们 4 个人当中，只有一个人的预言是正确的，而正是这个人后来当上了特尔斐城的预言家。

请问，她们 4 个人各自当了什么？欧米伽和阿特克赛克斯结婚了吗？

友情算术题

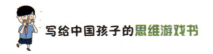

尼娜小姐是一名数学老师，吉米和凯瑞都想和她交朋友。尼娜对两人说：“请你们用数量来表示和我交朋友的决心吧。”吉米说：“我的决心是凯瑞的 100 倍。”而凯瑞则说：“那我的决心是吉米的 1000 倍。”尼娜小姐听了两个人的话后，回答：“哦，我知道了，你们根本一点儿都不想和我交朋友。”

头脑风暴

为什么尼娜小姐会这样说呢？

有几个人在撒谎？

每日来打卡

游戏难度 ★★☆☆☆

____月____日　　耗时____分钟

有5个学生在接受学校的小记者团采访时说了下面这些话。

小美说：“我上课从来不打瞌睡。”

小静说：“小美撒谎了。”

小红说：“我考试时从来不舞弊。”

小刚说：“小红在撒谎。”

小兵说：“小红和小刚都在撒谎。”

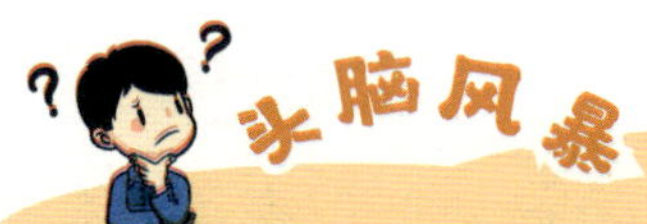

头脑风暴

请问，他们中有几个人撒了谎？

谁在说谎？

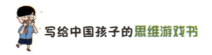

主人在餐桌上放了一块蛋糕准备享用，突然电话铃声响起，他只好先去接电话。主人接完电话回来，发现蛋糕不见了，于是叫来甲、乙、丙3个仆人询问。甲、乙、丙的回答如下。

甲：“您认为是我吃的？啊，是的，我吃了。尊敬的主人，您的蛋糕真好吃！”

乙：“我看见甲在吃，我也想吃。”

丙：“我和乙都没有吃过。”

现在，如果这3个仆人中只有一个人在说谎，你能猜出说谎的人是谁吗？

天使的数量

一个旅行家遇到了3个美女，这3个美女中有天使也有魔鬼。旅行家不知道哪个是天使、哪个是魔鬼，但知道天使只说真话，魔鬼只说假话。

甲说：“在乙和丙之间，至少有1个是天使。”

乙说：“在丙和甲之间，至少有1个是魔鬼。”

丙说：“我告诉你正确的消息吧。”

你能判断出有几个天使吗?

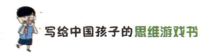

谁看了足球赛？

每日来打卡

游戏难度 ★★★☆☆

_____月_____日　　耗时_____分钟

5 个朋友中只有 1 个人上周看了足球赛。他们每个人说的三句话中，有两句是对的，一句是错的。

5 个人的对话如下。

A 说：“我没看足球赛。我上周没看过任何足球赛。D 看了足球赛。”

B 说：“我没看足球赛。我从足球场前走过。我读过一篇足球报道。”

C 说：“我没看足球赛。我读过一篇足球评论。D 看了足球赛。”

D 说：“我没看足球赛。E 看了足球赛。A 说我看了足球赛，那不是真实的。”

E 说：“我没看足球赛。B 看了足球赛。D 也看了足球赛。”

根据他们的对话，请推断出到底谁看了足球赛。

谁是受害者？

每日来打卡

游戏难度 ★★☆☆☆

_____月_____日　　耗时_____分钟

在古希腊流传着一个传说。一次，美丽的公主在河边洗澡，她洗完之后发现自己放在岸边的衣服被人偷走了。而对于这件事，旁观者、目击者、受害者和救助者各执一词。她们的说法如果是关于其他人的就是真的，如果是关于受害者的就是假的。

玛丽说：“瑞利不是旁观者。”

瑞利说：“劳尔不是目击者。”

露西说：“玛丽不是救助者。”

劳尔说：“瑞利不是目击者。”

请你根据她们的说法找出谁才是受害者。

相同花色的扑克牌

迈克先生正和他生意上的朋友一起玩扑克牌。迈克先生手上拿到了13张牌，黑桃、红桃、梅花、方块这4种花色至少各有1张。但是，每种花色的张数都不一样：黑桃跟红桃的张数一共是6张，黑桃跟方块的张数一共是5张。迈克先生手中还有2张同一种花色的扑克牌。

请问，这2张牌的花色是什么？

孩子的性别

每日来打卡

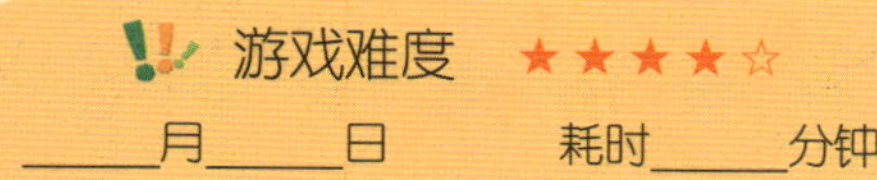

游戏难度 ★★★★☆

____月____日　　耗时____分钟

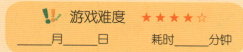

曾经有一个家庭，因让人捉摸不透而出了名。这个家庭中的男性成员从来不说谎，但女性成员却从来没说过两句连续的真话或假话。一位访问者遇到他们时，父亲、母亲正和他们的一个孩子待在一起。

访问者问那个小孩："你是男孩吗？"

其中一个大人和孩子的回答是一致的："是男孩。"

而另一个大人却说："这个孩子在撒谎，她是个女孩。"

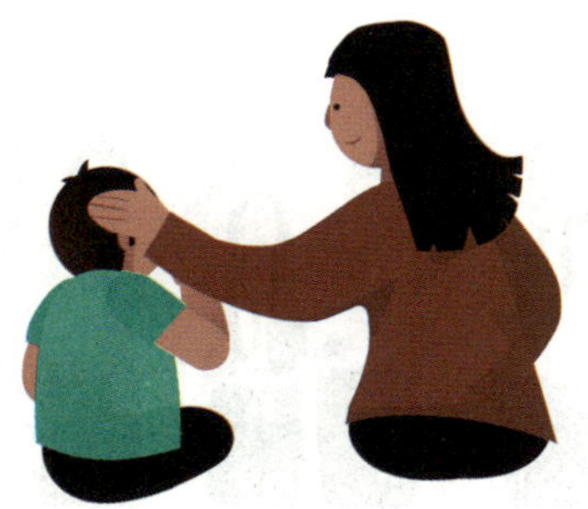

头脑风暴

孩子到底是男孩还是女孩？孩子的回答是真话还是假话？

老实人

甲、乙、丙、丁、戊 5 个人当中，有 2 个人是从来不说谎的老实人，但是另外 3 个人是总说谎的骗子。下面是他们所说的话。

甲：“乙是骗子。”

乙：“丙是骗子。”

丙：“戊是骗子。”

丁：“甲和乙都是骗子。”

戊：“甲和丁都是老实人。”

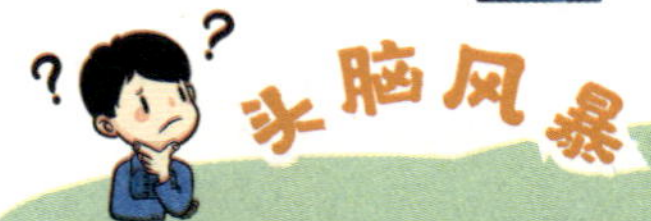

请根据以上 5 人所说的话，找出老实人是哪两位。

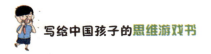

究竟谁在撒谎？

每日来打卡

游戏难度 ★★★☆☆

____月____日　　耗时____分钟

有这样一则关于甲、乙、丙三人谁是撒谎者的故事。

甲说："乙撒了谎或丙撒了谎。"

乙说："甲撒了谎。"

丙说："甲、乙都撒了谎。"

头脑风暴

你能根据题意，推理出究竟谁撒了谎、谁说了真话吗？

公主裙的颜色

每日来打卡

游戏难度 ★★☆☆☆

_____月_____日　　耗时_____分钟

丽莎最近买了一条新款公主裙，朋友们急着想一睹它的美丽，可丽莎却还在卖关子，只给她们一个提示："我这条裙子的颜色是浅红、深红、蓝中的一种。"

"丽莎一定不会买浅红色的。"凯莉说。

"不是蓝色的就是深红色的。"琳达说。

"那一定是深红色的。"米琪说。

最后，丽莎说："你们之中至少有一个人是对的，有一个人是错的。"

头脑风暴

请问，丽莎的公主裙到底是什么颜色的呢？

分辨机器人

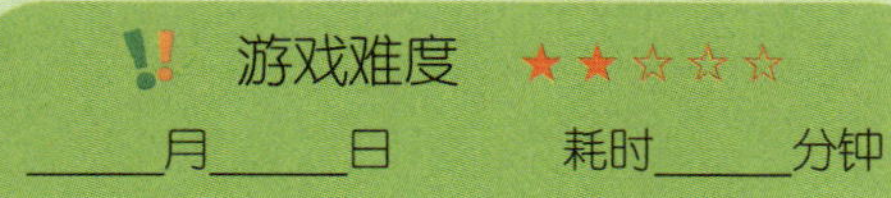

麦克先生的职业是一名高级程序员，他设计出了3款机器人，可是最近机器人却发生了一些故障：其中一个永远都说真话，一个永远都说谎话，另一个则有时说真话、有时说谎话。这让麦克先生十分苦恼，他不知道该怎么分辨这3款机器人，于是就请乔博士帮忙。

乔博士看后，问了3个简单的问题就知道怎么分辨了。

问左边的机器人："坐在你旁边的是谁？"机器人回答："诚实的家伙。"

问中间的机器人："你是谁？"机器人回答："总是犹豫不决的那位。"

问右边的机器人："你旁边是谁？"机器人回答："说谎话的家伙。"

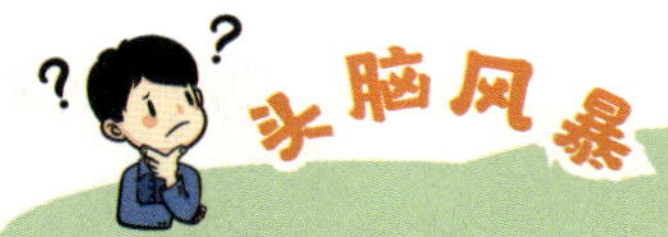

你能将这3款机器人的情况分辨出来吗？

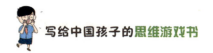

谁犯了案？

谋杀案的 5 名犯罪嫌疑人在犯罪现场被警察询问，其中有 1 名是凶手。下面 5 个人的供述中，只有 3 个人说的是对的。

阿尔夫 · 怀特：“戴维 · 达克是凶手。”

巴里 · 格鲁米：“我是无辜的。”

西里尔 · 瑟德：“厄尼 · 布莱克不是凶手。”

戴维 · 达克：“阿尔夫 · 怀特在撒谎。”

厄尼 · 布莱克：“巴里 · 格鲁米说的是实话。”

请问，是谁制造了这起谋杀案?

三个牢房中的人

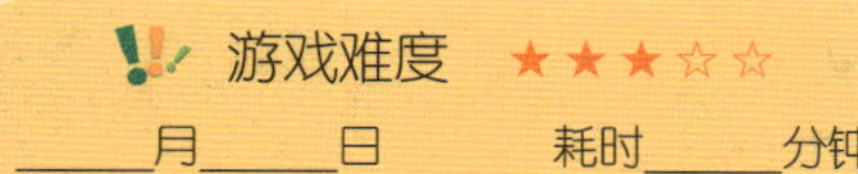

一天晚上，警察逮捕了两个打扮成牧师的人：一个是骗子，另一个是赌徒。可第二天早上却发现三个单人牢房关着的都是牧师打扮的人，其中一个是真正的牧师。“去问问他们，牧师总是讲真话。”警官亨利建议道。“可要是问到的那个人正好是一个骗子呢？”警官查尔斯反问。“据说这个骗子是个撒谎的老手，他从来不讲真话，而那个赌徒又是个专门见风使舵的家伙，他撒不撒谎要看形势对他是否有利。”

警官问关在 1 号牢房里的人：“你是什么人？”

这个人回答：“我是一个赌徒。”

警官问 2 号牢房里的人：“关在 1 号牢房的那个是什么人？”

2 号牢房里的人说：“骗子。”

警官又问 3 号牢房里的人：“关在 1 号牢房的是什么人？”

3 号牢房里的人说：“牧师。”

头脑风暴

警官们还是不知谁是真牧师，你能帮助他们查清关在 1 号、2 号、3 号牢房里的分别是什么人吗？

射击手的成绩

普莱森特上校、艾姆少校、法尔上尉是军队里的 3 个射击手，他们正在进行射击比赛。射击结束后，他们把靶子收起来，每个人说了三句话。

普莱森特上校说：“我是 180 环。我比少校少 40 环。我比上尉多 20 环。”

艾姆少校说：“我的成绩不是最低的。我和上尉相差 60 环。上尉是 240 环。”

法尔上尉说：“我不如上校。上校是 200 环。少校比上校多 60 环。”

每位射击手的陈述中都有一句是错误的。

请问，他们的成绩分别是多少？

鉴别瓷瓶的年代

一个宝物鉴定节目邀请3位观众对一件瓷瓶的年代进行初步的分析和判断。

A观众说：“这既不是清代的，也不是明代的。”

B观众说：“这不是清代的，而是宋代的。”

C观众说：“这不是宋代的，而是清代的。”

经过专家团鉴定，他们中的一个人的两个判断都对了，而另一个人的两个判断都错了，还有一个人的两个判断一对一错。

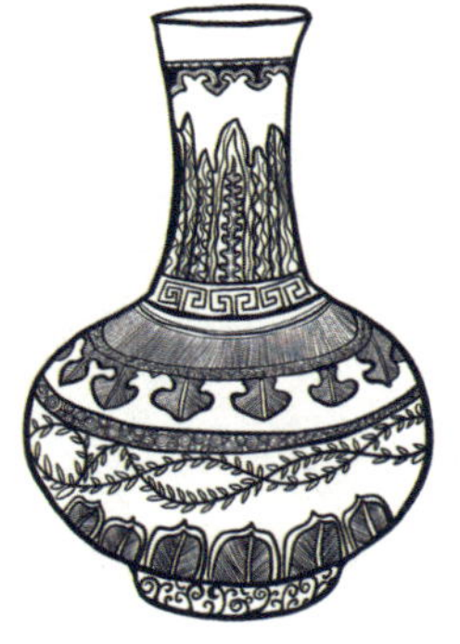

头脑风暴

请你依据这些情况，判断出这个瓷瓶的年代。

法官的判断

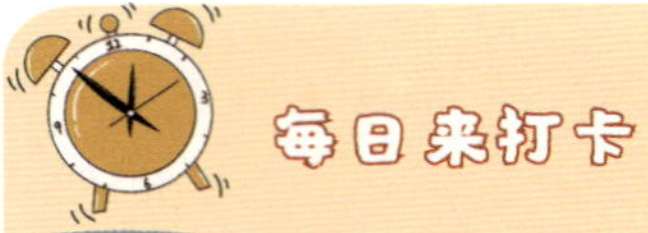

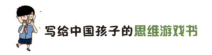

法院开庭审理一起盗窃案件，嫌疑人有A、B、C三个人。法官认为：肯提供真实情况的一定不是盗窃犯，而真正的盗窃犯一定会编造口供来掩盖罪行。所以他认为说真话的一定不是盗窃犯，说假话的一定是盗窃犯，紧接着审问开始了。

法官问A：“你是怎样进行盗窃的？！”

A回答：“叽里咕噜，叽里咕噜……”

A说的是一种方言，法官根本听不懂他在说什么。

法官又问B和C：“刚才A是怎样回答我的提问的？‘叽里咕噜，叽里咕噜’是什么意思？”

B说：“禀告法官，A的意思是说，他不是盗窃犯。”

C说：“禀告法官，A刚才已经承认自己就是盗窃犯了。”

头脑风暴

这位聪明的法官根据B和C的回答能做出什么样的判断呢？

聪明人到底是谁？

A、B、C 三个人一起参加了物理和化学两门考试。三个人中，只有一个聪明人。

A 说："如果我不聪明，我将不能通过物理考试；如果我聪明，我将能通过化学考试。"

B 说："如果我不聪明，我将不能通过化学考试；如果我聪明，我将能通过物理考试。"

C 说："如果我不聪明，我将不能通过物理考试；如果我聪明，我将能通过物理考试。"

考试结束后，证明这三个人说的都是真话，并且：第一，聪明人是三人中唯一 一个通过这两门科目中一门考试的人；第二，聪明人也是三人中唯一 一个没有通过另一门考试的人。

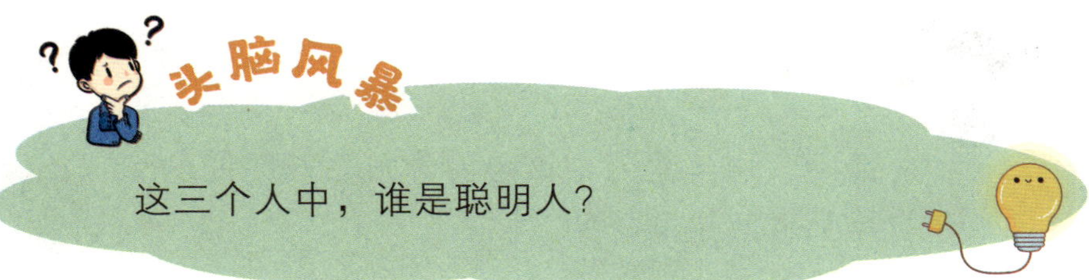

游泳成绩

甲、乙、丙、丁 4 人进行一场游泳比赛，最后分出了高低。但这 4 个人都爱撒谎，他们所说的关于游泳成绩的话如下。

甲：“我刚好比乙先到达终点，我不是第一名。”

乙：“我刚好比丙先到达终点，我不是第二名。”

丙：“我刚好比丁先到达终点，我不是第三名。”

丁：“我刚好比甲先到达终点，我不是最后一名。”

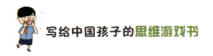

上面这些话中只有两个人说的是真话，取得第一名的那个人至少说了一句真话。

头脑风暴

请问，这 4 个人中谁是游泳冠军？他们的名次排列顺序是怎样的？

小孩的年龄

每日来打卡

有4个小孩，年龄从11岁到14岁各不相同。他们中有两个人说了话。无论谁说话，如果说的是关于比他大的小孩的话都是假话，说的是关于比他小的小孩的话都是真话。

小孩甲说：“小孩乙13岁。”

小孩丙说：“小孩甲不是11岁。”

你知道这4个小孩分别是几岁吗？

谁是幸运的加薪者？

新年过后，刚上班就传来消息说要给部分员工加薪。

甲说：“如果给我加薪的话，也会给乙加薪。”

乙说：“如果给我加薪的话，也会给丙加薪。”

丙说：“如果给我加薪的话，也会给丁加薪。”

结果，3 个人的说法都是正确的，但甲、乙、丙、丁 4 个人中只有 2 个人加了薪。

头脑风暴

你知道加薪的是谁吗？

第二章
线索推断篇

热带鱼

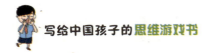

某地发生了一起凶杀案，由于案发后下了一场大雪，掩盖了现场的痕迹，刑警几经周折找到了犯罪嫌疑人。刑警询问犯罪嫌疑人有没有夜里 23 点左右不在现场的证明，这个独身女人回答："昨晚 21 点左右，我家的旧电视机出了问题，造成短路停了电。因为我自己不会修理，所以就吃了片安眠药睡觉了。今天早上，就是 30 分钟之前，我给电工打了电话，他告诉我只要把大门口的电闸推上去就会有电了。"

刑警扫视了一下整个房间，看到室内的玻璃鱼缸里的热带鱼正在欢快地游着，立即断定女人在说谎。

请问，女人说谎了吗？为什么？

不翼而飞的水果

一个女人在窗台上放了一些假水果。鲜艳的苹果：一半是玫瑰红色，另一半是亮绿色，一小根白色的茎在上面伸出。可爱的桃子：透着柔和而又温暖的粉橙色，上面有一根大一些的茎。另外，还有一些梨和深颜色的李子。女人将水果放在窗台上，走出房间。当她半小时后回到房间时，发现水果全部没有了。

房间里没有其他人，没有人移动水果，没有东西挡住她的视线，房间里光线很好，也没有雾。

关于此事件的一些说明：

（1）它们没有被偷走。

（2）它们没有被吃掉。

（3）房间里留有可作为证据的线索。

（4）当她回来的时候，房间里有一种不寻常的气味。

（5）水果的消失与动物没有任何关系。

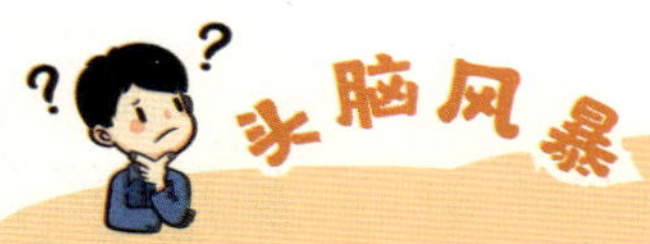

请问，这些水果去哪里了？

凶手是谁？

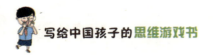

一天上午，本杰明和查尔斯去看望格兰特太太，他们推开门后，在餐厅里发现了格兰特太太的尸体。看上去她已经遇害十几天了，好像是在用餐的时候遭到的突袭。本杰明和查尔斯伤感地坐在房子前面的台阶上，送来的牛奶堆满了整级台阶，而订它的人永远无法再享用了。台阶下还放着两份早已过期的报纸，也是格兰特太太订的。聪明的本杰明突然间明白凶手是谁了。

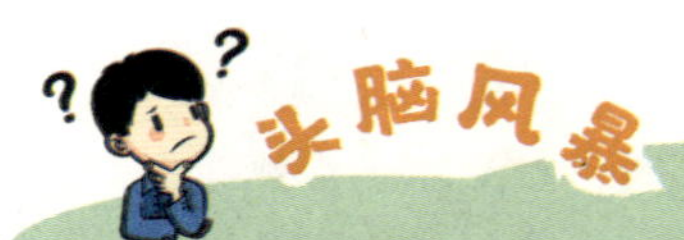

你知道真相究竟是什么吗？

卑鄙的购物者

有一个男人来到商场，想要买很多东西，但是他没有那么多钱付账。于是他设计了一个方案，认为这个方案可以让他以最少的钱买下自己想要的东西。

他了解商场的电脑结账系统是如何运作的。他选的商品装了满满一手推车，准备按照出纳机上显示的商品价格买单。

说明：

（1）出纳机上显示，他要支付 120.25 美元。

（2）他没有买水果和蔬菜，买的都是些瓶装、罐装或盒装的商品。

（3）他的动作很隐蔽，店中的摄像头没有拍到。

（4）他的身上和手推车中没有藏匿任何东西，每样商品都经过收银台的扫描。

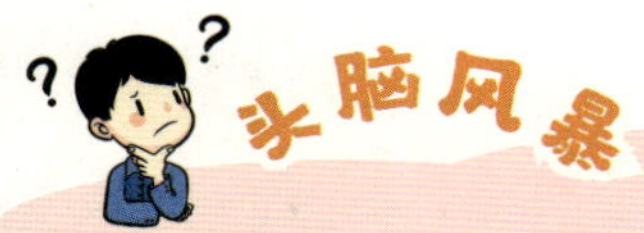

请问，这个男人会购买成功吗？

完整的方糖

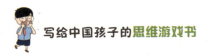

可可在他的咖啡中加了一块方糖，然后被叫去接电话。当他10分钟后回来时，他直接从咖啡中将方糖完整地取了出来。

可可是怎样做到的?

钻石盗窃案

大富翁维特经常向别人炫耀他有一颗价值连城的大钻石，这吸引了不少朋友到他家里参观。为了安全和美观，维特准备了一个很大的窄口玻璃瓶，把钻石放在里面。玻璃瓶本身重60多千克，普通人想搬走也不是一件容易的事。何况，维特又在放钻石的房间周围安装了防盗警报装置，只要有人移动玻璃瓶，警报系统就会发出叫声。

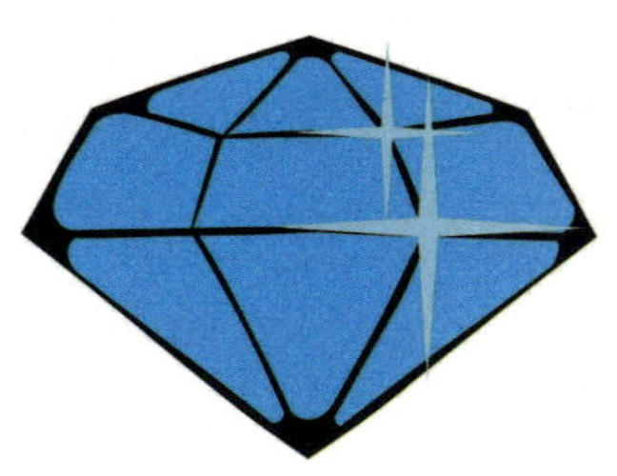

有一天晚上，维特从外面回来，却发现那颗钻石竟然不翼而飞了。维特急忙报了警。

警探经过调查得知，维特外出后曾有3个人先后进入过这个房间，1个是负责清洁地毯的工人，1个是管家，1个是守卫。

头脑风暴

这3个人之中，谁能够不移动玻璃瓶而把那颗钻石偷走呢？

王子心仪的女孩

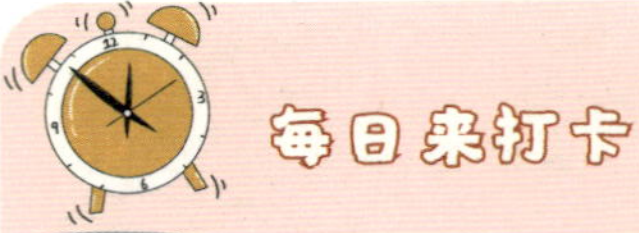

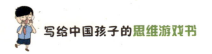

王子在舞会上捡到了一只水晶鞋，而丢失了这只鞋子的人正是在舞会中令他心仪的女孩，但是有3个女孩站出来都说自己就是鞋子的主人。王子对她们说：“我要看看你们能不能穿得上这只鞋，请把你们的脚伸出来。”于是，3名女孩都伸出了一只脚。但王子只是看看她们的脚就找出了那名女孩，并没有让她们试穿。

请问，王子是怎么找到这名女孩的呢？

智偷宝石

狠毒的森林女巫有一个魔法十字架，上面镶着 25 颗宝石，女巫靠着它统治整个大森林。她有个习惯，每次数宝石都是从上数到中央，然后分别向左、右、下数去，3 次的得数都是 13。

蓝精灵得知这一秘密后，一次，趁女巫的十字架坏了，它化装成工匠前来修理，并设计偷走了上面的 2 颗宝石，使得女巫在检查时没有发现，就此破掉了女巫的魔力。

请问，蓝精灵是怎么偷走宝石的呢？

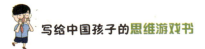

神秘的毒杀

每日来打卡

游戏难度 ★★☆☆☆

____月____日　　耗时____分钟

在一间高级餐厅里，有一位很文静的小姐在吃西餐。她喝了男侍者端来的汤后，吩咐男侍者端来一杯水。男侍者端来后，她一口气喝完，接着请他再送一杯水来。不久男侍者又端来一杯水，这位小姐喝了两杯水后死去了。

大批警察到现场调查，证实死者死于中毒，而且是一种剧毒。但警察化验过死者餐桌上的一切食物、饮料和器皿，都没有毒。警方经过进一步调查，发现死者原来是某国的一名特工，因为被另一国的特工发现，才遭到了毒杀。

头脑风暴

杀人的特工是谁？他用什么方法下的毒呢？

慢跑老人死亡案

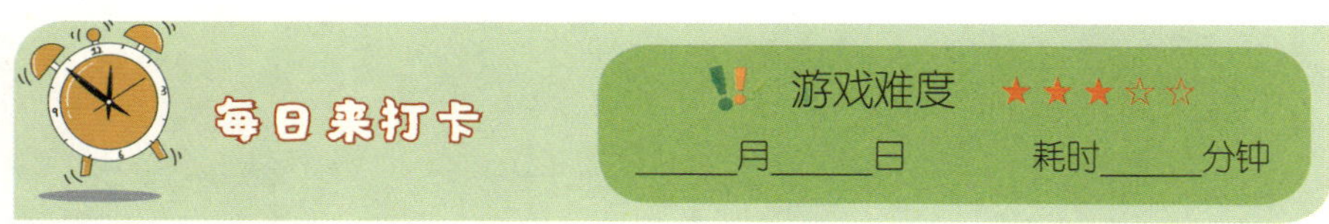

有一名退休的老人不管天气多么寒冷，都会在早晨坚持慢跑锻炼身体。

一天清晨，他像平常那样，很早就起床到野外慢跑，后来有人发现他倒毙在回家的路上。

警方经过调查，发现老人是被人用硬物从脑后袭击致死的。当时在他前面慢跑的还有 3 个老人，此外有 1 名牵着狗的中年男子在周围散步。

头脑风暴

你认为这 4 个人中谁可能是凶手？他用的是什么凶器？

谁是真凶？

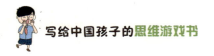

一天晚上，一位女作家被发现死在她的住宅里。从现场看，死者生前似乎正在书桌上写作，她是被重击头部而死的。书桌上放着一盏开着的应急灯，一盏关着的台灯。

警察问物业管理员是否停过电。管理员说：“昨晚 9 点左右曾停了约 1 小时的电。我想她大概是用应急灯照明写作时被害的，她每天很晚才关灯。”警察又问：“停电前后都有谁出现过？”管理员回答：“停电前死者的男友来过，停电后他匆忙离开了大厦，我想他一定是凶手。”“那停电以后还有什么可疑的人出入吗？”警察又问道。管理员想了想说：“来电后有一名 30 岁左右的陌生男子从死者住的那层楼下来过，但我不知道他有没有进过死者的房间。”警察听到这里已经知道谁是真凶了。

你知道谁是真正的凶手吗？

横渡黄河

在黄河的某个渡口，既没有桥，也没有船。

阮小二对时迁说：“别看水面这么宽，我上午一口气儿横渡了 5 次呢！”

时迁说：“游完你就回家了？”

阮小二说：“那当然了！”时迁说：“你吹牛！”

头脑风暴

阮小二是梁山有名的水中好汉，时迁不是不知道，可是他为什么不相信阮小二说的话呢？

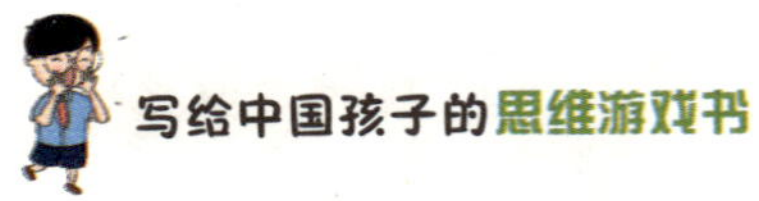

聪明的售票员

游戏难度 ★★★★☆

____月____日　　耗时____分钟

一名警察和他的妻子到一个滑雪胜地去度假，警察的妻子被发现摔死在悬崖下面。按规定，警察获得了妻子意外身亡的保险赔偿金。当度假胜地工作的售票员查看了这名警察往返的订票记录后，与警方取得了联系，之后，这名警察因谋杀罪被逮捕。

说明：

（1）售票员从来没有见过警察和他的妻子。

（2）如果没有售票员提供的信息，当地警方就不能逮捕这名警察。

（3）雪橇留下的轨迹显示不出这是一起故意杀人案。

（4）妻子是摔死的。

（5）妻子是个滑雪好手。

头脑风暴

请问，售票员怎么知道这是一起故意杀人案呢？

劳伦先生

劳伦先生因公出差。一天，他接到妻子从家中打来的电话，问他是不是把家里信箱的钥匙带走了。他一找，发现确实是那样。第二天，他赶紧把钥匙放在信里寄回家了。可他妻子又打来电话，说还是打不开信箱（此时信已到）。

你知道这是怎么回事吗?

黄金案

某国的黄金党屡次作案，负责这一案件的警长十分苦恼。

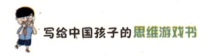

一次，警长获得可靠情报，黄金党正偷运大批黄金入境，警长和助手立即前去拦截。据情报可知，运载黄金的汽车是一辆白色全封闭的货车。

警长和助手果然见到白色货车，但不是一辆，而是两辆。它们不但颜色一样，而且式样、大小都相同。助手问警长应该拦截哪一辆车，警长果断地说："应该拦截后面那一辆。"

果然不出警长所料，后面那辆车内装了大批黄金。助手不知警长是怎样猜出来的，警长说："不是随便猜的，我有根据。"

你知道警长的根据是什么吗？

烟袋的主人

古时候，有王、李两个人，因争夺一个烟袋的所有权而来到衙门请县令明断。李说烟袋是他花重金所买，王说烟袋是他家祖上传下来的宝贝，已用 20 多年了。两人争执不休。

县令说："这个烟袋确实不错，我也喜欢，这样吧，我出 20 两银子买下了，你们每人再在堂上各抽 3 袋烟，然后各取一半银子回家去吧。"

抽烟时，姓李的那个人吹不出烟灰，就用一根小竹片将烟灰挑出；而姓王的却将烟袋用力地在地上磕打以磕出烟灰。县令见后，就把烟袋判给了姓李的那个人。

请问，县令是怎么知道烟袋的主人是姓李的那个人的呢？

指纹的秘密

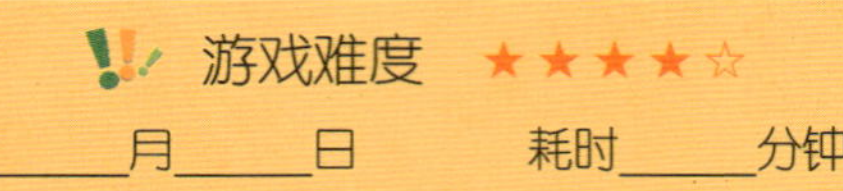

一个闷热的夏天，警察宋某拜访好友许教授。他按了门铃也没有人开门，他看见窗户大开着，意识到很可能出了什么事情，便用身体撞开了大门。他进到客厅，发现卧室的门紧闭着，已经从里面锁死，他就从窗户爬进去，发现许教授已经死在床上。

房间内的一切似乎都表明许教授是自杀的，在锁孔上还插着一把钥匙。经过警方提取，钥匙上留下的拇指和食指指纹同许教授的右手拇指和食指指纹一样，这更证明了许教授是反锁门后自杀的，但细心的宋某经过反复推敲，还是看出这是伪造的自杀现场。

请问，宋某是从哪儿看出破绽的呢？

警长断案

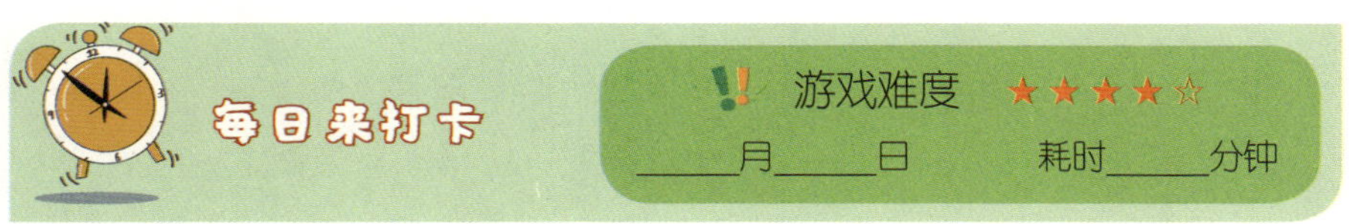

一位评论家的仆人早上打扫卫生时，在书房发现他的主人胸部中了两枪倒地而亡。警长在现场了解情况，鉴定人员告诉他评论家死亡时间确定为前一天22点左右。正在鉴定人员答话时，挂在书房墙上的鸽子报时钟“咕咕咕”地响了，挂钟里的鸽子从小窗中探出头报了10点。

鉴定人员到达现场时，录音机开着，正在录音。磁带所录的是前一天22点10分结束的巨人队和步行者队决赛的比赛实况。鉴定人员按下了录音机的播放键，里面传出了比赛实况的转播声。警长一边看着手表一边听着，然后他肯定地说受害人不是在这个书房而是在别处被杀的，这里是伪装出来的杀人现场。

头脑风暴

请问，警长的判断正确吗？他是根据什么来判断的？

正确的描述

保险公司遭劫后，4名职员对劫匪的模样做了一番描述。

据门卫说，他有一双蓝眼睛，高个子，戴了顶帽子，穿了件背心。

据出纳说，他有一双黑眼睛，矮个子，穿了件背心，戴了顶帽子。

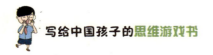

据秘书说，他有一双绿眼睛，中等个子，穿了件雨衣，戴了顶帽子。

据主任说，他有一双灰眼睛，高个子，穿了件背心，没有戴帽子。

每位目击证人描述的4个细节中都只正确了一个。而对于每个细节，至少有一位证人的描述是正确的。

对这名犯罪嫌疑人的正确描述应该是怎样的？

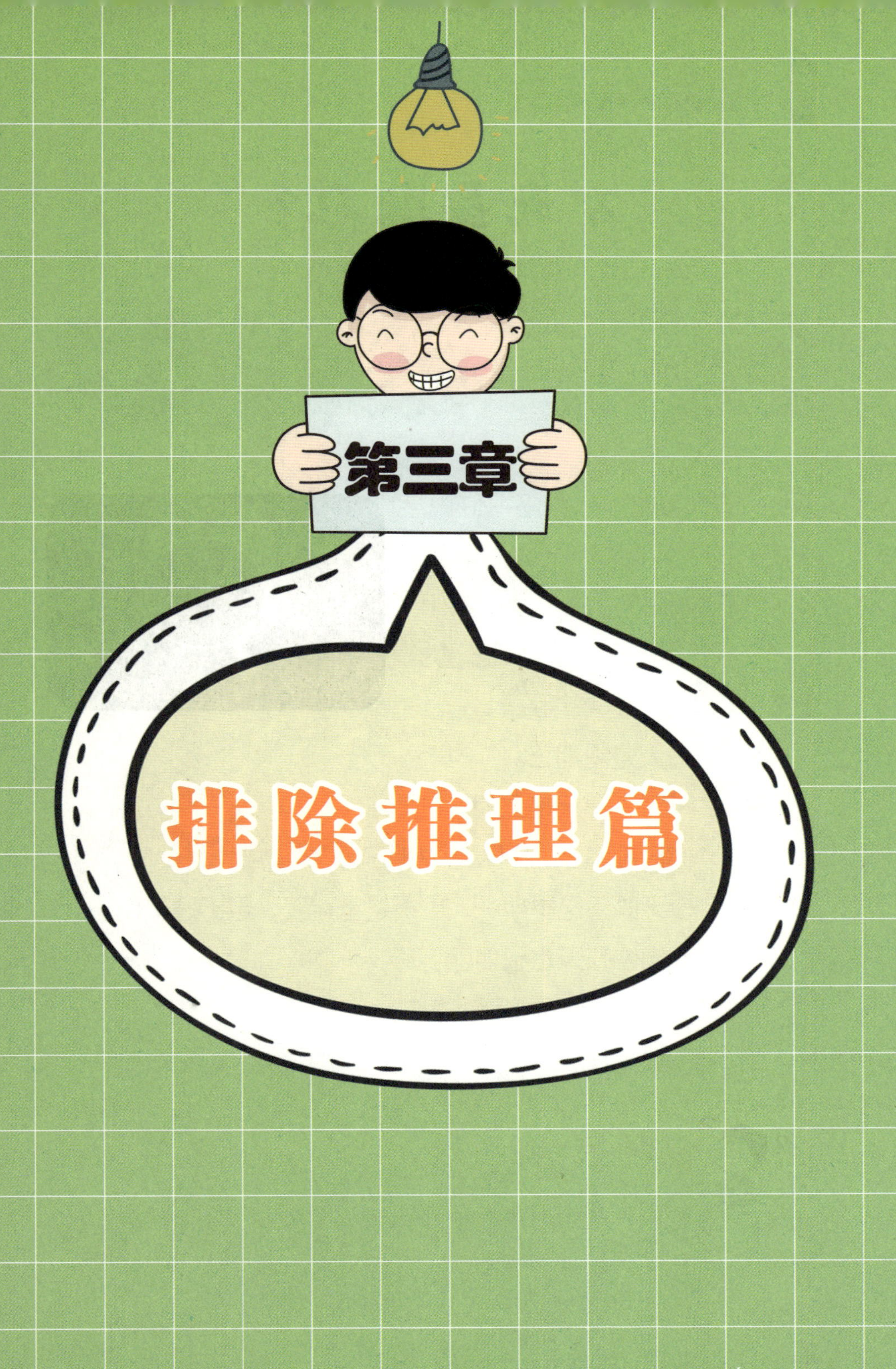
第三章
排除推理篇

今天星期几？

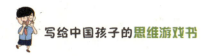

一天，同住一个院子里的小朋友们的闹钟同时“罢工”，所有人都起得很晚。由于大人都出去了，家里又没有日历，他们就围在一起讨论今天星期几。

A：“后天是星期三。”

B：“不对，今天是星期三。”

C：“你们都错了，明天是星期三。”

D：“今天既不是星期一，也不是星期二，更不是星期三。”

E：“我确信昨天是星期四。”

F：“不对，明天是星期四。”

G：“不管怎样，昨天不是星期六。”

头脑风暴

7个人之中只有一个人说对了，究竟是谁呢？今天到底是星期几？

住宿人数

每日来打卡

游戏难度 ★★★★☆

____月____日　　耗时____分钟

在某片土地上居住着三个家族。

真话家族，他们居住在六边形的房子里，并且总是说真话。

假话家族，他们居住在五边形的房子里，并且总是说假话。

自以为是家族，他们居住在圆形的房子里，总认为自己的话是正确的。

一天早晨，他们中的 90 个人在城中集合，分成三组，每组 30 人。第一组里的人完全是同一家族的。第二组由人数相等的两个家族的人组成。第三组由人数相等的三个家族的人组成。

第一组里的每位成员都说：“我们是假话家族的成员。”

第二组里的每位成员都说：“我们是自以为是家族的成员。”

第三组里的每位成员都说：“我们是真话家族的成员。”

头脑风暴

请问，晚上有多少人在五边形的房子里住宿？

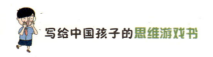

谁杀了医生？

游戏难度 ★★★★☆

____月____日　　耗时____分钟

一位精神病医院的医生被杀，由他负责诊治的 4 位患者被警方传讯。警方根据目击者的证词得知，在医生死亡那天，这 4 位患者都单独去过一次医生的寓所。后来，警方证实，每个人向警方提供的供词都是谎言。

甲：“我们 4 个人谁也没有杀害医生。我离开精神病科医生寓所的时候，他还活着。”

乙：“我是第 2 个去精神病科医生寓所的。我到达他寓所的时候，他已经死了。”

丙：“我是第 3 个去精神病科医生寓所的。我到达他寓所的时候，他还活着。”

丁：“凶手不是在我去精神病科医生寓所之后去的。我到达精神病科医生寓所的时候，他已经死了。”

你能从中判断出是谁杀了医生吗？

谁骑了A的马？

A、B、C 三人骑马出行。各人骑的是一位朋友的马，戴的又是另一位朋友的领带。戴了 C 的领带的人骑的是 B 的马。

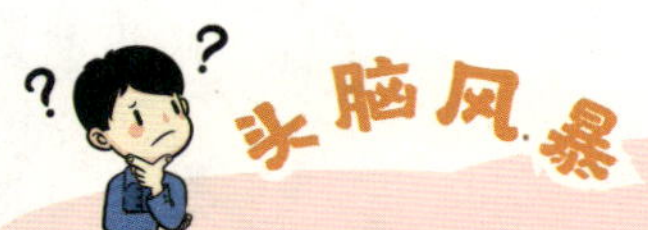

请问，谁骑了 A 的马？

帽子的颜色

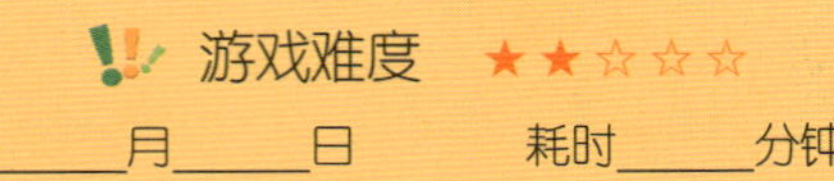

有一个土耳其商人，想找一个助手协助他经商。但是，他要的这个助手必须十分聪明才行。消息传出三天后，有 A、B 两个人前来应聘。

这个商人为了试一试 A、B 两个人中哪一个聪明一些，就把他们带进一间漆黑的房子里。商人打开电灯说：“这张桌子上有 5 顶帽子，2 顶是红色的，3 顶是黑色的。现在，我把灯关掉，并把帽子的位置打乱，然后我们三人每人摸一顶帽子戴在头上。当我把灯打开时，请你们尽快说出自己头上戴的帽子是什么颜色的。”说完之后，商人就把电灯关掉了。

然后，三个人都摸了一顶帽子戴在头上，同时，商人把余下的两顶帽子藏了起来。待这一切做完之后，商人把电灯重新打开。这时候，那两个人看到商人头上戴的是一顶红色的帽子。过了一会儿，A 喊道：“我戴的是黑帽子。”

请问，A 的答案正确吗？他是如何推理的？

心中的王子

某地人们心目中的王子要拥有高鼻子、白皮肤，还要长相帅气。汤姆、杰克、亚历山大和皮特4位男士，其中只有1位符合全部条件。

（1）4位男士中，只有1人长相帅气，只有2人是白皮肤，只有3人是高鼻子。

（2）每位男士至少符合一个条件。

（3）汤姆和亚历山大都不是白皮肤。

（4）汤姆和杰克鼻子都很高。

（5）杰克和皮特并不都是高鼻子。

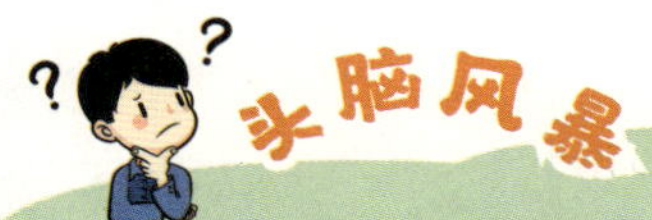

请问，人们心中的王子究竟是谁呢？

哪个盒子里有水果？

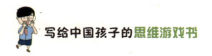

有 4 个盒子，盒子上都贴有一张写着一句话的纸条。A 盒子上写着：所有的盒子里都有水果；B 盒子上写着：本盒子里有苹果；C 盒子上写着：本盒子里没有香蕉；D 盒子上写着：有些盒子里没有水果。

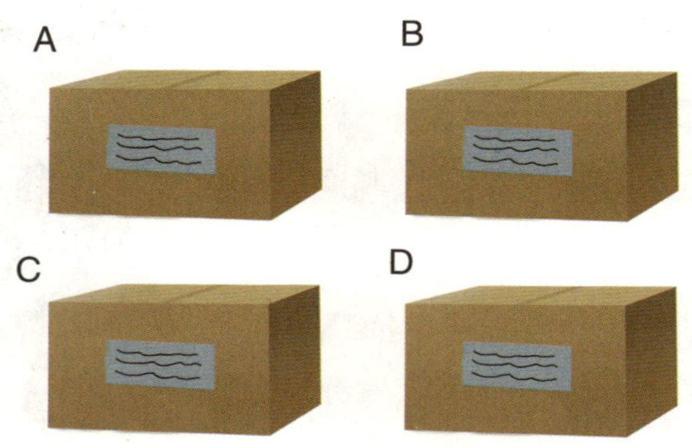

头脑风暴

如果 4 个盒子上只有一句话是真的，你能断定哪个盒子里有水果吗？

谁是谁的新娘？

每日来打卡

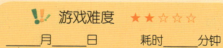

游戏难度 ★★☆☆☆

____月____日　　耗时____分钟

大林、二林和小林三兄弟家的隔壁住了春红、夏红、秋红三姐妹。他们对应两两相恋，三对恋人决定一起结婚。但他们非常害羞，在说自己的新娘、新郎的时候都故意讲错。

（1）大林：“我要跟春红结婚。”

（2）春红：“我要跟小林结婚。”

（3）小林：“我要跟秋红结婚。”

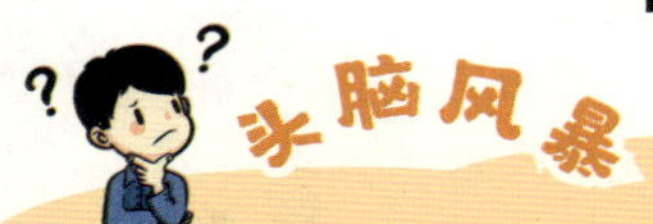

头脑风暴

请猜猜谁是谁的新娘?

今天点的是什么菜？

A、B和C三人常结伴去餐馆吃饭，他们点的不是烤鸭就是清蒸鲤鱼。我们已知下列情况：

（1）如果A点的是烤鸭，那么B点的就是清蒸鲤鱼。

（2） A或C点的是烤鸭，但是两人不会都点烤鸭。

（3）B和C两人不会都点清蒸鲤鱼。

头脑风暴

你知道谁昨天点的是烤鸭、今天点的是清蒸鲤鱼吗？

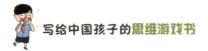

体育项目及年龄

每日来打卡

游戏难度 ★★☆☆☆

____月____日　　耗时____分钟

三位运动员 A、B、C 是好朋友，他们的身份是乒乓球队员、橄榄球队员、网球队员，年龄是 18 岁、20 岁、22 岁。今天，他们聚到了一起，有人问他们的年龄与从事的体育项目，他们做出了以下回答：

（1）A 比橄榄球队员大 4 岁。

（2）C 是网球队员。

头脑风暴

你能分析出这三位运动员各自从事什么体育项目，年龄分别是多少吗？

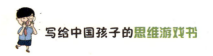

谁是司机?

A、B、C 三人在车上分别担任乘务员、售票员和司机（不一定按此顺序排列）。有一天，车上只有三位乘客，他们分别来自三个不同的城市。很凑巧，这三位乘客的姓也是 A、B、C 三人的姓，暂且称他们为 A 先生、B 先生和 C 先生。

另外还知道：

（1） C 先生住在底特律市。

（2）乘务员住在芝加哥和底特律之间。

（3）住在芝加哥的乘客和乘务员同姓。

（4）乘务员的一位邻居也是一位乘客，他挣的工资正好是乘务员工资的 3 倍。

（5） B 先生一年只挣 2000 元，他的生活要靠朋友救济。

（6） A 的台球打得比售票员好。

请问，谁是司机?

考第一名的原因

许某的成绩向来都是全班最差的，但在最近一次模拟考试中，他居然考了第一名。老师非常怀疑，询问了许某的三个好朋友贾某、庄某、齐某。

以下是他们说的话。

贾某：“如果许某作弊的话，那一定是抄袭了庄某的答案。”

庄某：“如果许某作弊的话，那一定不是抄袭我的答案。”

齐某：“如果许某没有作弊的话，那一定是他自己努力的结果。”

老师听了之后想：“如果三个学生中只有一人说谎的话，那便是许某自己努力的结果！”

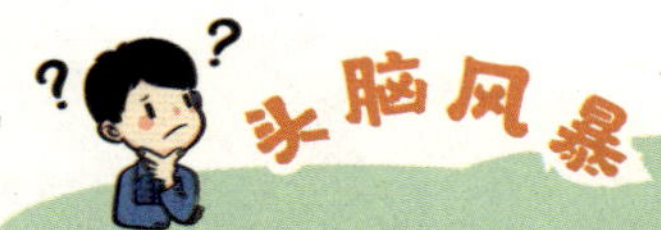

请问许某考第一名的原因是什么？

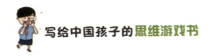

商场里的队列

每日来打卡

商场里，A、B、C、D、E、F 六人排成了一个队伍。

（1）F 不在队伍的最后面，在他和队伍末尾之间有两个人。

（2）位于队伍末尾的不是 E。

（3）A 前面至少有四个人，但 A 也不在队伍的最后面。

（4）D 没有排在队伍的最前面，他后面至少有两个人。

（5）C 既不排在队伍的开头，也不排在队伍的末尾，他在 D 的前面。

头脑风暴

请按照从前到后的顺序，排列出这六个人在队伍中的位置。

教授的课程

张教授、赵教授、彭教授3人每人分别担任生物、物理、英语、体育、历史和数学6科中两门课程的教学工作。现在，我们知道以下信息。

（1）物理教师和体育教师是邻居。

（2）张教授在3人中年龄最小。

（3）彭教授、生物教师和体育教师3个人经常一起从学校回家。

（4）生物教师比数学教师年龄要大些。

（5）假日里，英语教师、数学教师与张教授喜欢打排球。

头脑风暴

你知道3位教授各担任哪两门课程的教学工作吗？

人狗大分辨

在今年的狗狗展览会上，出现了一件棘手的事情：有唐纳德、比尔、科林和安德鲁兄弟 4 人，他们每个人都为自己的 2 条狗报了名。每个人都用 2 个兄弟的名字来命名他们的狗，结果有 2 条狗叫唐纳德，2 条狗叫比尔，2 条狗叫科林，2 条狗叫安德鲁。

在这 8 条狗中，3 条是科吉狗，3 条是拉布拉多狗，2 条是达尔马提亚狗。兄弟 4 人中没有一个人拥有 2 条相同品种的狗，相同品种的 2 条狗不叫相同的名字。安德鲁的 2 条狗没有 1 条叫唐纳德，科林的狗没有叫安德鲁的。拉布拉多狗没有叫唐纳德的，科吉狗没有叫安德鲁的。比尔没有拉布拉多狗。

头脑风暴

达尔马提亚狗的主人分别是谁？达尔马提亚狗的名字分别叫什么？

第四章
漏洞捕捉篇

雪地里的脚印

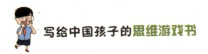

在一个寒冷的早晨，积雪足足沉积了 30 厘米，凶手在自己的家里杀死了一个人，然后他穿过一片空地，将尸体扛到附近的一所空房内，转移了杀人现场。随后，他按原路返回家中，拨打了报警电话，告诉警察说发现有人被害了。警察赶到后，察看了雪地上的脚印，便厉声呵斥说：“你在说谎，凶手就是你！”

你知道警察是怎样判断的吗？

警长会拘留谁？

警长正带领警员在街头巡逻，突然听到了一声枪响，他看见不远处的一个老人慢慢地倒了下去。警长和街上仅有的另外两个人先后跑了过去，发现老人背部中弹，已经死去。

警长看见这两个人都戴着手套，便问他们刚才在做什么。

甲说：“我看见这个老人刚要锁门，枪一响，他应声而倒，我便立即跑来。”

乙说：“我听到枪声不知道发生了什么事，看到你们俩往这儿跑，我也就跟着跑过来。”

在房门的锁孔里插着钥匙。警长打开锁，走进房间，思索片刻后，指着其中一个人说：“把他拘留。”

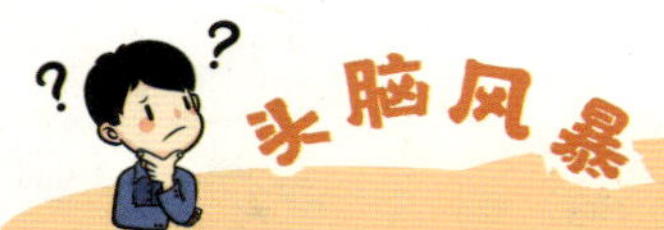

你知道谁被拘留了吗？

谁偷了项链？

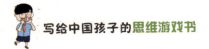

琼斯太太有一条十分贵重的宝石项链不见了。接到报案后，警察锁定了三名犯罪嫌疑人，因为他们在此之前一起去过琼斯太太的住所。警察将这三名犯罪嫌疑人传到警察局进行审讯。其实三人彼此都清楚是谁偷了项链，但他们都不愿指证罪犯，也不肯承认是自己偷了项链。

嫌疑人甲说："不是我，也不是乙。"

嫌疑人乙说："不是我，也不是丙。"

嫌疑人丙说："不是我，我也不知道是谁偷的。"

这三个人还告诉警察，他们每人说的两句话中，一句真，一句假。警察很快就判断出项链是谁偷的了。

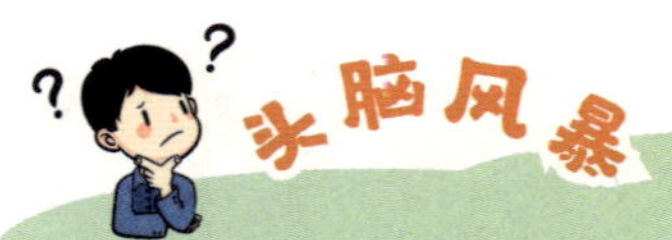

聪明的你知道项链到底是谁偷的吗？

小偷的谎言

乔治先生孤身一人居住在郊区的一幢别墅里，他一年中有好几个月都需要外出工作，于是就委托邻居波尔帮他照看房子。

一天清晨，乔治回到家里，波尔急匆匆地跑来告诉他，前一天夜里他家被盗了。乔治便请来了沃克警长。家里已经被翻得一片狼藉，经过清点，乔治发现丢失了几件昂贵的古玩和一大笔钱。

沃克警长向波尔询问房屋失窃的情况。波尔说："我昨晚听到乔治家里有声音，就打算看看是怎么回事。我走到别墅的窗户前，发现玻璃上结了一层厚厚的冰，什么也看不到。我对着玻璃哈了几口热气，这才看清屋里有个男人在翻箱倒柜。我急忙跑过去和他搏斗，但是盗贼非常狡猾，还是溜走了……"

"够了！"沃克警长打断了他的话，说："你的把戏该收场了！你就是小偷！"

请问，警长的判断正确吗？

肇事逃逸案

每日来打卡

游戏难度 ★★☆☆☆

______月______日　　耗时______分钟

一天晚上，一个青年在驾车回家的途中撞倒了一个老婆婆。青年十分害怕，没有下车查看老婆婆的情况，就急忙把车开回了家中。到家后，他发现车身的油漆没有脱落，仍完好无损，于是把车开入车库，用钉子刺破轮胎后，返回屋内看电视。不久后，门铃响起，警察询问肇事青年：“先生，刚才有目击者看到你驾驶私家车撞倒了一个老婆婆，现在请你跟我们回警局协助调查。”

青年愕然说：“什么？我撞倒了老婆婆？根本不可能！我今晚一直都在家里看电视，没有出去过。而且我的车在昨天回家的途中爆了胎，现在还是坏的，你不信的话，我可以带你去车库检查一下。”说完他带领警察到车库内，果然看见私家车爆胎了。警察上前察看，摸了摸车子的引擎，笑着说：“年轻人，你说谎了，还是配合我回警局协助调查吧！”

头脑风暴

请问，警察的判断正确吗？他是怎么识别出青年在说谎的呢？

愚蠢的会计

一天夜里，一家商店的财务室突然起火。值班会计奋力扑救，但仍有一部分账簿被大火烧毁。警察向浑身湿透的值班会计询问案情。

会计回答："前几天，我发现房间里的电线经常冒出火花。今天我将所有账簿翻了出来，堆在外面，正打算换一个安全的地方，不料电线走火，将账簿点着了，还酿成了火灾。幸亏隔壁是卫生间，我迅速放水，把火扑灭，才没有酿成大祸。"

"你能确定是走电失火吗？"警察追问。

"能。我们这里没有人抽烟，又没有能自燃的物品和电器。对了，我刚才救火时，还闻到了电线被烧后发出的气味。"

"够了！"警察呵斥道，"你是害怕自己贪污公款的罪行暴露而故意纵火的吧？"

头脑风暴

请问，警察的判断正确吗？他是根据什么判断出值班会计撒谎的？

宋斯的谎言

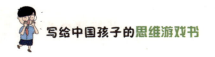

在一个月黑风高的夜里，宋斯在一个画展上偷走了一幅名画，随后，他回到自己的住所，并摘掉了自己的伪装，换了一件睡衣坐在书房里的沙发上。

宋斯刚松一口气，门铃响了。来人是有名的司徒警长。

“宋斯，你今晚干什么了？”司徒警长开门见山地问道。

宋斯把他带到了书房坐下，桌子上摆着一个插满红色郁金香的花瓶，而郁金香的所有花瓣都是闭合的。

“我一直待在这儿读书呢！”宋斯说着指了指桌上扣着的那本书。

司徒警长抬起头，突然发现花瓶里插着的郁金香不知什么时候都张开了。他拔出一枝看了看，又把花插进去，然后肯定地说：“宋斯，你已经露馅了。”

请问，司徒警长的判断正确吗？他是如何识破宋斯的谎言的？证据是什么？

可疑的农夫

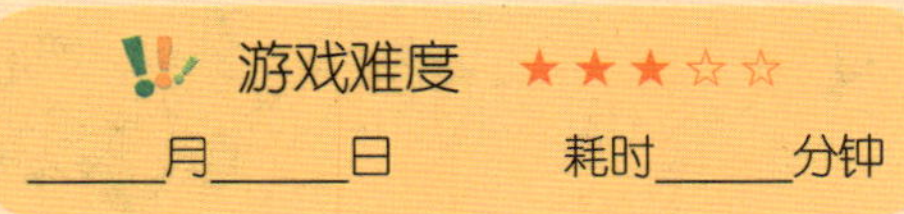

一天晚上，市政府大楼被盗，警局接到报案后，火速赶往现场。在完成现场勘查、询问证人等一系列程序后，他们怀疑嫌疑人是附近的一个农夫。

警察问农夫：“你知道昨天晚上发生了什么吗？”

“知道，市政府被盗。但是我一直待在家里，没有出去过，不能为你们提供更多的线索。”

“你在家干什么？”警察追问。

“我家养的十几只鸭子在孵蛋，我准备接小鸭子出生。”

警察说：“你在说谎。”

头脑风暴

请问，警察判断农夫在说谎正确吗？这是为什么？

笔记本电脑失窃案

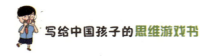

在一艘正驶向日本的邮轮上，有一名乘客从甲板回到自己的房间，他发现自己的笔记本电脑不见了，于是大声喊叫起来。叫声惊动了邮轮上的保安，由于该房间除了这个乘客，只有船员能够进入，保安立即叫来船上的 5 名船员，一一询问。

驾驶员说他一直在驾驶舱里没有离开过，游轮上的录像带可以证明；技师说他一直在机械舱为发动机做保养，但是没有人能够证明这一点；电力工程师说他刚才在顶层的甲板上更换日本国旗，挂上去之后发现挂倒了，于是重新挂了一次，有国旗可以做证；剩下的两名船员说他们在休息舱里玩纸牌，彼此可以证明。保安听完后，立刻找出了其中说谎的人。

你知道谁说的是谎话吗？

妈妈的根据

一天，妈妈在兄弟俩的房间里捡到了一枚硬币，于是就问兄弟俩：“这枚硬币是谁掉的？”弟弟抢着说：“那是我刚才跌倒的时候从手中掉出去的。”但是哥哥却说：“那明明是昨天晚上从我的钱包里掉出去的。”

妈妈听后做出了判断：“这应该是弟弟掉的。”然而妈妈从昨天白天一直到刚刚发现硬币为止，都没有进过孩子的房间。

头脑风暴

妈妈的判断正确吗？她是根据什么做出判断的呢？

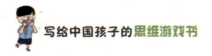

伪证

一个溺水的女孩从桥下漂了上来，没有一个人知道这个女孩的具体信息。就在警方绞尽脑汁想要破案的时候，一个男人划着小船朝大桥驶过来。他跟警察说："当我把船划到桥下时，看到这个女孩在桥上摘下帽子，然后跳进了水里。"

见他一脸憨厚的样子，众人顿时信以为真，七嘴八舌地讨论起来。但是聪明的警察一眼就识破了这个男人的谎言。

头脑风暴

请问，警察的判断正确吗？他是怎么知道男人在说谎的？

女佣的谎言

事情发生在夏天的某日，戴尔先生被发现死在家里的卧室中。警长在接到报案后，来到案发现场向女佣录取口供，女佣说："大约两个小时以前，戴尔先生让我给他准备一杯加冰的威士忌，再给他放好洗澡水。他还说洗澡后要睡一会儿，让我两个小时后把他叫醒。但我叫了他好几次都没有回应，我就打开了他的卧室门，当时他躺在地上，口吐白沫。"

随后，警方对案发现场进行了检测，结果发现戴尔先生的酒杯里除了冰块还有安眠药。从表面上看，戴尔先生似乎是自杀身亡，但警长却认为这是一起谋杀案，凶手很有可能就是女佣。

你知道警长的判断正确吗？

小提琴独奏音乐会

著名小提琴演奏家约翰有两个得意门生，但是究竟派 A 还是派 B 去参加小提琴独奏表演让他犹豫不决。在表演的前 15 分钟，约翰告诉 A 准备出场演奏，然后将这个决定告知了 B。10 分钟后，他去化妆间叫 A 准备出场，却发现 A 倒毙在房间里，头部中弹，鲜血流了满地。他慌忙地敲开舞台侧门，把这一情况告诉了警长。

警长看表演的时间到了，就告诉约翰不要声张，让 B 继续登台演出。而 B 听到让他登台表演时，没有询问为什么，随即拿起琴和弓登台演奏了。当听众正听得如痴如醉时，警长却通知警察前来逮捕这个小提琴手。

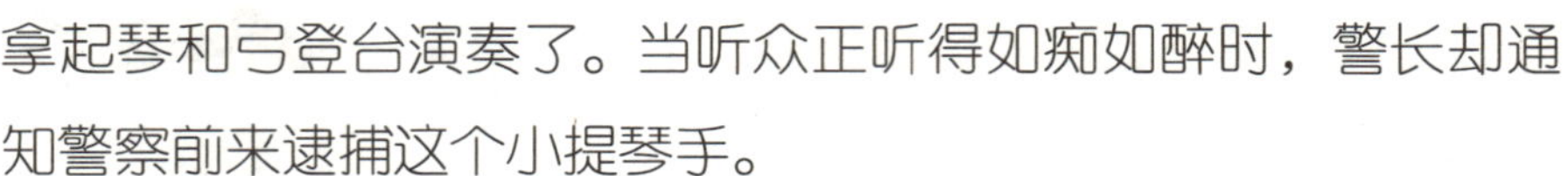

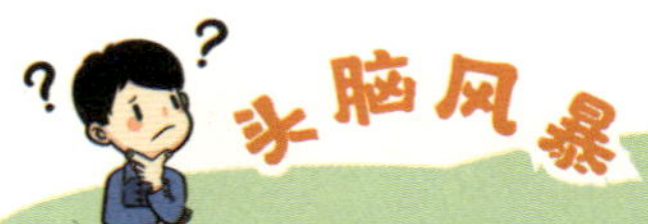

你知道警长为什么要逮捕 B 吗？

第五章
打破常规篇

盗马案

一位欧洲富人不惜重金从亚洲买了一匹日行千里、夜走八百的宝马。为了把马安全运送到家，他专门请了一支手枪队来保护这匹马。手枪队和这匹马在火车的同一节车厢里，但在路上，马却被盗了。据说这支大约有10人的手枪队一直和马寸步不离，也不是手枪队监守自盗。

这究竟是怎么回事呢？

放牛娃拴牛

放牛娃用一根 7 米长的绳子拴住了牛脖子，让它在一棵树下吃草，这棵树距离旁边的麦地有 10 米远。然后放牛娃就和小朋友们去玩了，等他回来时发现牛正在麦地的边上吃麦苗。但是，拴牛的绳子很结实，没有人解开，它也没有断。

牛是怎么吃到麦苗的呢？

飙车

达达和乐乐兄弟俩经常用爸爸买给他们的摩托车进行双人飙车比赛。爸爸为此感到头痛不已。

有一天，爸爸对他们说："我现在要你们两个进行摩托车比赛，晚到的那辆车的车主就能够获得出国旅游的机会。"爸爸以为这样就可以阻止他们飙车，没想到比赛一开始，兄弟俩的车速比以前更快了。

请问，这是为什么呢？

镇定的老大爷

每日来打卡

游戏难度 ★★☆☆☆

____月____日　　耗时____分钟

某地发生了大地震，伤亡惨重，收音机里不断播报受灾情况以及寻人启事，一位老大爷一直在注意收听收音机里的报道。

有人问他："收音机里播放过你孙子的消息吗？"

他回答说："没有。"接着他又说："但我知道我孙子肯定平安无事。"

请问，老大爷是怎么知道的呢？

奇怪的宴会

每日来打卡

游戏难度 ★★★☆☆

_____月_____日　　耗时_____分钟

某夜，一名重要的人犯从监牢中逃走了。由于他穿着囚衣，蓬头垢面，所以不敢走在大街上。而在整个城里，警察已开始搜捕，道路也全被封锁了，他的处境十分危险。正在这名人犯不知如何是好时，突然看见前面50 米处有一座大宅里似乎正在举办宴会，明亮的灯光通过窗子向外洒出。他打算偷偷溜到衣帽间去偷一件衣服来换，但一进去就被人发现了，而令人惊讶的是大家居然都拍着手欢迎他。

于是，这名逃犯便和大家一起快乐地玩了一个晚上。到宴会快要结束前，他才穿着别人的衣服成功地逃走了。

头脑风暴

这个敢公然欢迎逃犯的宴会，究竟是个什么宴会呢？

盲人分衣服

有两个盲人，他们分别买了 1 件白衣服和 1 件黑衣服，衣服的布料、大小完全相同，现在这 2 件衣服混在了一起。

他们要怎样才能取回自己的衣服呢?

手帕的位置

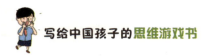

在一个酒吧里，查理向本发出了挑战：“我把这块普通的手帕放在地板上，你面对着我站在手帕的一个角上，我站在另一个角上。只要我们中的一个人不撕破手帕或者将它割开、拉扯或移动，我敢打赌你就不能碰到我。”

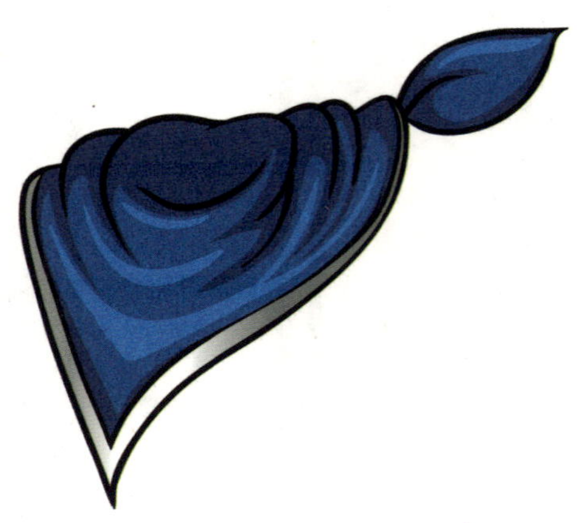

请问，查理是怎么做到的？

神枪手

一张只有3条腿的桌子上有4个瓶子，3位神枪手聚在一起，想要比一比谁的本事大，他们打算用最少的子弹射倒4个瓶子。甲用了3枪就射倒了4个瓶子。乙只用了2枪。神奇的是丙，他只用1枪就将4个瓶子射倒了。当然，最后丙的本事最高。

你知道丙是怎么做到的吗？

谁是凶手？

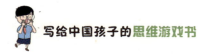

在夏威夷海边的沙滩上发生了一桩匪夷所思的命案。死者是个名人，出入都有保镖贴身保护。但在案发当日，死者支开了保镖，独自一人在沙滩享受日光浴。

警长来到现场调查，发现死者死于沙滩上的太阳伞伞尖，然而沙滩上除了一些东倒西歪的桌椅和保镖的脚印，没有第二个人的脚印（包括被害者在内）。根据调查，保镖是不可能杀害其雇主的。那凶手究竟是谁呢？

警长思索了一会儿后说：“我已经知道谁是凶手了。”

你知道凶手是谁了吗？

踩不死的蚂蚁

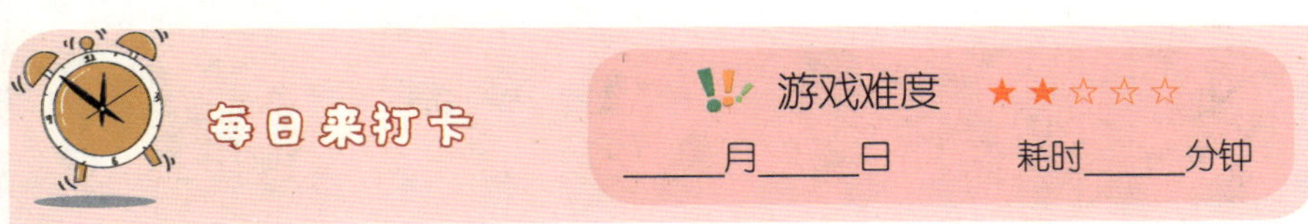

地上有一只蚂蚁在爬，玲玲用一只脚踩下去，然而蚂蚁却没有死。

聪明的你知道这是为什么吗？

聪明的公主

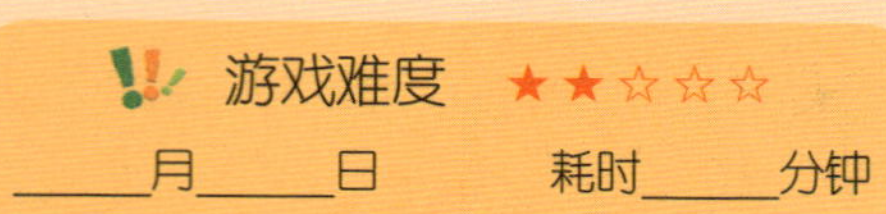

很久很久以前，有一个王国被另一个国家吞并了，侵略者杀死了国王、王后、王子，只有一些武士带着小公主杀出重围，逃到了非洲的海岸。

公主拜访了海岸的酋长："我的国家被人占领了，我们一路逃难来到这里，请允许我们在您神圣的领土上买一块土地生活吧！"

酋长见公主只有几枚金币，便轻蔑地说："你只有几枚金币就想买我的土地？那你只能买下用一张牛皮所圈出的土地。"

大家听后十分沮丧，但是公主却说："大家不要丧气，我有办法用牛皮圈出一块面积很大的土地。"

没有人相信公主说的话，酋长说："如果你真能做到，我就把你圈出的土地送给你。"结果公主真的做到了。

你知道公主是怎么做到的吗？

开关和灯泡

有甲、乙两间屋子，甲屋里有3个开关，乙屋里有3个灯泡。在甲屋看不到乙屋，而甲屋的每一个开关分别控制乙屋的其中一个灯泡。

头脑风暴

怎样可以只停留在甲屋、乙屋各一次，就知道哪个开关是控制哪个灯泡呢？

父亲是否在吹牛？

一个宇航员骄傲地对他的父亲说：“我已经绕行地球 20 圈了。”

他的父亲说：“这有什么稀奇的，我还绕行太阳50圈了呢！”

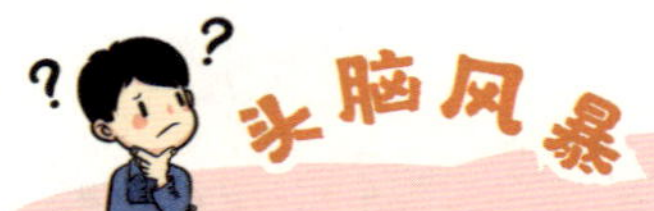

你说，他的父亲是在吹牛吗？

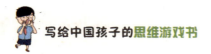

技术高超的化妆师

一个逃犯闯进了一名化妆师的家中，逼着化妆师为他化装，以便逃脱警察的追捕。化妆师的技术非常巧妙，连逃犯自己也不认识自己了，但是当他大摇大摆地走在街上时还是被警察捉住了。

你知道逃犯为什么会被捉吗？

毫不惊慌的乘船者

一条船上乘坐着一群人，他们正在愉快地聊天，然而这时船慢慢沉了下去。但是没有人惊慌，也没有人去穿救生衣或者逃上救生艇，大家还是继续做原来的事情，直到船全部沉到了水里。

你知道这是为什么吗？

精妙的枪法

游戏难度 ★★★☆☆
每日来打卡	_____月_____日　　耗时_____分钟

有一个刚学会开枪的士兵，他的手中握着一支枪。连长用眼罩将士兵的眼睛蒙起来，然后将他的帽子挂起来，又让这个士兵向前走了 40 米，最后让他反身开枪，要求是子弹必须击中那顶帽子。

头脑风暴

你知道那个士兵怎样做才能一定击中那顶帽子吗？

师徒斗智

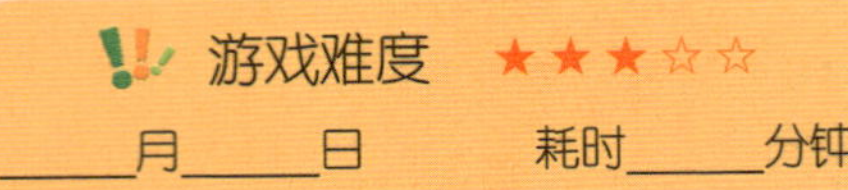

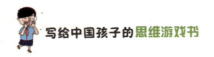

老木匠的徒弟已经拜师三年了，按理说应该离开师傅自立门户才对。然而，自私又固执的老木匠想要把这个勤快的学徒留下来，这样他就可以有一个廉价的劳动力。老木匠怕自己强留会引起徒弟的不满，所以他想出了一个难题，如果学徒回答不出来就不让他出师。老木匠把一个长方形的木窗框递给学徒说："这个窗框太大了，我想让它小一半。但不可以裁减窗框，也不可以把窗户遮半边。"学徒思索了一会儿，轻而易举地解决了这个难题，老木匠只好让他出师。

你知道学徒是怎么解决这个难题的吗？

漏雨的房子

陈爷爷是一个孤寡老人，他住的房子的房顶破了几个洞。但是，这座房子却有时候漏雨，有时候不漏雨。

你知道这是怎么回事吗?

神奇的超车

爸爸带着皮皮开着新买的小汽车沿湖滨公路游览，皮皮坐在里面别提有多开心了。这时，皮皮从倒车镜里看到后面有一辆破旧的小货车，开得很慢，像一位老人在艰难地往后倒着走。小货车越来越远，渐渐看不见了，皮皮高兴得在车上手舞足蹈。

湖边的路只有 3 米宽，而且是单行线，皮皮玩累了，一会儿就睡着了。一觉醒来，他简直不敢相信自己的眼睛，小货车竟然慢腾腾地开在自己车的前面。

小货车是怎么超过去的?

奇怪的线

在去西天取经的路上，机灵的悟空常常捉弄八戒。一次，他对八戒说："我在几秒内画出一条线，你要花几天才能走完，信不信？"八戒不信。悟空画出一条线，八戒果然走了好几天才走完。

你知道这到底是怎么回事吗？

没有铁轨的铁路

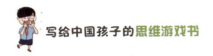

在一次科技博览会上，铁路工程师给大家讲了这个城市中地铁的一些情况，然后他对听众说：“我们这条线路，其中有 1000 米是没有铁轨的。”听众吓了一跳，很多人骚动起来。有人问：“那不是很危险吗？我一直乘坐地铁，怎么没有感觉到呢？”但是工程师告诉大家：“没有关系的，通车 5 年了，一直很安全，大家不要担心。”

你知道这其中的原因吗？

巧搬巨石

公园里新添了几块美丽的花岗岩，其中一块有 15 吨重，其他一些小的花岗岩也有 150 千克重。现在园丁师傅想要把这块大岩石放到小岩石上，以提升公园的美感。但是要移动这块 15 吨重的庞然大物几乎是不可能的。一名新来的园丁知道了这件事，很快就把这件事搞定了。

你猜新来的园丁想了一个什么妙招？

没有上锁的房间

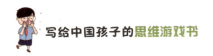

爱丽丝和她的朋友约好一起逛街，可是当她想要出门的时候却发现房门打不开，即使她用尽全部力气也不能把房门拉开，然而这间房间并没有上锁。

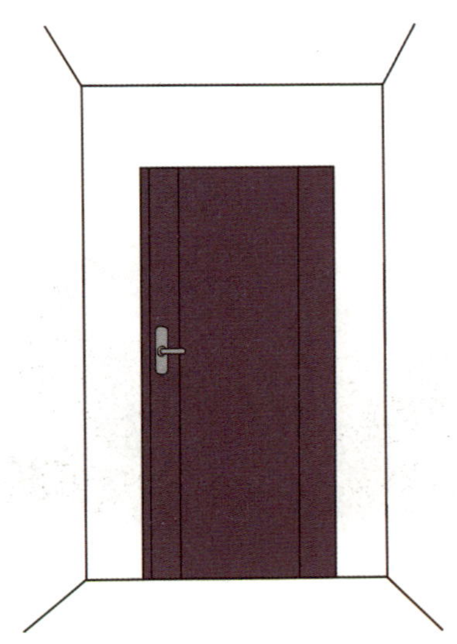

你知道这是怎么回事吗？

贵夫人的疑惑

游戏难度 ★★★☆☆

_____月_____日　　耗时_____分钟

摩洛哥有一位贵夫人，她托人找来一条名叫克莉的小狗。贵夫人想要将克莉训练成世界一流的名犬，于是特意送它到德国哈根贝克去“留学”，因为那里的驯犬师闻名世界。

训练结束后，克莉回到了贵夫人身边，可它却不执行主人指令，更别说完成什么技巧性的动作了。但训练师的来信中清楚地写着：“只要主人吩咐，动作大体上都做得出来。”

这真是太奇怪了！贵夫人陷入了深深的疑惑中。

请问，这到底是怎么回事呢？

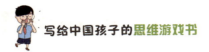

戒指为什么没有湿？

在刚度完蜜月回来的新婚夫妇的房间里，发生了一件奇怪的事。

太太说："亲爱的，你送我的钻戒掉到红茶里去了。"

先生说："没关系，我用汤匙把它舀起来。"

钻戒又戴回到太太的手指上，可是钻戒竟然没有一点儿潮湿的痕迹。

这究竟是怎么回事？

失算的老财主

新搬到豪华别墅的老财主特别爱占小便宜，为了多占一点儿公共用地，他用栅栏从里到外围了三层。住在老财主旁边的两位邻居十分看不惯他的行为，于是每到晚上都让自己的狗叫个不停。一个星期过去了，老财主实在无法忍受晚上的狗叫声，于是给了左右邻居一笔搬家费，请他们搬家。

两位邻居领到钱后，爽快地答应搬家，并且把狗一起带走。可是当天晚上，老财主又听到了完全相同的狗叫声。

参考答案

第一章 假设解惑篇

杀手是被谁击中的？

答案：三人猜对时，C击中杀手；五人猜对时，G击中杀手。

假设是A击中的，则有D、E、F、G四人猜对了；假设是B击中的，则有B、E、F、G四人猜对了；假设是C击中的，则有D、E、F三人猜对了；假设是D击中的，则有D、E、F、G四人猜对了；假设是E击中的，则有D、E、F、G四人猜对了；假设是F击中的，则有A、D、G、H四人猜对了；假设是G击中的，则有C、D、E、F、G五人猜对了；假设是H击中的，则有A、D、G、H四人猜对了。

所以，如果八个保镖中有三个人猜对，那么杀手是C击中的；如果八个保镖中有五个人猜对，那么杀手是G击中的。

未来的预言家

答案：阿尔法当了预言家，贝塔当了宫廷侍女，伽马当了职业舞蹈家，欧米伽当了竖琴演奏家，欧米伽没有和阿特克赛克斯结婚。

假设贝塔的预言是正确的，那么伽马将成为特尔斐城的预言家。这样，贝塔也将当上预言家。结果就将有两个人成了预言家，这是不符合题设条件的。因此，贝塔的预言是错的，她后来没有当上预言家。因为贝塔的预言是错的，所以伽马后来也没有当上特尔斐城的预言家。因此伽马的预言也是错的。伽马曾经预言：“欧米伽不会成为竖琴演奏家。”既然这个预言是错的，那么欧米伽日后将成为竖琴演奏家，而不是预言家。排除了贝塔、伽马、欧米伽，只能推出预言家是阿尔法。因为阿尔法的预言是对的，所以贝塔将来当了宫廷侍女，而伽马将来当了职业舞蹈家。因为欧米伽的预言是错的，所以后来她没有与名叫阿特克赛克斯的男人结婚。

友情算术题

答案：因为吉米和凯瑞的决心

都是0。

尼娜小姐用数学方法来计算两人的决心。假设吉米的决心为A，凯瑞的决心为B，那么用数学式来表示就是：A=100B；B=1000A。若两式成立，则A和B必须都是0，也就是说，A和B的决心都是0。

有几个人在撒谎？

答案：有3个人撒谎。

假如小美的话是真实的话，那么小静的话就是假的；相反，如果小美的话是假话的话，那么小静的话就是真话。据此推测，小美和小静之间必定有1人在撒谎。依此类推，小红和小刚之间也必定有1人撒谎，而不管谁在撒谎，小兵说的都不是实话，所以一共有3个人在撒谎。

谁在说谎？

答案：丙在说谎。

假设甲说谎，那么乙也说谎，与条件所给的只有一人说谎不符。假设乙说谎，那么甲也说谎，与条件也不符。假设丙说谎，则与甲、乙都没有矛盾的地方，所以一定是丙在说谎。

天使的数量

答案：有2个天使。

假设甲是魔鬼，由此可推断她们几个都是魔鬼，那么，乙是魔鬼的同时又说了实话，存在矛盾，所以甲是天使。假设乙是天使，从她的话来看，丙就成了魔鬼。相反，假设乙是魔鬼，从她的话来看，丙就是天使了。所以，无论怎样，都会有2个天使。

谁看了足球赛？

答案：B看了足球比赛。

先假设A看了足球赛，那么他自己所说的三句话都是错的，因此A没有看足球赛；假设B看了足球赛，可以确定他说的有一句是错的，但不能确定其他两句是正确的；再假设C看了足球赛，那么他自己所说的话就有两句是错的，所以C也没有看足球赛。同样的方法可以推断出D和E都没有看足球赛。那么，只可能是B看了足球赛，如果B看了足球赛则可以合理地认为每个人都说对了两句话、说错了一句话，所以B看了足球赛。

谁是受害者？

答案：露西是受害者。

假设玛丽是受害者，那么露西的话虽然是对受害者说的却又是真的，所以，玛丽不可能是受害者；假设瑞利是受害者，那么玛丽和劳尔的发言虽然是对受害者说的却又是真的。所以，瑞利不可能是受害者。假设劳尔是受害者，那么瑞利的话是对受害者说的却又是真的，所以劳尔不可能是受害者。综上所述可知，露西是受害者。

相同花色的扑克牌

答案：这 2 张牌的花色是红桃。

假设这 2 张牌的花色是黑桃，根据黑桃加红桃共 6 张，可知红桃应为 4 张；黑桃加方块共 5 张，方块应为 3 张，总共 13 张牌，故梅花应为 4 张。因为每种花色的张数不一样，所以这 2 张牌的花色不是黑桃。假设这 2 张牌的花色是方块，同样的方法可得到黑桃跟红桃的张数是一样的，所以这 2 张牌的花色也不是方块。假设 2 张牌的花色是红桃，同样的方法，可知黑桃为 4 张，方块为 1 张，梅花为 6 张，与题设条件相符，所以这 2 张牌的花色是红桃。

孩子的性别

答案：孩子是女孩，孩子的回答是假话。

如果孩子是个男孩，那么第二个说话的大人肯定是母亲，她的两句话必是一真一假，无论哪句为真，都与题意不符。所以这个观点是错误的。如果孩子是个女孩，第一个说话的大人是父亲，第二个说话的大人是母亲，在这种情况下，父亲说谎了，母亲的两句话都是真的，与题意不符。所以这个观点也是错误的。因此经过推理，第一个说话的大人是母亲，母亲和孩子说的第一句话都是假话。第二个说话的大人是父亲，他说的两句话都是真话。因此，孩子是个女孩。

老实人

答案：甲和丙。

先假设乙是老实人，他说的为真话，那丙就说了谎话，戊就成了老实人。如果戊所说为真，甲跟丁也是老实人，这样就超过只有 2 个老实人的限制了。那假设丁是老实人，把甲说的话颠倒过来，乙就成了老实人。但按照丁的说法，乙应该是个骗子，这样就产生矛盾了。

再假设戊是老实人，那么甲和丁也是老实人，老实人变成了3个，所以也行不通。看看剩下的甲和丙所说的话，就跟题目的条件相吻合了。

究竟谁在撒谎？

答案：甲说了真话，乙、丙撒了谎。

看起来这似乎是一个无头公案，因为3个人都无一例外地指责别人在撒谎。然而仔细看一看，各人指责的内容和形式都不相同。乙指责“甲撒了谎”是一句关键的话。因为假如乙说的是真话，那么甲便是撒谎者；假如乙是撒谎者，那么甲所说的便是真话。可见甲与乙不可能同时撒谎。然而丙却指责甲、乙两人都撒了谎，这只能说明丙本身是撒谎者。丙是撒谎者，说明甲说的没有错，从而乙的指责是错的，因此乙也是撒谎者。在整个故事中，只有甲是说了真话的人。

公主裙的颜色

答案：蓝色。

假设丽莎的公主裙是深红的，三人中就没有一个人的话是错误的，所以裙子不会是深红的；假设公主裙是浅红的，三人中就没有一个人的话是对的，所以裙子也不是浅红的；假设裙子是蓝的，凯莉和琳达说的就是对的，米琪说的是错的，与丽莎所说的相符，所以丽莎的公主裙是蓝色的。

分辨机器人

答案：左边是犹豫不决的机器人，中间是说谎的机器人，右边是诚实的机器人。

假设左边的机器人说的是实话，那它自己就是说实话的机器人，这与它的回答自相矛盾，所以它说的是谎话。因为左边的机器人说的是谎话，可知中间的机器人并不是诚实的机器人，右边的机器人才是诚实的机器人。根据它所说的是实话，可知中间的机器人是说谎话的机器人，并推知左边的机器人是犹豫不决的机器人。

谁犯了案？

答案：厄尼·布莱克。

假设阿尔夫·怀特是凶手，那么只有阿尔夫·怀特的供述是错误的，与题意不符，所以阿尔夫·怀特不是凶手；假设巴里·格鲁米是凶手，那么只有西里尔·瑟德和戴维·达克说的是对的，与题意不符，所以巴里·格鲁米不是凶手；假设西里尔·瑟德是凶手，那么只有阿尔夫·怀特的供述是错误的，与题意不符，所以西里尔·瑟德不是凶手；假设戴维·达克是凶手，那么只有戴维·达克自己的供述是错误的，与题意不符，所以戴维·达克也不是凶手；假设厄尼·布莱克是凶手，得到的结果是只有3个人说的是对的，因此是厄尼·布莱克制造了这起谋杀案。

三个牢房中的人

答案：1号牢房关的是骗子，2号牢房关的是牧师，3号牢房关的是赌徒。

首先假设关在3号牢房里的人说的是真话，那么1号牢房关的应是牧师；根据牧师总是讲真话，可知1号牢房关的不是牧师，进一步也推知关在3号牢房的人也没有说真话。所以关在2号牢房的人才是牧师，因为牧师说的是真话，所以1号牢房关的是骗子，3号牢房关的是赌徒。

射击手的成绩

答案：普莱森特上校200环，艾姆少校240环，法尔上尉180环。

假设普莱森特上校确实是180环，那艾姆少校和法尔上尉所说的有矛盾，不符题意；假设艾姆少校是180环，则普莱森特上校所说的三句话都是错误的；假设法尔上尉是180环，则3人都有两句话是正确的、一句话是错误的，故法尔上尉是180环。再来假设法尔上尉是240环，那么他所说的有两句话是错误的；假设普莱森特上校是240环，则他所说的话有两句是错误的；假设艾姆少校是240环，则3个人每人都有两句是正确的，一句是错误的。所以，普莱森特上校的成绩是200环，艾姆少校的成绩是240环，法尔上尉的成绩是180环。

鉴别瓷瓶的年代

答案：清代。

根据已知条件推出，有两个年代得到肯定，一为宋代，一为清代：如果是宋代，则A和B两个判断都对，C的两个判断都错，与题干结果不符，不成立；如果是清代，

那么A的两个判断一对一错，B的两个判断都错，而C的两个判断都对，与题干结果相符合，因此推断这个瓷瓶是清代的。

法官的判断

答案：不能确定A是否是盗窃犯，可以确定B无罪，C是盗窃犯。

不管A是不是盗窃犯，他都会说自己“不是盗窃犯”。如果A是盗窃犯，那么A是说假话的，这样他必然说自己“不是盗窃犯”；如果A不是盗窃犯，那么A是说真话的，这样他也必然说自己“不是盗窃犯”。在这种情况下，B如实地转述了A的话，所以B是说真话的，因而他不是盗窃犯。C有意地错述了A的话，所以C是说假话的，因而C是盗窃犯。至于A是不是盗窃犯是不能确定的。

聪明人到底是谁？

答案：B是聪明人。

可运用假设法进行推理。假设A是聪明人，则A能通过化学考试、不能通过物理考试，B不能通过化学考试，C不能通过物理考试。A、C都不能通过物理考试，与第二个条件冲突，所以A不是聪明人。

假设B是聪明人，则B能通过物理考试、不能通过化学考试，A不能通过物理考试，C不能通过物理考试。满足题意，所以B是聪明人。

假设C是聪明人，则C能通过物理考试，不能通过化学考试，A不能通过物理考试，B不能通过化学考试。B、C都不能通过化学考试，与第二个条件冲突，所以C不是聪明人。

游泳成绩

答案：丙是游泳冠军，名次为丙、乙、甲、丁。

如果甲是第一名，那么他所说的第一句话是真话，则总共至少有3个人说了真话，与题设不符，所以甲不是第一名。如果乙是第一名，那么他们这些人所说的话中至少有3个人说的是真的，与题设不符，所以乙也不是第一名。如果丁是第一名，那么他们中总共有3个人说了真话，所以丁也不是第一名。如果丙是第一名，那么他说的第二句话是真的，而第一句话应该是假的，根据丙说“我刚好比丁先到达终点”这句话是假的，那么他应刚好比甲或乙先到达终点，即第二名是甲或乙。如果第二名是甲，那么他说的两句话都是真的，而接下来乙说“我不是第二名”也是真的，有3个人说了真话，与题设不符，所以甲不是第二名，第二名应是乙。接下来甲还是说对了一句，那么乙所说的两句都不是真的，故甲应是第三名，而丁是第四名，他所说的两句话也都不是真的，所以丙是游泳冠军。4个人的名次是：丙、乙、甲、丁。

小孩的年龄

答案：甲12岁、乙14岁、丙13岁、丁11岁。

假设丙小孩说的是假话，丙就比甲年龄小，而且甲就是11岁，这与题设不符，所以，丙说的是实话，丙比甲年龄要大。假设甲说的是实话，那么乙就是13岁，而甲比乙大就是14岁，而前面已知，丙比甲大，就会是15岁，与题意不符，所以甲说的是假话，而且乙比甲大，乙不是13岁，只能是14岁或12岁，已知甲不是11岁，所以乙只能是14岁。以此推断：乙14岁，丙13岁，甲12岁，丁11岁。

谁是幸运的加薪者？

答案：丙、丁。

因为3个人的说法都是正确的，所以，如果甲加了薪，则乙、丙、丁都会加薪，这样加薪的有4人，而实际上只有2人加了薪，所以甲没有加薪。同样如果乙加了薪，则丙、丁也会加薪，加薪的就会有3人，所以乙也没有加薪。如果丙加薪的话，则丁也会加薪，加薪的就是2个人，所以加薪的是丙和丁。

第二章 线索推断篇

热带鱼

答案：女人说谎了。

玻璃鱼缸里养的是热带鱼，刑警看到热带鱼欢快地游动，便识破了这个女人的谎言。因为在下大雪的夜里，若果真停了一夜的电，那么鱼缸里的自控温度调节器自然也会断电，到清晨时，鱼缸里的水就会变凉，热带鱼也就会被冻死。

不翼而飞的水果

答案：假水果燃烧掉了。

要注意到这些水果都有一根茎伸出在上面，女人回来时，房间里有一种不寻常的气味。

这些水果是蜡做成的，它们是蜡烛。女人离开房间之前，点燃了这些蜡烛，因此它们已经燃烧完了。

凶手是谁？

答案：凶手是送报纸的人。

因为只有他知道格兰特太太已经遇害，他才不再来这里送报纸，而送牛奶的人显然不知道这一点，每天仍然准时来送牛奶。因此，送牛奶的虽然每天都来，却因此被排除了嫌疑。送报纸的人作案后，显然没有想到这桩凶案在十多天以后才被人发现，他停止送报的行为恰恰暴露了自己的罪行。

卑鄙的购物者

答案：不会。

电脑系统计价都是通过识别商品的条形码进行收费的，这名男子就是在这上面做手脚的。他更换了商品的条形码，把水果、蔬菜商品包装上的条形码换到了其他包装商品包装上。收银员发现商品条形码不正确，就按响了警铃。

完整的方糖

答案：这是速溶咖啡，他只放了咖啡粉末，还未向咖啡里倒水。

钻石盗窃案

答案：装钻石的瓶子的口特别窄，成年人是无法用手伸进去偷那颗钻石的，所以偷钻石的人一定利用了特殊的工具。因此，应是清洁工人利用吸尘器吸出了钻石。

王子心仪的女孩

答案：3个女孩中只有一个人伸出与鞋子同边的脚。因为当一个人丢了鞋子时，她一定知道丢的是哪一只脚上的鞋。

智偷宝石

答案：蓝精灵从横排位置的两端各偷走一颗宝石，然后将下端的一颗宝石移到顶端。女巫按习惯去数，3次的得数仍然是13。

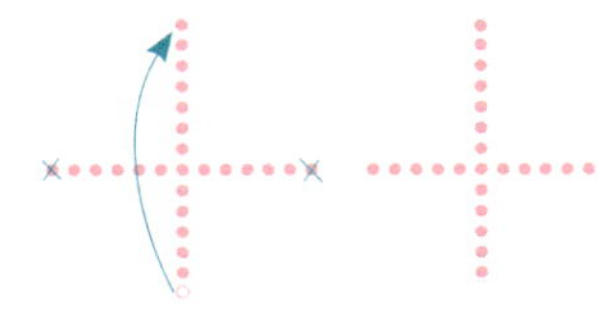

神秘的毒杀

答案：凶手就是男侍者。

他在汤中放了很多盐，使女特

工喝汤后感到口渴。于是叫他端来水，而毒药就放在第一杯水中，当男侍者再拿杯子去倒第二杯水时，已暗中换成了另一个无毒的杯子。

慢跑老人死亡案

答案：凶手可能是牵着狗散步的中年男子。

因为牵狗的铁链可以收束成一团向人脑后打去，足以使老人致死。

谁是真凶？

答案：后来出现的那个男子是凶手。

在停电期间，没有人会关上台灯的开关，而是在等着电力恢复。现在台灯关着，而应急灯开着，是被人故意布置成死者在停电期间被杀的假象，反而弄巧成拙，露出了破绽。

横渡黄河

答案：因为在横渡 5 次黄河之后，人应该在河的对岸，不可能立即回家。

聪明的售票员

答案：警察只给自己买了一张往返票，却没有给他的妻子买返程票。售票员认为这很奇怪。当警方调查此事时，这名警察承认了他所做的一切。

劳伦先生

答案：因为劳伦先生寄回家的是信箱钥匙，钥匙寄到后又被邮递员投到信箱里了，他妻子还是打不开信箱，拿不到钥匙。

黄金案

答案：警长是根据后面那辆汽车的轮胎被压得很扁，判断出其一定装有相当重的货。我们知道，黄金是非常重的。

烟袋的主人

答案：因为姓李的人很爱惜烟袋，而姓王的人虽然嘴上说是自己家里的传家宝，但他用力地磕烟袋里的烟灰，一点儿都不爱惜，所以可以推断他说谎了。

指纹的秘密

答案：当我们插入钥匙、转动钥匙时，我们用的确实是大拇指和食指。但是我们用的不是食指指肚，而是用食指的关节部位夹住钥匙转动的。因此，钥匙上会留下大拇指的指纹，但绝对不会留下食指的指纹。既然钥匙上留有许教授的食指

指纹，就只能说明有人故意将被害人的拇指和食指按在钥匙上，造成自杀的假象。

警长断案

答案：正确。

根据常识可知，报时钟会在整点报时，而录音机会录下所在地方的全部声音。如果被害人真的是在书房被枪杀的，那么磁带中就理应录上昨晚报时钟报22点的鸽子叫声。之所以录音中没有鸽子的叫声，是因为凶手是在别处一边录音、一边枪杀受害人的。

正确的描述

答案：对于任何一个细节，不会有一个以上证人的描述是正确的，否则就会有另一个细节没有被一个证人描述正确。所以，这名犯罪嫌疑人并没有戴帽子，主任在这点上是对的，从而在其他的每件事上都是错的，同理，犯罪嫌疑人没穿背心，个子不高，眼睛也不是灰色的。唯一能被门卫说对的细节只能是蓝眼睛；出纳说对的细节是这名劫匪是矮个子；秘书说对的是他穿着一件雨衣；主任说对的细节是没戴帽子。这名犯罪嫌疑人是个蓝眼睛的矮个子，穿了件雨衣，没戴帽子。

第三章 排除推理篇

今天星期几？

答案：D说对了，今天是星期日。

根据他们的对话可知：A认为“今天”是星期一，B认为“今天”是星期三，C认为“今天”是星期二，D认为“今天”是星期四、星期五、星期六或周日，E认为“今天”是星期五，F认为“今天”是星期三，G认为“今天”是星期一、星期二、星期三、星期四、星期五或星期六。利用排除法可知，他们中只有一个人讲对了，除了周日外都不止一个人说到。因此，D说的正确，今天是星期日。

住宿人数

答案：晚上有55名自称假话家族的成员在五边形的房子里住宿。

只有自以为是家族的成员才能说自己是假话家族的，因为这对真话家族的成员来说就是撒谎；而对假话家族的成员来说就是说实话。所以，宣称自己是假话家族的第一组肯定是自以为是家族的成员，人数是 30 人。因此，第一组里自以为是家族的成员假扮假话家族的成员。同样，只有假话家族和自以为是家族的成员可以宣称自己是自以为是家族的，所以宣称自己是自以为是家族成员的小组肯定有 15 名假话家族成员、15 名自以为是家族成员。自以为是家族的成员身份没变。宣称自己是真话家族成员的小组是由 3 种家族的成员构成的。他们都可以说自己是真话家族的成员。这个小组里，10 名自以为是家族的成员变成了真话家族的成员。

因此，到了晚上，55 名假话家族的成员（10 名撒谎说自己是真话家族的成员，15 名撒谎说自己是自以为是家族的成员，30 名自以为是家族的成员变成了假话家族的成员）住在假话家族的五边形的房子里。

谁杀了医生？

答案：甲是凶手。

由于每个人说的都是假的，所以把每个人的话反过来就得到以下信息。

A. 这 4 个人中的一人杀害了医生。

B. 甲离开医生寓所的时候，医生已经死了。

C. 乙不是第 2 个去医生寓所的人。

D. 乙到达医生寓所时医生还活着。

E. 丙不是第 3 个到达医生寓所的人。

F. 丙离开精神病科医生寓所的时候，医生已经死亡。

G. 凶手是在丁之后去精神病科医生寓所的。

H. 丁到达医生寓所的时候，医生仍然活着。

根据这些真实情况，乙和丁是在甲和丙之前去医生寓所的。根据 C，丁必定是第 2 个去的，从而乙是第 1 个去的。根据 E，甲必定是第 3 个去的，从而丙是第 4 个去的。医生在第 2 个去他那儿的丁到达的时候还活着，但在第 3 个去他那儿的甲离开的时候已经死了。因此，根据真实情况 A，杀害医生的是甲或者是丁。

再根据真实情况 G，确定甲是凶手。

谁骑了 A 的马？

答案：C。

骑着 B 的马、戴着 C 的领带的人不可能是 B 或 C，他是 A。如果 B 骑的是 A 的马，那么 C 骑的就是他自己的马。但他没有，因此 B 骑的是 C 的马，而 C 骑的是 A 的马。

帽子的颜色

答案：正确。

因为只有 2 顶红帽子，已知商人戴的是红帽子，若 A 戴的是红帽子，B 戴的只能是黑帽子，而 B 没有回答，说明 B 不能从 A 的帽子断定自己戴的是什么颜色的帽子，所以 A 戴的一定是黑帽子。其实 A 和 B 戴的都是黑帽子。

心中的王子

答案：杰克。

根据条件首先就可以推断出亚历山大和汤姆不符合条件。4 位男士只有 2 人是白皮肤，根据条件（3）可知杰克和皮特是白皮肤；根据条件（4）可知杰克是高鼻子；而综合条件（5）可知皮特并非高鼻子。到此可知，只有杰克符合条件。

哪个盒子里有水果？

答案：C 盒子里有水果。

因为 A 盒子上的话和 D 盒子上的话是矛盾的，所以必有一真。那么 B 盒子上和 C 盒子上的话都是假的，所以能断定 C 盒子里有香蕉。

谁是谁的新娘？

答案：秋红是大林的新娘，春红是二林的新娘，夏红是小林的新娘。

根据 3 个人的话可知，大林的新娘应该是夏红或秋红，春红的新郎应该是大林或二林，小林的新娘应该是春红或夏红。由于大林的新娘肯定不是春红，所以春红的新郎应是二林。由此也就能推测出小林的新娘应是夏红。剩下的秋红是大林的新娘。

今天点的是什么菜？

答案：B。

根据（1）和（2），如果 A 要的是烤鸭，那么 B 要的就是清蒸鲤鱼，C 要的也是清蒸鲤鱼。这种情况与（3）矛盾。因此，A 要的只能是清蒸鲤鱼，每天都是。于是，根据（2），C要的只能是烤鸭，每天都是。因此，只有B才能昨天要烤鸭、今天要清蒸鲤鱼。

体育项目及年龄

答案：A是乒乓球队员，22岁；B是橄榄球队员，18岁；C是网球队员，20岁。

根据条件（1）可知，A的年龄为22岁，且A不是橄榄球队员；综合条件（2）可知，A是乒乓球队员。由此可推断出B是橄榄球队员，年龄为18岁。依前面的结果可推断出C的年龄为20岁，是网球队员。

谁是司机？

答案：A是司机。

根据（4）和（5）可知，B先生不是乘务员的邻居。根据（1）和（2）可知，C先生不是乘务员的邻居。所以乘务员的邻居是A先生，A先生也住在芝加哥和底特律之间。由于住在芝加哥的乘客和乘务员同姓，而A先生住在芝加哥和底特律之间，C先生住在底特律，所以B先生住在芝加哥，乘务员是B。

根据（6）可知，售票员是B或C。而B已经确定是乘务员，所以售票员是C。剩下的A是司机。

考第一名的原因

答案：自己努力的结果。

（1）贾某和庄某2人的说辞自相矛盾，所以必定一真一假，即3个人不可能都说谎，最多只有2个人说谎（要么2个人说谎，要么1个人说谎）。

（2）从有没有作弊的角度来看，许某能考第一名，要么有作弊，要么没作弊。据此，先假设贾某、庄某和齐某3个人说的都是谎话，则其谎言背后隐含的真实状况为：

贾某：1. 许某作弊，而且不是抄袭庄某的答案；2. 许某没有作弊，而是幸运或努力的结果（排除作弊之后，当然就只剩下这两种可能了）。

庄某：1. 许某作弊，而且一定抄袭了庄某的答案；2. 许某没有作弊，而是幸运或努力的结果。

齐某：1. 许某作弊；2. 许某没有作弊，完全是幸运使然。

（3）根据（1）和（2）可知，假设其中任意2人说谎，则会得出

如下结果：

贾某和庄某说谎：许某作弊，而且既抄袭庄某又没抄袭庄某。(结论自相矛盾)

贾某和齐某说谎：许某没有作弊，而是幸运使然，或努力的结果。(因为齐某否定了努力的可能性，结论互不相容)

庄某和齐某说谎：许某没有作弊，而是幸运使然，但又可能是努力的结果。(因为齐某否定了努力的可能性，结论互不相容)

可见，不可能同时有2个人在说谎。

由此可见，3个人之中，既不可能3个人都说谎，也不可能同时有2个人说谎。所以，根据老师的说法：许某这次考第一名没有作弊，真的是自己努力的结果。

商场里的队列

答案：E、C、F、D、A、B。

根据(1)可知，F排在第三位；根据(3)可知，A排在第五位；根据(2)(4)(5)可知，排在第六位的是B；因为D和C都没有排在最前面，所以排在第一位的是E；最后可确定C排在第二位，D排在第四位。他们的顺序是：E、C、F、D、A、B。

教授的课程

答案：张教授教历史和体育，赵教授教英语和生物，彭教授教数学和物理。

根据(2)和(4)可知，张教授不教生物。而由(3)又可知，彭教授、生物教师和体育教师是3个不同的人，所以可得张教授教体育，赵教授教生物。

由(4)可知，生物教师和数学教师不是同一人，再加上(5)的条件以及前面已经确定生物教师是赵教授，所以生物教师和英语教师是同一人，为赵教授。

由(1)和张教授教体育可知，物理教师为赵教授或彭教授。而赵教授所教科目已确定，所以物理教师为彭教授。

前面已知英语教师为赵教授，所以由(5)可知数学教师为彭教授。已经推断出了5个科目的对应教师，因此剩下的历史由张教授进行教学工作。

人狗大分辨

答案：主人分别是比尔，科林。

名字分别叫安德鲁、唐纳德。

先把握四兄弟中“没有一个拥有2条相同品种的狗，相同品种的2条狗不叫相同的名字”这个前提条件。根据“科林的狗没有叫安德鲁的”和“科吉狗没有叫安德鲁的”这2个条件可知，科林的2条狗有1条是拉布拉多狗，1条是达尔马提亚狗。再综合“拉布拉多狗没有叫唐纳德的”可知，科林的达尔马提亚狗叫唐纳德，拉布拉多狗叫比尔。

根据“安德鲁的2条狗没有一条叫唐纳德”可知，安德鲁的2条狗叫科林和比尔，以此可推断出唐纳德的狗叫科林和安德鲁，并进一步推断比尔的狗叫安德鲁和唐纳德。

根据“比尔没有拉布拉多狗”可知，比尔的2条狗是达尔马提亚狗和科吉狗，并根据各品种狗的数量，以此推断唐纳德和安德鲁的狗都是拉布拉多狗和科吉狗。因为“相同品种的2条狗不叫相同的名字”，而科林的达尔马提亚狗叫唐纳德，所以比尔的达尔马提亚狗叫安德鲁，而他的科吉狗则叫唐纳德。

根据“科吉狗没有叫安德鲁的”可知，唐纳德的科吉狗叫科林，而他的拉布拉多狗则叫安德鲁。又根据“相同品种的2条狗不叫相同的名字”可知，安德鲁的科吉狗应叫比尔，而他的拉布拉多狗应叫科林。

综上所述，达尔马提亚狗分别叫安德鲁（主人是比尔）和唐纳德（主人是科林）。

第四章 漏洞捕捉篇

雪地里的脚印

答案：脚印深浅不同。

往返的脚印不同。扛着尸体时重量增大，留在雪地上的脚印就比较深，而返回时两手空空，脚印浅，所以警察推断报案者就是凶手。

警长会拘留谁？

答案：被拘留的是甲。

此人知道被害人当时是在锁房门而不是开房门，所以他一定是一直窥视着这座房子，否则，他不可能知道被害人是要出门还是进门。

谁偷了项链?

答案：项链是嫌疑人乙偷的。

因为三人彼此都清楚是谁偷了项链，所以很容易找到漏洞。嫌疑人丙说不知道是谁偷的项链，可见他的第二句话是假的，第一句话是真的。因此可以推断出嫌疑人乙说的第二句话是真的，所以第一句话就是假的。那么项链就是嫌疑人乙偷的。

小偷的谎言

答案：警长的判断是正确的。

寒冷的天气里，室内温暖，冰霜都是结在室内一侧的玻璃上，窗户外的玻璃上是不会结厚厚的冰的，由此可见波尔在说谎。

肇事逃逸案

答案：警察的判断是正确的。

当警察用手摸汽车引擎时，发觉引擎仍是温热的，证明汽车不久前曾开动过，故知道青年在说谎。

愚蠢的会计

答案：警察的判断是正确的。

做这道题需要了解消防方面的知识。值班会计的话有漏洞，所以警察断定他在撒谎。走电失火绝不能用水灭火，只能用喷射四氯化碳或二氧化碳的灭火器灭火。会计说自己是用水把火扑灭的，又肯定地说火灾是走电引起的，这显然不符合常理。

宋斯的谎言

答案：司徒警长的判断是正确的。

因为司徒警长发现了宋斯桌上的郁金香的秘密。一般来说，郁金香一到夜里花就合上，灯光照射一会儿才会自然张开。这说明在司徒警长进门前，书房的灯一直是关着的，而宋斯不会在黑暗中读书，所以他很轻易地就识破了宋斯的谎言。

可疑的农夫

答案：警察的判断是正确的。

农夫的答话犯了一个常识性错误。因为野鸭会孵蛋，而家养的鸭子经过长期的人工选育已经退化，是不会孵蛋的。警察因此判断农夫在撒谎。

笔记本电脑失窃案

答案：电力工程师在说谎。

日本国旗是白底加太阳的图案，无所谓正反，更别说出现挂倒这种事情了。所以电力工程师说的是谎话。

妈妈的根据

答案：正确。

妈妈是根据捡到的硬币上留下的特征，从兄弟俩的对话中识破哥哥的谎言的。因为妈妈捡到硬币的时候，硬币还有点儿温热，所以判断那是刚刚才从弟弟手里掉出去的硬币。

伪证

答案：正确。

当这个男人划到桥下时，因为有盲区，桥下的人看不到桥上的情况，所以他在撒谎。

女佣的谎言

答案：正确。

酒杯内的冰块在两个多小时后仍然在杯内，没有融化掉，可见那杯酒是后来才放在书房内的，所以探长怀疑女佣在说谎。

小提琴独奏音乐会

答案：因为B是杀害A的凶手。

B事先已做好演出准备的事实说明他对A的死和自己将上场演出有所准备，这就证明他涉嫌谋杀。如果他事先不知，那在上场前就不会做那些必要的准备，比如用松香先擦擦弓，并调好琴弦。

第五章 打破常规篇

盗马案

答案：盗贼把整个车厢都盗走了，把马和手枪队一块儿弄走了。

放牛娃拴牛

答案：放牛娃并没有把绳子拴到树上，题目中只是说牛的脖子被拴住了，所以牛仍然可以拖着绳子去吃麦苗。

飙车

答案：兄弟俩交换了彼此的摩托车。

镇定的老大爷

答案：他的孙子就是那个播音员。

奇怪的宴会

答案：这个宴会是个化装舞会。舞会中的人认为他是化装成囚犯的样子，所以才穿着囚衣，并且认为他化装得太像了，因此反而非常欢迎他。

盲人分衣服

答案：把衣服放在太阳下晒。黑色更吸光，温度更高些。所以热一些的是黑衣服。

手帕的位置

答案：查理将手帕放在门的下面，自己站在门另一边的手帕角上。

神枪手

答案：丙把桌子的一条腿射断了，桌子倒了，桌上的瓶子自然都倒了。

谁是凶手？

答案：凶手是风。

正当死者享受日光浴时，海滩上突然刮起一阵大风，把太阳伞吹起，使那把太阳伞的伞尖正好插入了死者的身体。

踩不死的蚂蚁

答案：玲玲穿的是高跟鞋，蚂蚁正好在前脚掌和鞋跟之间的空隙里。

聪明的公主

答案：公主向酋长买来一张牛皮，用小刀把它割成细细的牛皮条，然后把这些牛皮条一条条都连接起来。接着，在平直的海岸上选好一个点做圆心，以海岸线为直径，在陆地上用牛皮绳圈出一个半圆来。这块土地几乎占了酋长部落一半的领土，但酋长是个信守诺言的人，只得将公主所圈的土地卖给了她。

开关和灯泡

答案：打开一个开关，过一会儿关掉，再打开另一个开关，马上走到乙屋里。亮着的灯泡的开关就是第二次打开的开关。然后用手摸两个没有亮的灯泡，因为有一个开关事先打开了一会儿，所以有一个灯泡是热的，因此它就对应第一个开关。剩下的一个开关就对应另一个没有亮的灯泡。

父亲是否在吹牛？

答案：没有。

他父亲今年 50 岁，地球每年绕太阳运行一圈。

技术高超的化妆师

答案：化妆师是照着另一个通缉犯的样子帮他化装的。

毫不惊慌的乘船者

答案：只有所发生的一切属于

正常现象，船上的人才不会惊慌。这些人是在潜水艇里。

精妙的枪法

答案：题目只是说把帽子挂起来，并没有说挂在哪里，当然可以把帽子挂在枪口上，这样就能轻松做到了。

师徒斗智

答案：将长方形改成一个高为原来宽度一半的平行四边形即可。这样面积只有一半，四边长度却未变。

漏雨的房子

答案：下雨天漏雨，晴天和阴天不漏雨。

神奇的超车

答案：小汽车已经沿湖跑了一圈，又快追上慢腾腾的小货车了，所以跑在小货车的后面。

奇怪的线

答案：其实根本不是什么法术。悟空在八戒的鞋底上画了一条线，八戒走了几天才磨掉。

没有铁轨的铁路

答案：工程师所说的 1000 米指的是铁轨对接处的缝隙加起来有 1000 米，因为每两根铁轨对接处都有一定的缝隙。

巧搬巨石

答案：新来的园丁指挥大家用铲子挖开巨石下方的土壤，把一些重 150 千克左右的小岩石放进去就可以了。

没有上锁的房间

答案：门是向外推开的。

贵夫人的疑惑

答案：这条狗在哈根贝克是用德语训练的，听不懂贵夫人的话是理所当然的。

戒指为什么没有湿？

答案：因为钻戒是掉到红茶的茶叶罐里了。

失算的老财主

答案：两位邻居交换了住房，住到对方的家里去了。这样他们既拿到了搬家费，又不会离开他们一直生活的地方。

写给中国孩子的

思维游戏书

图形思维游戏

王　翊◎主编

北京工艺美术出版社

图书在版编目（CIP）数据

写给中国孩子的思维游戏书．图形思维游戏 / 王玥主编．-- 北京 ：北京工艺美术出版社，2023.8
ISBN 978-7-5140-2629-0

Ⅰ．①写… Ⅱ．①王… Ⅲ．①智力游戏－儿童读物 Ⅳ．① G898.2

中国国家版本馆 CIP 数据核字（2023）第 055732 号

出 版 人：陈高潮　　策 划 人：杨　宇　　装帧设计：郑金霞
责任编辑：周　晖　　责任印制：王　卓

法律顾问：北京恒理律师事务所　丁　玲　张馨瑜

写给中国孩子的思维游戏书　图形思维游戏

XIE GEI ZHONGGUO HAIZI DE SIWEI YOUXISHU TUXING SIWEI YOUXI

王玥　主编

出　　版　北京工艺美术出版社
发　　行　北京美联京工图书有限公司
地　　址　北京市西城区北三环中路6号　京版大厦B座702室
邮　　编　100120
电　　话　（010）58572763（总编室）
（010）58572878（编辑室）
（010）64280045（发　行）
传　　真　（010）64280045/58572763
网　　址　www.gmcbs.cn
经　　销　全国新华书店
印　　刷　天津海德伟业印务有限公司
开　　本　700 毫米 × 1000 毫米　1/16
印　　张　8
字　　数　17千字
版　　次　2023年8月第1版
印　　次　2023年8月第1次印刷
印　　数　1～20000
全套定价　199.00元（全五册）

孩子在身体茁壮成长的过程中，智力也在快速增长，在这个阶段对孩子进行开发全脑的思维训练，能使孩子的智力得到提升，让他们未来的道路更加光明璀璨。

那么如何对孩子的思维进行有效的训练呢？众所周知，爱玩是孩子的天性，生硬的知识灌输方式是他们极为厌烦的，而花样百出的游戏能带给孩子难以言说的快乐，因此，把学习、思考与游戏结合起来，无疑是最适合孩子的学习方式。

在尊重孩子的天性和认知水平的基础上，我们专为孩子打造了《写给中国孩子的思维游戏书》，力求通过一道道具有趣味性和挑战性的思维游戏题，帮助孩子建立超强的思维模式，激发孩子的无限潜能。

本书精选了数百道思维游戏题，涵盖逻辑思维、推理思维、发散思维、图形思维、数字思维等不同类型题目，

每道题目都极具代表性，有些还是世界知名的经典题目。本书架构清晰，编排合理，游戏形式多样，版式活泼，图文并茂，在观察图形、灵活运算、寻找规律、推理案情、巧走迷宫等过程中，相信孩子的思维能力会得到很大提升。

本书适合孩子利用碎片时间进行阅读和训练，在课间、茶余饭后的闲暇时间里都可以拿出来练一练、玩一玩。在享受游戏的快乐中，孩子的思维能力得到稳步提升，并逐步建立起优秀的思维方式。

小游戏也能玩出大智慧。相信孩子在我们精心打造的游戏天地中，一定会越玩越上瘾，越玩越聪明！

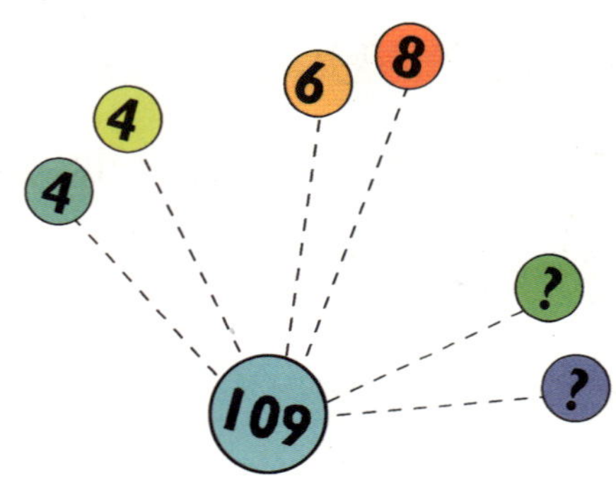

CONTENTS 目录

第一章 几何图形

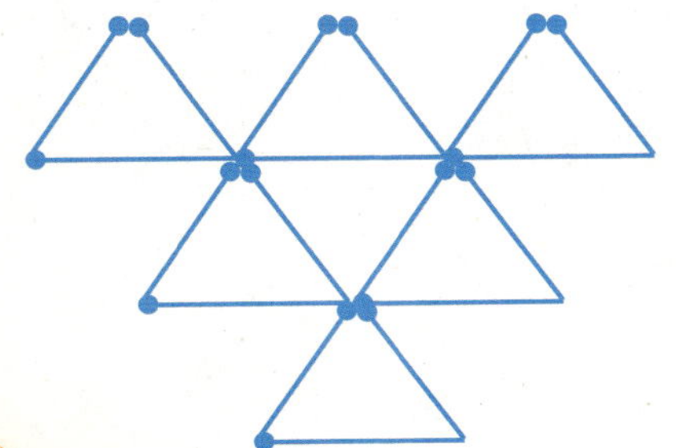

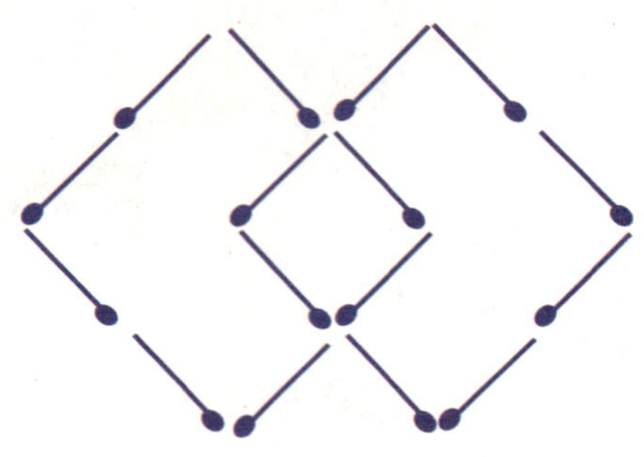

第二章 组合图形

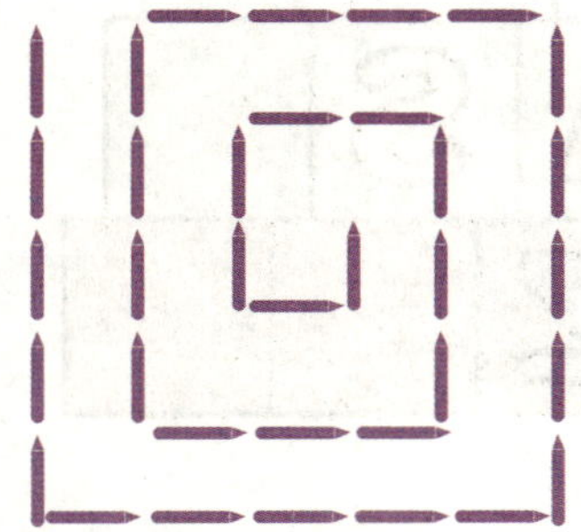

第三章 数字图形

第四章 字母图形

第一章
几何图形

摆出三角形

下图是用 9 根火柴拼成的 3 个三角形。

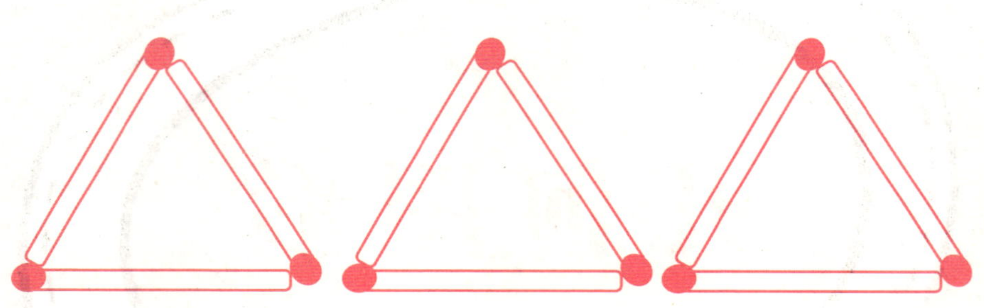

现在请你移动 3 根火柴，摆出 5 个三角形来。

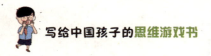

变换三角形

10 枚硬币排成如下图所示的三角形。

头脑风暴

如果想让这个三角形一个角朝上，且只允许移动 3 枚硬币。该怎么移？

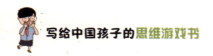

一笔勾销

有 9 个三角形，位置如下图所示。

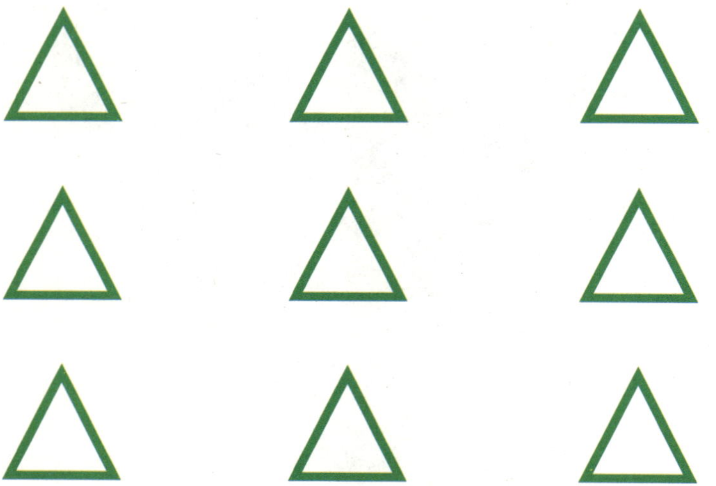

头脑风暴

请你用一笔画出 4 条直线，把所有的“△”都划掉。

由1个变10个

下图中有 1 个由三条直线组成的三角形。

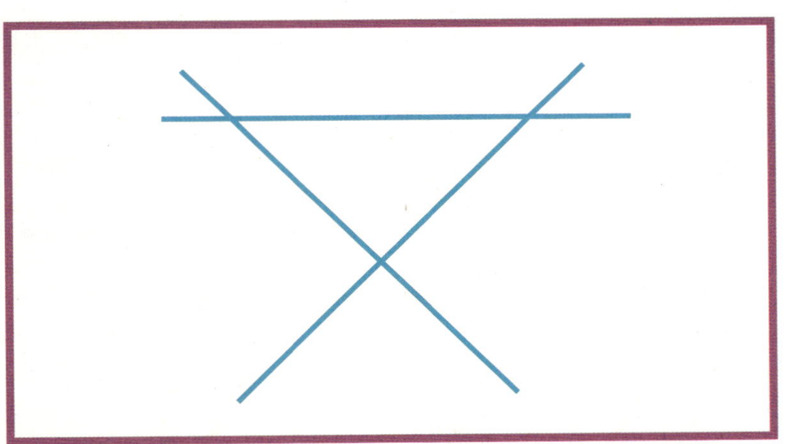

头脑风暴

你能在上面图形的基础上增加 2 条直线，使三角形由 1 个变成 10 个吗？

4个变为14个

下图中有4个三角形。

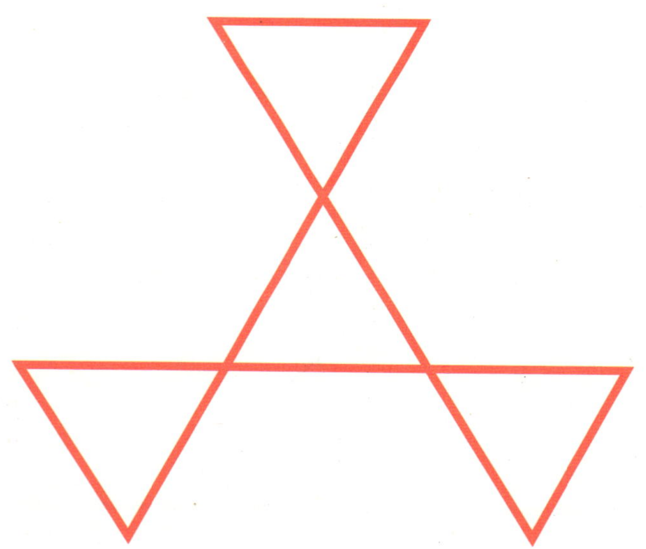

请你在图上再画1个三角形，使原有的4个三角形变为14个。

移火柴变面积

下图是一个 4×3 的图形，用 12 根火柴确定了一个三角形，这个三角形占了图形的一半面积。

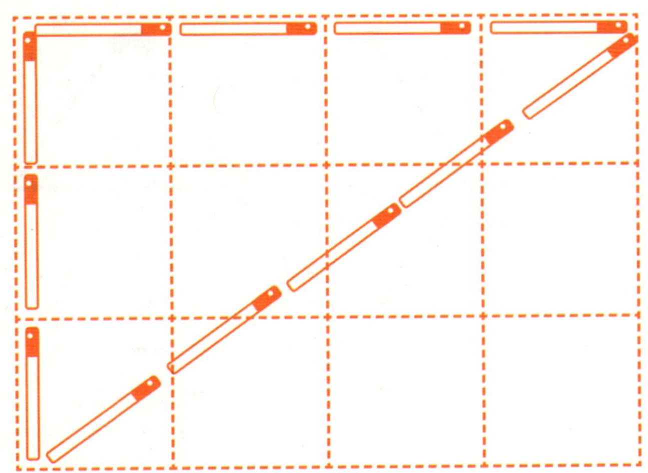

头脑风暴

试一试，只移动 4 根火柴，能不能把三角形的面积减少一半？

三角形变菱形

下面的图案包括 7 个全等三角形（其实中央还有第 8 个三角形，其边长为两根火柴的长度）。

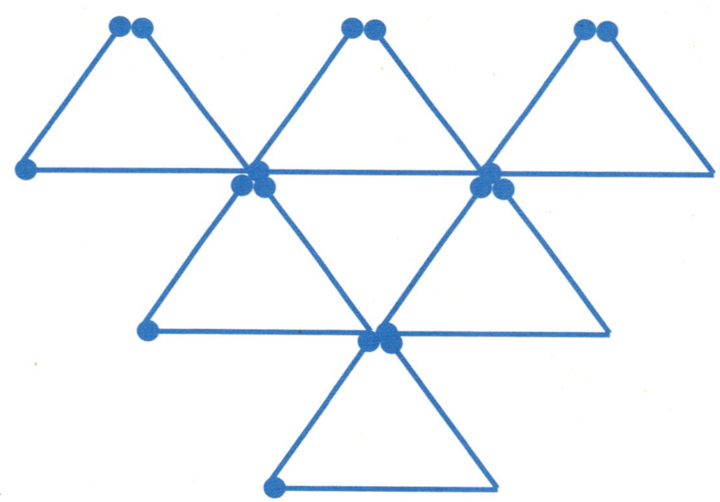

头脑风暴

如何移动其中的 6 根火柴，使之形成 6 个全等的菱形？

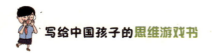

连接圆点

正方形纸板的 3 个角上画有 3 个圆点。

头脑风暴

你能不能想个办法，画 1 条直线把 3 个圆点连起来。当然，办法越简单越好。

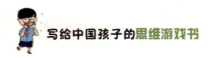

正方形和三角形

下面是 9 根火柴棒。

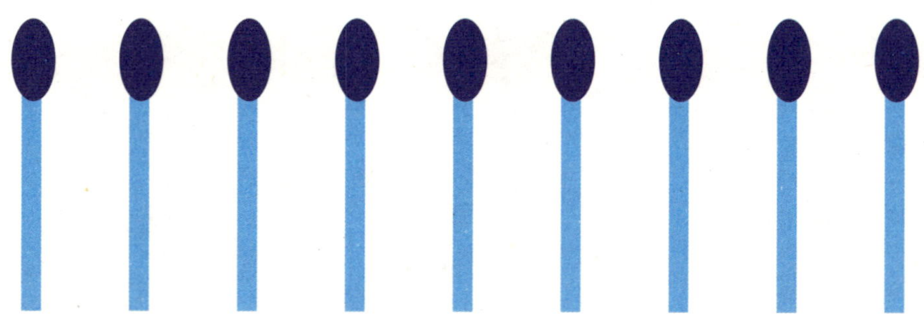

头脑风暴

你能用这些火柴棒拼成 3 个同样大小的正方形和 2 个同样大小的三角形吗?

聪明的木匠

有 1 张四边都凹凸不平的门板，需要将其改成 1 张正方形的门板。聪明的木匠先把台面锯成了 4 块，不一会儿就拼出了正方形。

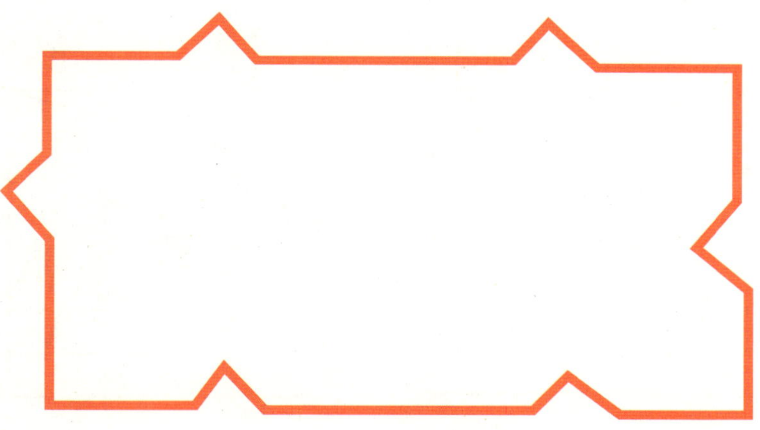

你知道他是怎么拼的吗？

失踪的小正方形

把一张方格纸按图 1 的直线切成 5 小块。当你照图 2 的样子把这些小块拼成正方形的时候，中间居然出现了一个洞！图 1 的正方形是由 49 个小正方形组成的。图 2 的正方形却只有 48 个小正方形。

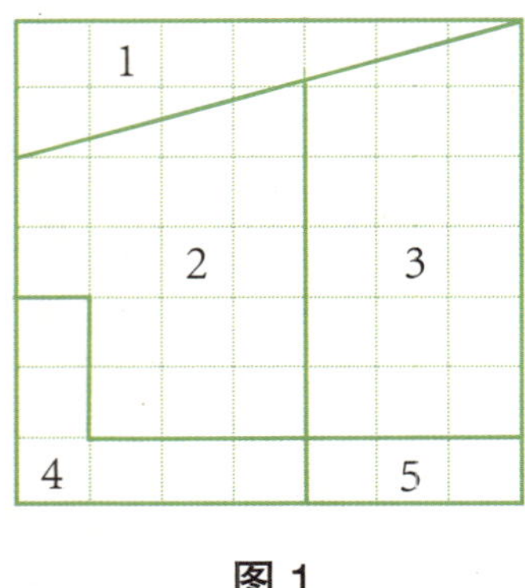

图 1

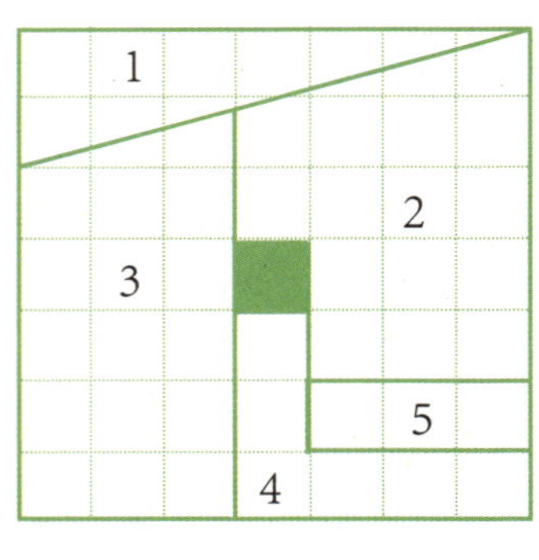

图 2

哪一个小正方形没有了？它到哪儿去了？

拼成正方形

下面是两个看起来毫不相关的图形。

头脑风暴

你能在这两个图形上只剪一刀，然后将它们拼成一个正方形吗？

只剪一刀

下图是一张“十”字形的图形。

头脑风暴

若让你只剪一刀，然后把它拼成一个正方形，应该怎么做呢？

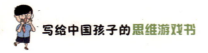

拼桌面

有一块木板，上面是一个等腰三角形，下面是一个正方形。

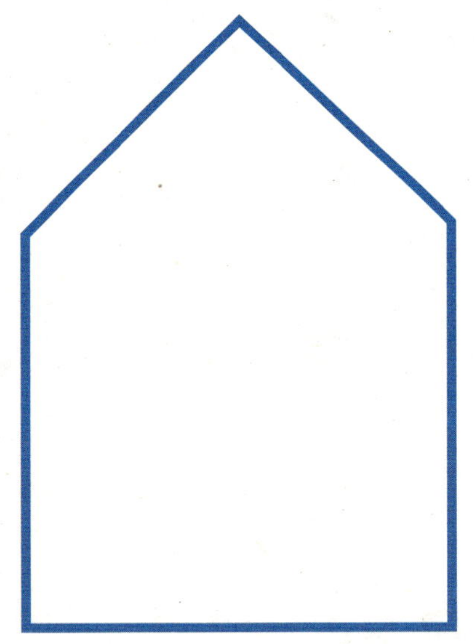

你能在不浪费木料的情况下，把木板拼成一个正方形的桌面吗？

连正方形

下面有 12 个圆点。

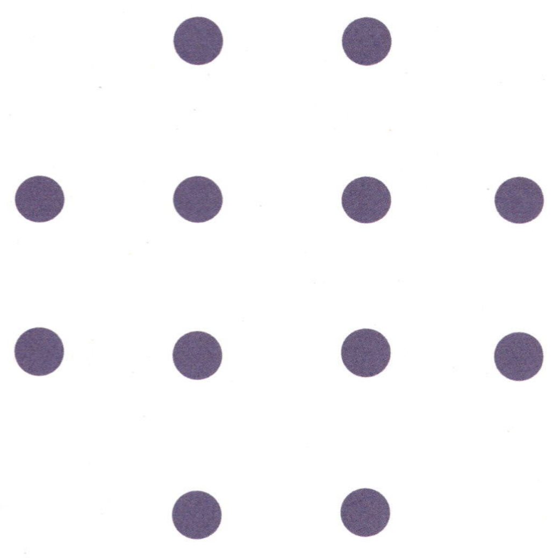

头脑风暴

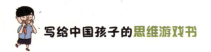

请你大胆发挥你的想象力，拿起手中的笔，通过连接 4 个圆点使其变成一个正方形，看看你一共能连出多少个正方形。注意，正方形的角必须位于点上。

毕达哥拉斯正方形

这是著名的毕达哥拉斯正方形问题。

仔细观察，图上这 12 个图形能重新拼成一个完整的正方形吗？

巧连星星

下图中有 4 颗摆放位置很不规则的星星。

你能把它们放到一个正方形的边线上吗?

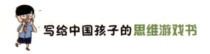

巧拼正方形

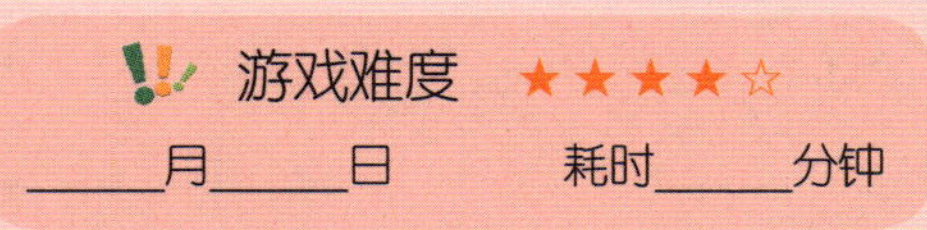

乐乐家有一块奇形怪状的木板。一天，爸爸想让乐乐在只能锯两次的前提下把下图的木板拼成一个正方形。

你能帮帮乐乐吗?

拼正方形

开动你的大脑，尝试用最快的速度把下面这些形状各异的图片拼成一个正方形。

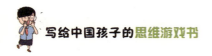

用火柴摆正方形

用 9 根火柴摆成 6 个正方形。

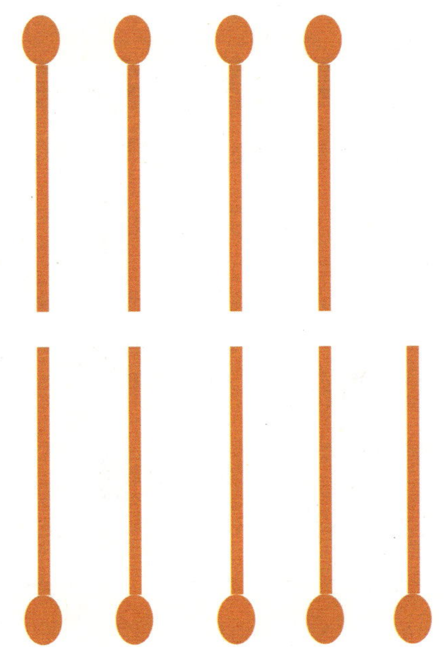

该如何摆放?

全等的正方形

下图是由 16 根火柴棒构成的图案。

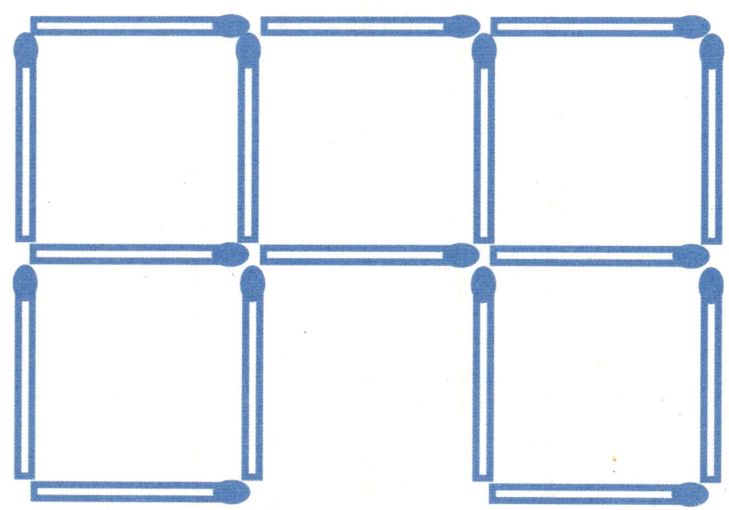

头脑风暴

如何移动其中的 3 根火柴棒，构成 4 个全等的正方形？

巧变正方形

下图是由 16 根火柴摆成的 5 个正方形。

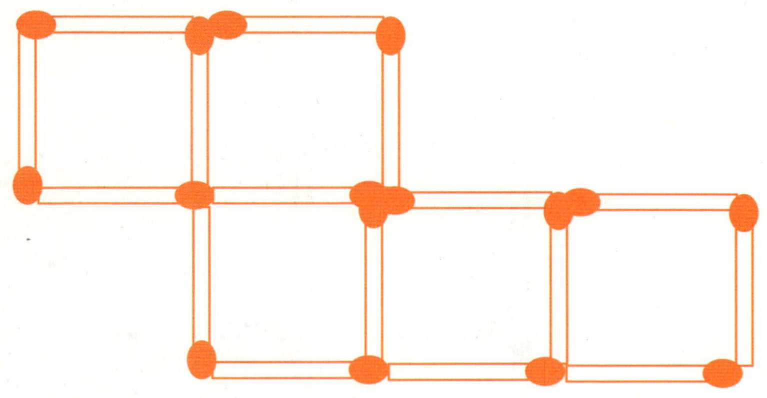

请移动其中的 2 根火柴使之变成 4 个正方形。

“井”字图案

下图是由 12 根火柴棒构成的“井”字图案。

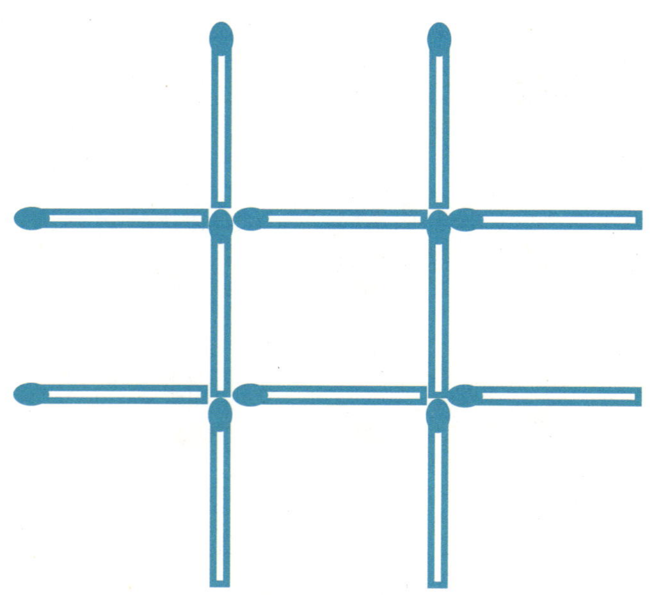

头脑风暴

移动其中的 3 根火柴棒，使之形成 3 个彼此接触的全等正方形。

移火柴变图形

下图是由 12 根火柴构成的 4 个全等的正方形。

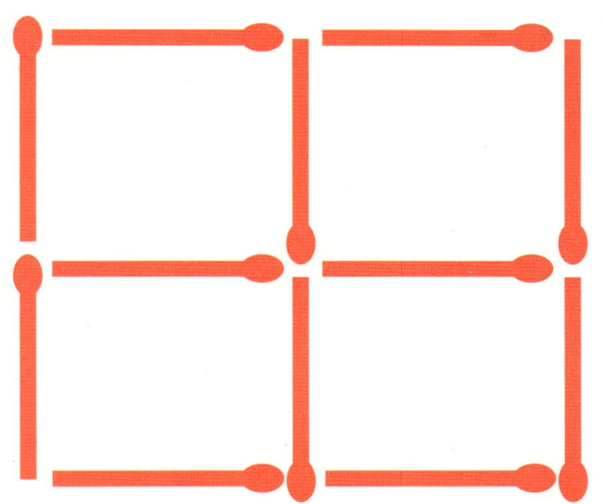

头脑风暴

只移动其中的 2 根火柴，要形成 7 个不全相等的正方形，该怎么移?

图形游戏

下图是一个被剪去 1/4 面积的正方形图案。

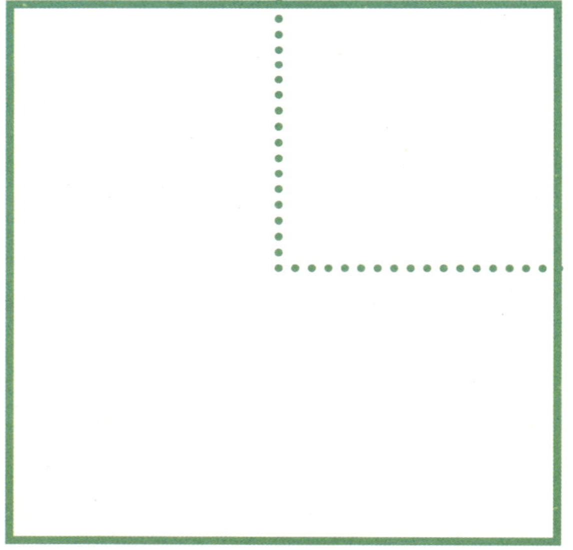

头脑风暴

你能在剩下的部分剪出 4 个大小、形状完全相同的图形吗?

拼长方形

下图是一块形状不规则的木板。

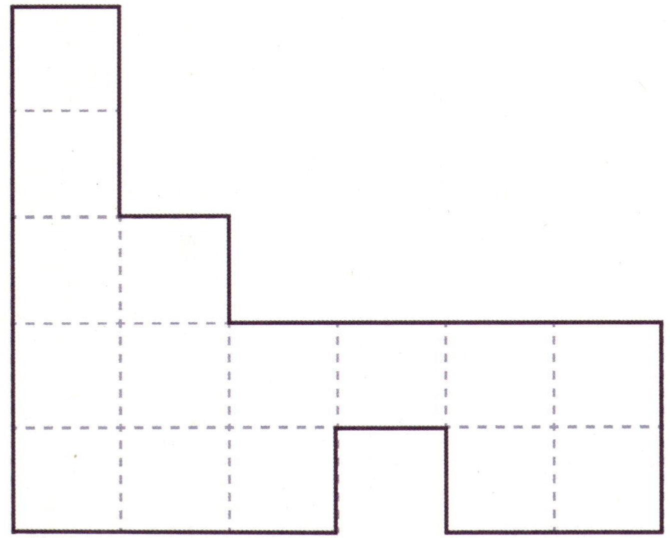

头脑风暴

请想一想，把木板切成怎样的两块，才可以拼成一个 3×5 的长方形？

黑白面积

下面是 4 个图形。

图 1　　图 2

图 3　　图 4

每个图形中黑白两部分的面积相等吗?

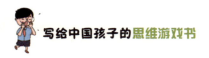

一大变四小

下图是一个较大的梯形。

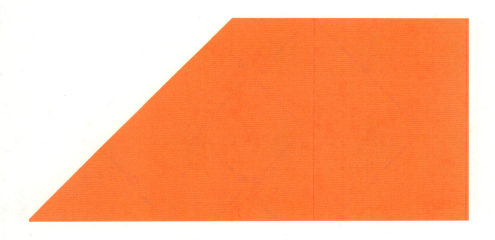

头脑风暴

你能把这个梯形剪成 4 个形状相同的小梯形吗?

不断增加的菱形

下图是由 16 根火柴拼成的 3 个大小不等的菱形。

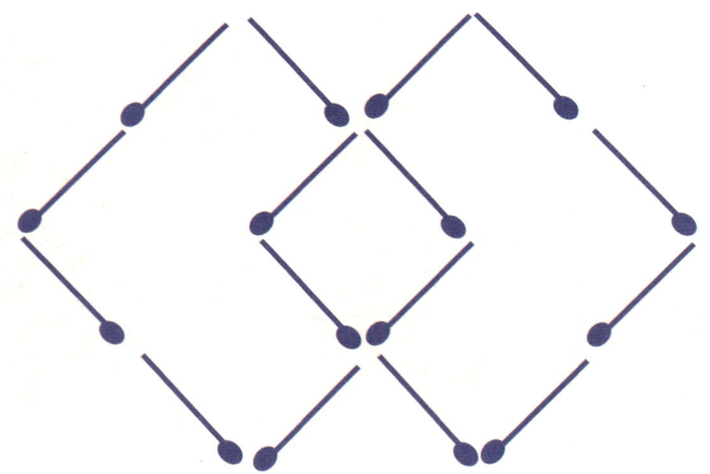

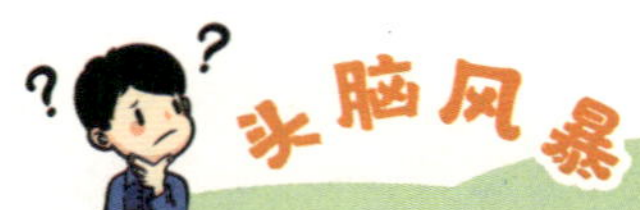

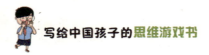

如果每次移动其中的 2 根火柴，菱形就增加 1 个，连续移动 5 次后，菱形就变成了 8 个。你说可以吗?

六角星变矩形

游戏难度 ★★☆☆☆

____月____日　　耗时____分钟

下图是一个六角星。

头脑风暴

请你在这个六角星上剪几刀，使它拼成一个长方形。该怎么剪拼？

玄机重重

观察下图的六角形。

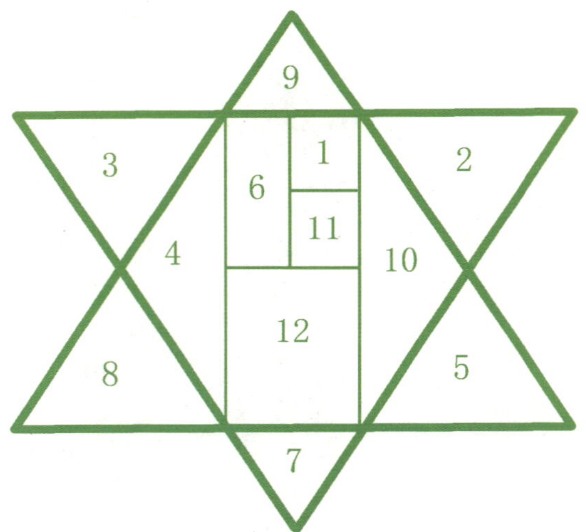

请回答下列问题：

（1）图中有多少个三角形？

（2）图中有多少个长方形？

（3）你能找到多少个六边形？

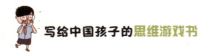

巧剪纸片

把下面左边的“十”字形纸片剪开，然后拼成右边的六边形。

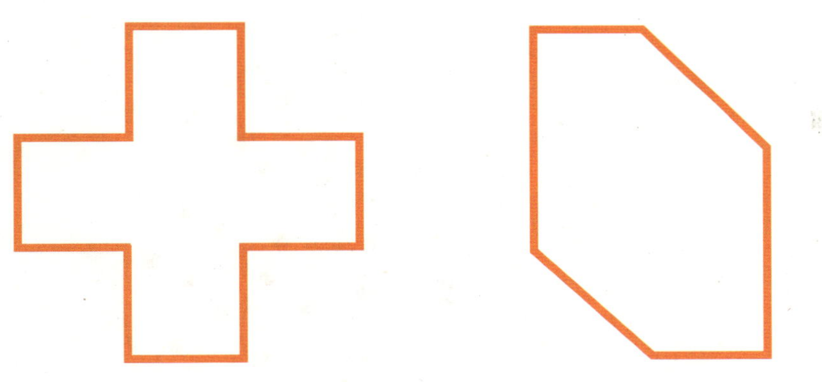

该怎么剪？怎么拼？

切大饼

汉斯太太是个十分挑剔的人，今天她又让她的厨师将早餐食用的大饼用刀沿直线切 6 次，每两条线都要相交，并且不准有重合的交点。

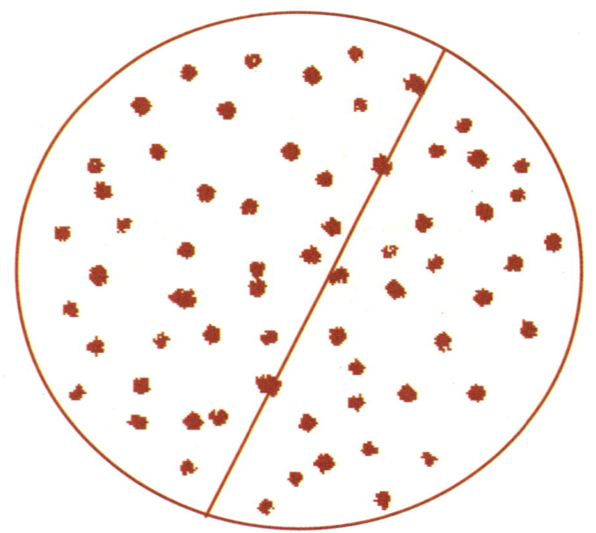

头脑风暴

按照汉斯太太要求的切法，她的厨师最多能把这张大饼切成多少块?

相切的圆

下图中的 3 个圆形两两相切，用黑色标明切点。

头脑风暴

如果要得到 9 个这样的切点，至少要有几个圆形相切？

纸上画圆

下面是一张边长 10 厘米的正方形纸。

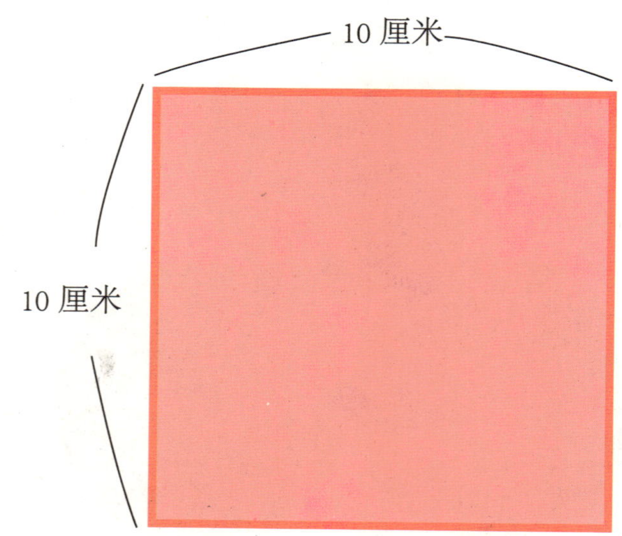

头脑风暴

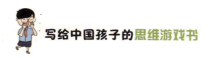

若在纸上画直径为 5 厘米的圆，假设圆与圆之间不可相切或重叠，一共可以画几个？

“十”字形标志

每日来打卡

游戏难度 ★★★☆☆

____月____日 耗时____分钟

将下面的木板做成一个“十”字形标志。

头脑风暴

应该怎样做“十”字形才最大呢?

巧分月牙儿

下图是1个弯弯的月牙儿，我们现在来做1个月牙儿的分割游戏。

如果只用2条直线，怎样将月牙儿分成6部分？

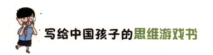

积木的表面积

这堆积木共有 30 个小积木。

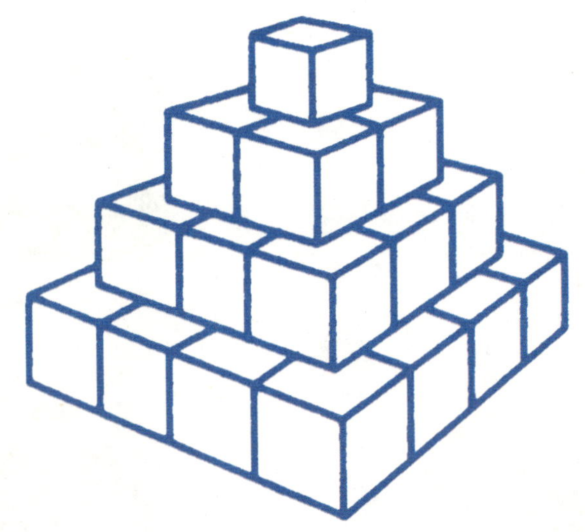

头脑风暴

请你想一想，如果每个小积木的尺寸是 1×1×1 的话，那么这堆积木露在外面的表面积是多少?

填图形

下面有 4 个三角形，前 3 个三角形当中的几何图形的放置是有规律的。

6
1 2

3
1 1

2
2 4

4
2 4

头脑风暴

第 4 个三角形当中应该放什么几何图形？

第二章
组合图形

选图形

请仔细观察下面的前 4 个图形。

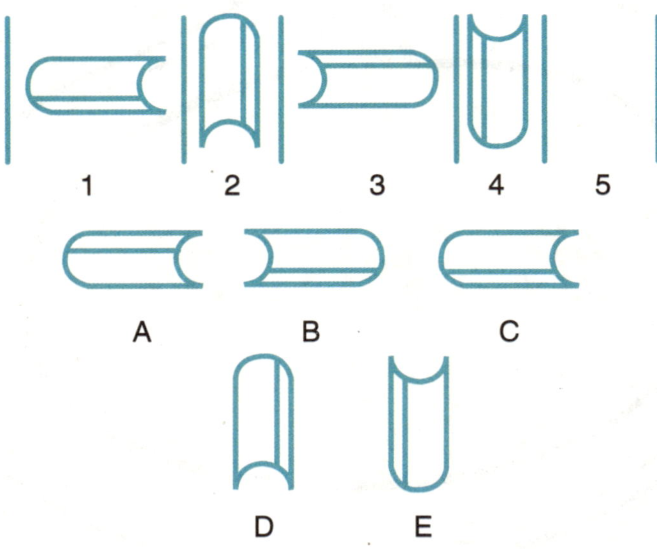

头脑风暴

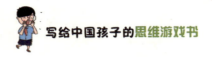

按照前 4 个图形顺序的规律，第 5 个图形应是 A、B、C、D、E 中哪一个？

怎样让路线不交叉？

下面是一幅路线图。

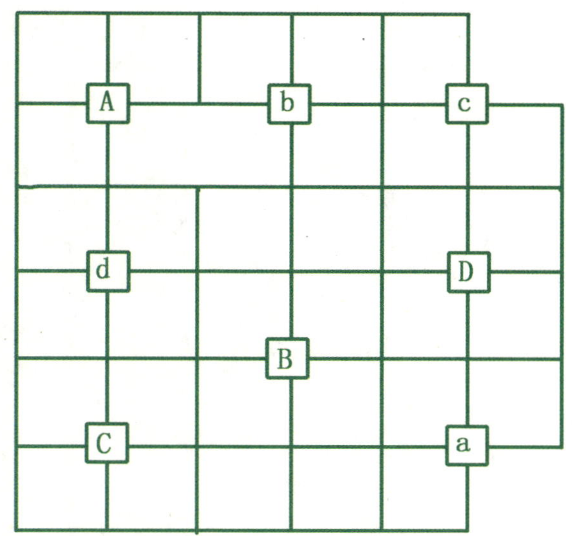

头脑风暴

如何画出 A 到 a、B 到 b、C 到 c、D 到 d 的路线，并使这些路线不交叉？

“回”字形铅笔阵

打开你的绘画盒，拿出 35 支彩色铅笔，按下图所示摆成“回”字形。如果手边没有足够的彩色铅笔，你也可以用牙签或者其他合适的物体代替。

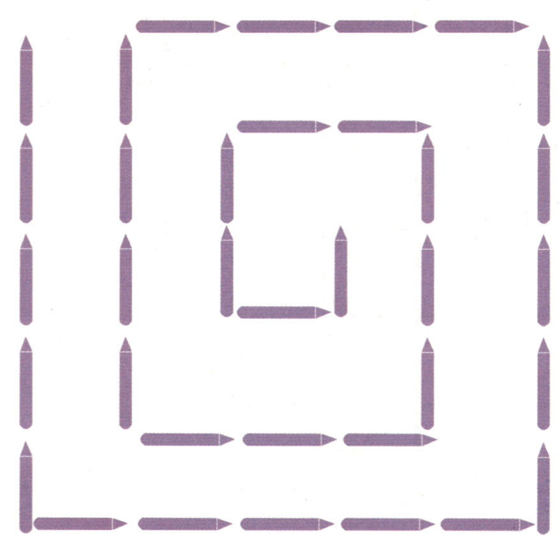

头脑风暴

现在，移动其中的 4 支彩色铅笔，组成 3 个正方形。

方框重叠

下面两个方框内的黑色区域是不规则的图案。

头脑风暴

上面两个方框重叠后，黑色区域会组成一个什么样的图形？

四点一线

下图中有 10 颗棋子。

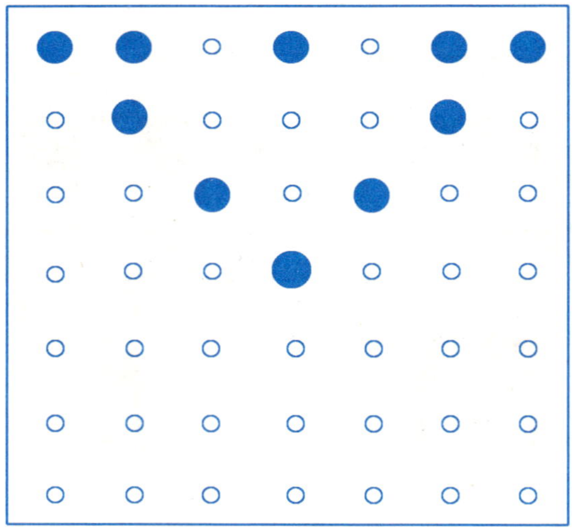

头脑风暴

移动其中 3 颗，让 10 颗棋子分别连成 5 条直线，每条直线上都要分布 4 颗棋子。应该怎样移动？

移火柴

下面是一个用火柴拼成的图案。

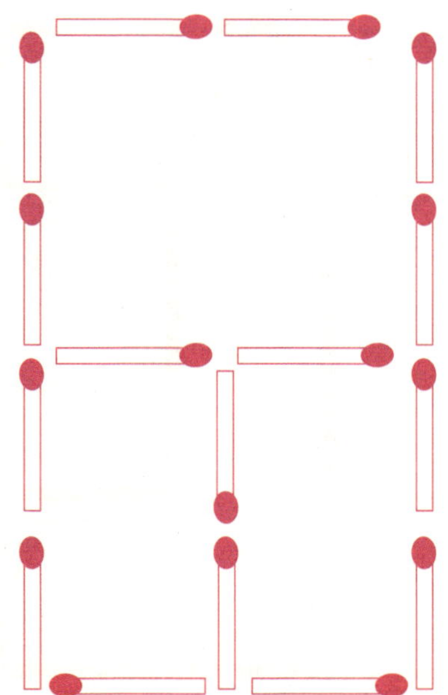

头脑风暴

请你移动其中的 3 根火柴，将其改拼成“1991”的字样。

图形四等分

下面是一个“工”字形的图形。

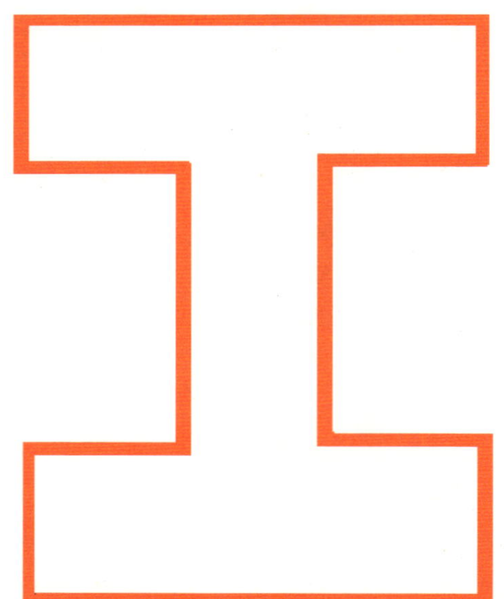

头脑风暴

试将该图形分为大小和形状均相同的 4 等份，方法不止一种哟！

分鸭子

池塘里有 10 只鸭子在欢快地戏水，请你用 3 个大小相同的圆圈，把每只鸭子都分开。

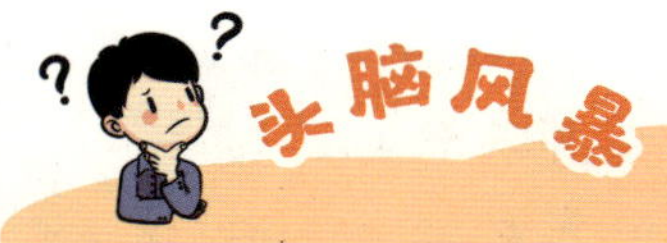

你知道该怎么分吗？

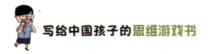

分星星

下图显示了 11 颗星星的分布位置。

头脑风暴

你能只利用 5 条直线将图案进行分割，使每颗星星都有属于自己的空间吗？各部分空间不必相等。

分花朵

请你仔细观察，在下图中画 3 条直线，使每 1 朵小花都能在这个长方形中有自己独立的区域。

想一想，该怎么画？

分山林地

切斯特先生原来有一块正方形的山林地，但是其中部分土地已经出售出去了，剩下的山林地形状很不规则。

下图就是切斯特先生出售后所剩下的山林地的形状。目前又有 3 个买主打算购买剩下的山林地，但是他们要求把山林地平分为 3 等份，而且要分成相同的形状。

头脑风暴

切斯特先生为此头痛不已，你能否代替切斯特先生将土地分为形状相同的 3 等份呢？试试看吧！

巧分土地

文森的土地上种着 4 棵苹果树（在下图中用点表示苹果树）。

他想将这块边长为 16 米的正方形土地分给 4 个孩子，以提高孩子们劳动的积极性。为了公平起见，文森打算使分配给孩子们的土地在形状和面积上完全相同，并且在每块土地上都保留 1 棵苹果树。

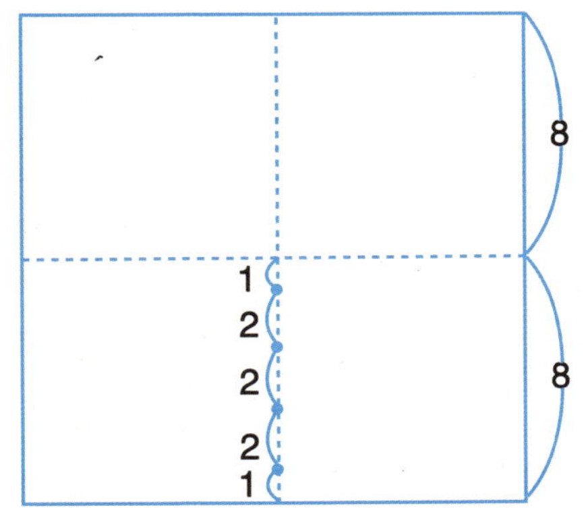

头脑风暴

究竟要如何分配才能达到文森的要求？上图就是这块土地的示意图，苹果树的位置已经用数字标出。你来试试吧！

找不同

下面画了 5 条小鱼的图案。

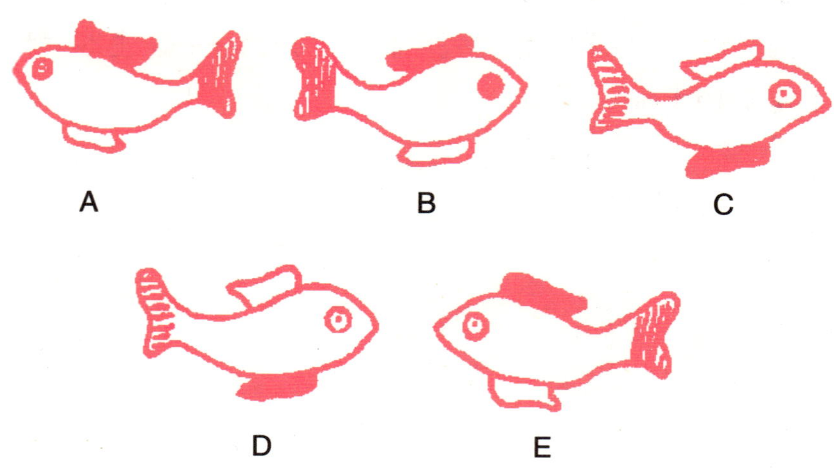

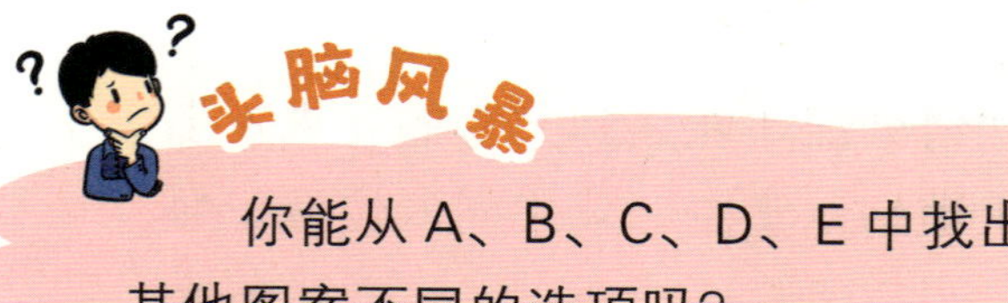

你能从 A、B、C、D、E 中找出一个与其他图案不同的选项吗？

与众不同的箭头

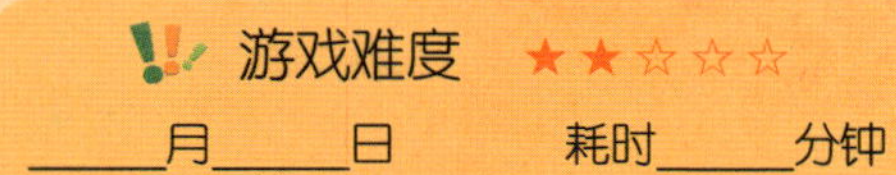

下面是 5 个箭头。

A　　B　　C

D　　E

请找出其中与众不同的 1 个。

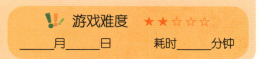

分图形

图 a 是一个不规则图形，按照下面的方式，我们可以将它分成 4 份（见图 b），而且大小相等、形状相同。

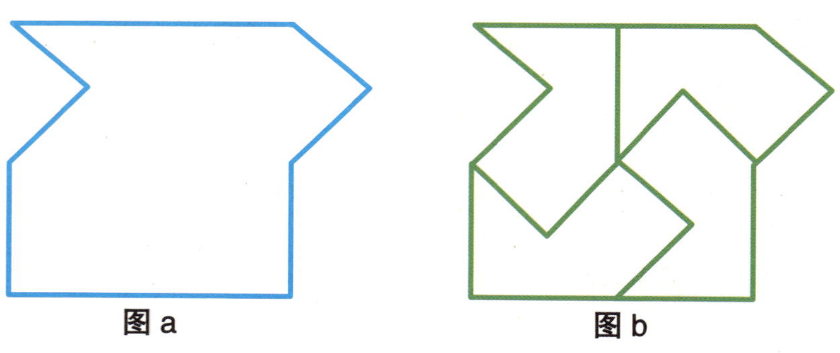

头脑风暴

如果要把图 a 分成大小相等、形状相同的 3 份，该怎么分呢？

有差异的圆圈

下面是 5 个圆圈图案。

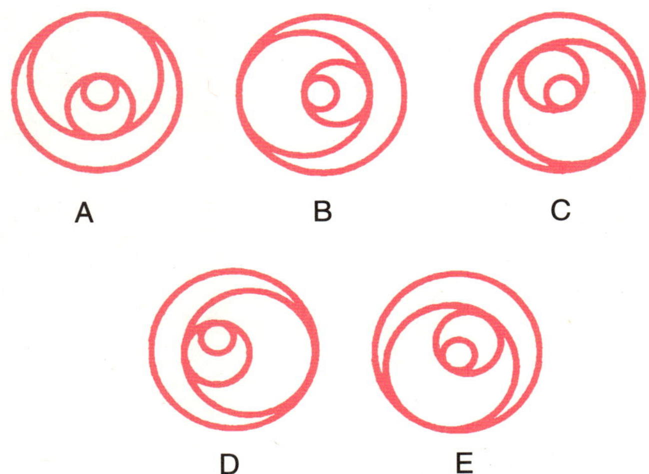

有差异的圆圈图案是哪一个?

改变房子方向

这里有一个用火柴拼成的房子。

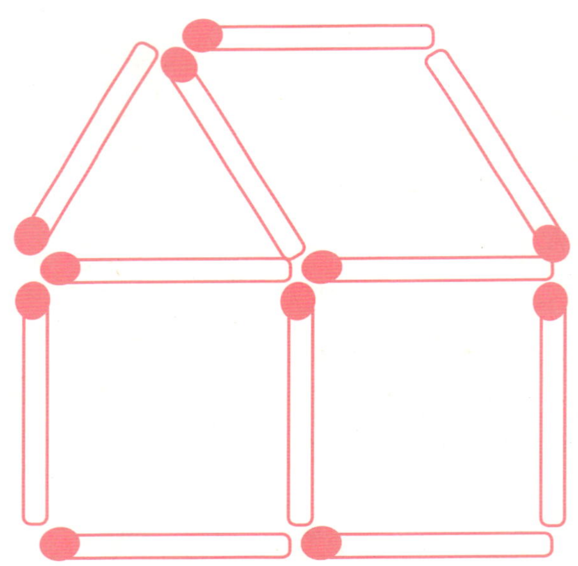

头脑风暴

请你移动其中 1 根火柴，使房子的朝向和原来的方向刚好相反。该怎么移？

让火车掉头

下图是一辆由火柴组成的小火车，移动火柴棒，火车的样子就会发生改变。现在我们就来做一个有趣的尝试。

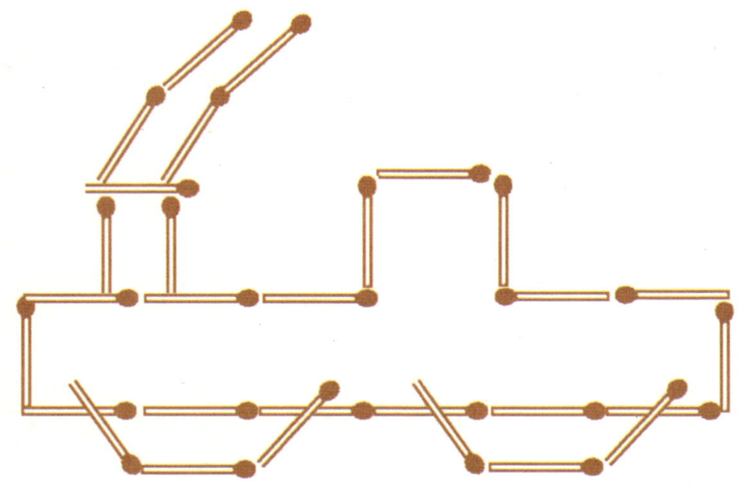

头脑风暴

如果只移动其中的 4 根火柴棒，你能让火车掉头吗？

拼船

下面右边的图形组合起来可以组成一条船，但有一块是多余的。

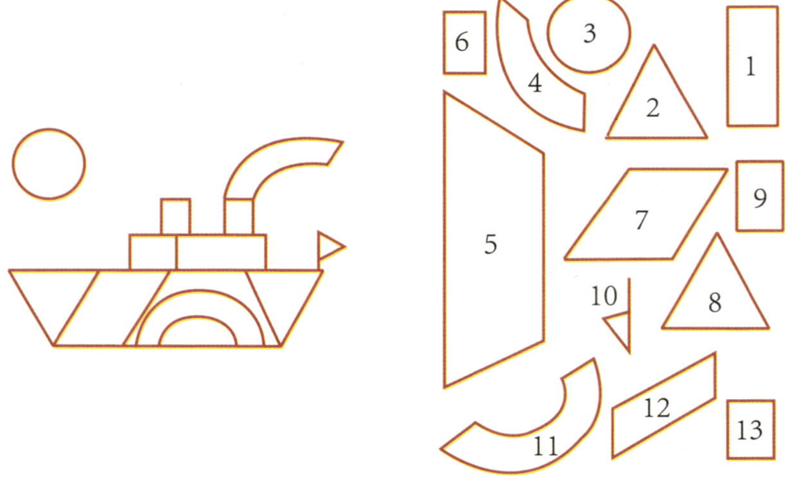

请你找出是哪一块多余。

走出迷宫

下图是一个复杂的迷宫。

你能走出去吗？

玻璃组图

一所教堂在许多窗户上装镶了彩色玻璃。其中有一个窗子形状如图 2 所示，其 8 块玻璃的形状如图 1 所示。

图 1　　图 2

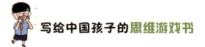

现在想把这些玻璃拆下来，改装在一个长方形的窗户上，能不能用这 8 块玻璃正好组成 1 个长方形呢？

有趣的变字游戏

下面是一个用火柴棒拼成的“田”字，请你移动其中的3根火柴棒，使“田”字变成“品”字。

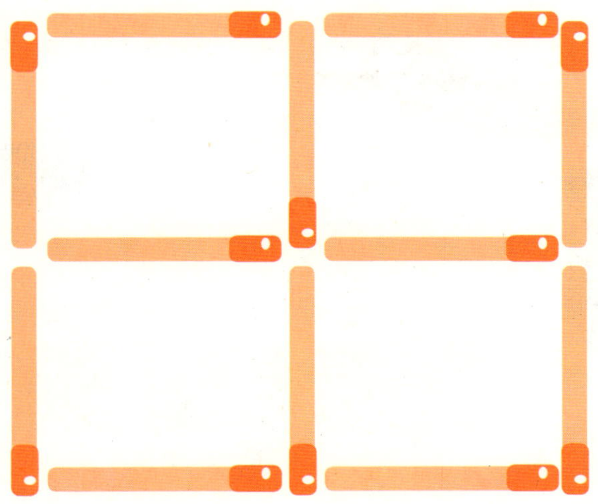

想一想，该怎么移？

拼一个“上”字

下面这 5 块积木可以组成汉字“上”。

你知道应该怎么拼吗?

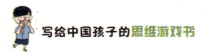

破碎的心

下图中有 A ~ H 共 8 块碎片，只要找出其中 3 块碎片，就可以把破碎的心重组。

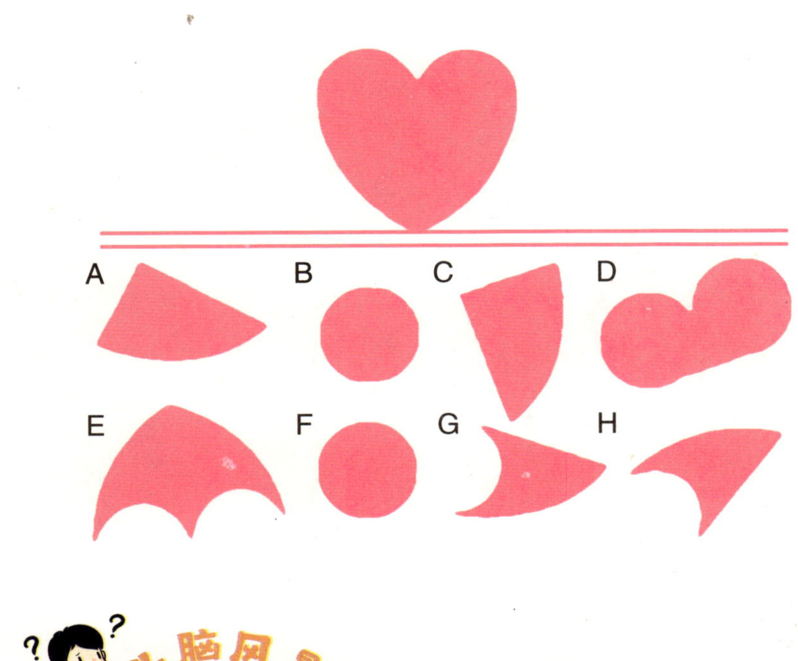

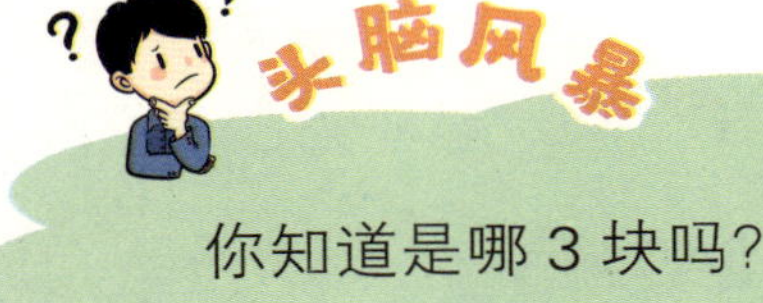

你知道是哪 3 块吗？

散落的花瓶碎片

有一个美丽的花瓶被人不小心打碎了，碎成了 12 块。

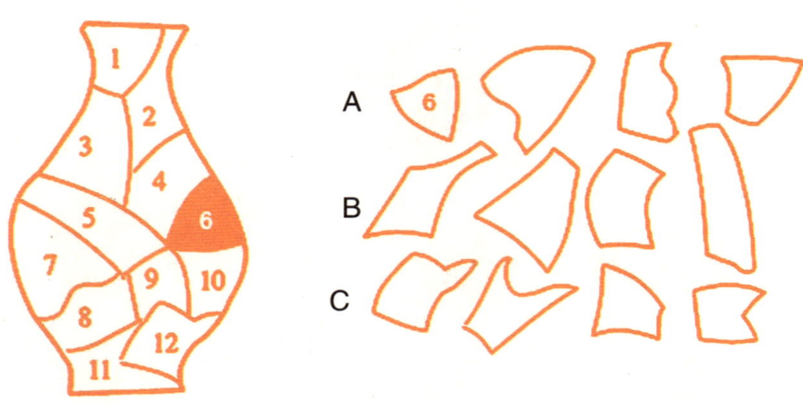

请将散落的花瓶碎片标上对应的编号。

最近的救火路线

B 处是一个失火的工厂，打 119 电话向消防队求助，消防队处于 A 处。

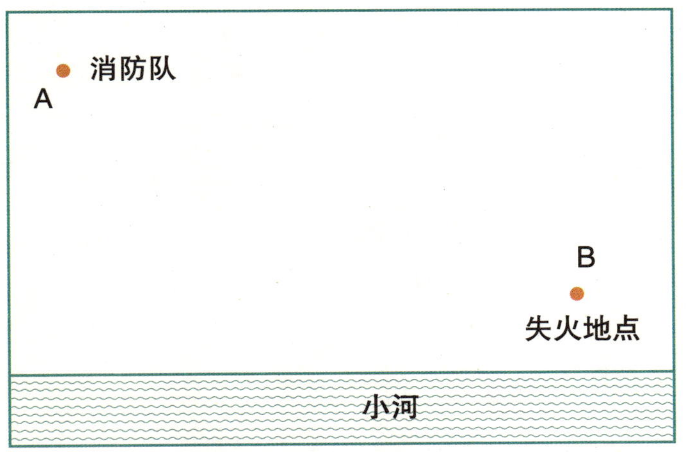

头脑风暴

如果消防车上没水，要以最快的速度到小河里取水，再到 B 处救火，请你找出一条最短的路线指挥消防车去救火。

缺了一块

这4块图形若拼凑得当，应能构成一个圆形，但现在缺了1块。

请从A、B、C、D中找出缺失的那1块。

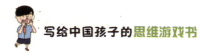

拼字游戏

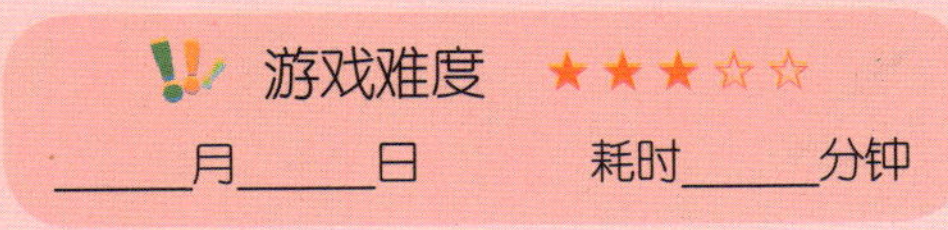

仔细观察下面这些图片，将它们重新排列，能拼成两个字。

你猜是哪两个字？

山中寻宝

某地的慈善委员会组织了一次驱车寻宝活动，寻找一桶藏在 Z 村的啤酒。所有的车先在 A 村集合，然后参赛者都需要去其他 9 个村子寻找线索。把这些线索集中在一起研究，才会知道那桶啤酒藏在 Z 村的什么地方。最先回来并宣布找到啤酒的是小杰克。

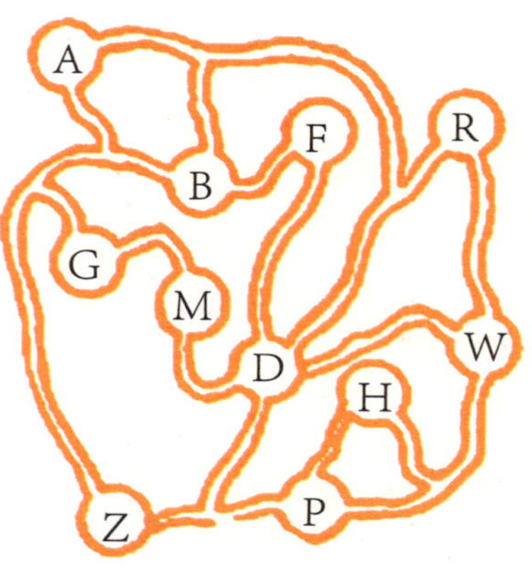

小杰克巧妙地安排了自己的路线，从 A 村到达 Z 村，沿途获得了所有线索，却没有重复走进任何一个村子。而其他人或多或少走了弯路。

头脑风暴

图中是 11 个村子的分布情况，村子与村子之间只有唯一的一条道路。你知道小杰克是怎么走的吗？

不能交叉的路

一个院子中居住着 3 户人家。大房子的主人要修一条直通院子大门（下图中正下方）的路。左边的人家要修一条路通向右边的小门，右边的人家要修一条路通向左边的小门。并且三条路都不能与其他路相交叉。

想一想，该怎样修呢？

恢复原图

下面是一个被打乱了的图形。

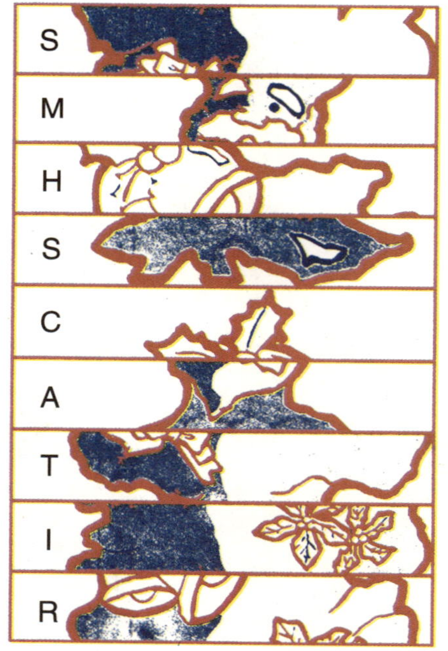

头脑风暴

请你仔细观察一下，该怎样复原这个图形呢？从上到下分别该是哪块拼板呢？

第三章
数字图形

最大值

下面是一个九宫格，九宫格里有 9 个数字。

头脑风暴

请你在格子中画 1 条直线使其经过的数字之和最大。

数字10

用8根火柴可排成数字10，其实，用9根火柴也可排成数字10。

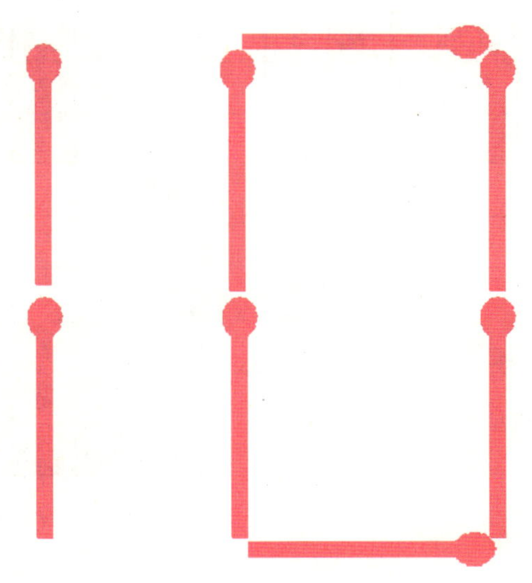

仔细想一想其中的奥妙吧！

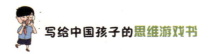

填九宫格

这是一个比较复杂的数字游戏。观察已有的数字，看缺少一些什么样的数字，然后在它们的基础上分析要求填写的数字。

9			3			4		5
7	4				2		3	
	1		6					
	1		8		6			
4	9						8	3
			4		1		9	
	2				9			
	7		1				6	9
		9			3			7

在矩形的空格内填上数字，要求每一行、每一列和每一个九宫格内都必须包含 1~9 这 9 个数字，并且每条对角线上也包含 1~9 这 9 个数字。

七角星中填数

下图的七角星中有 15 个小圆圈。请把从 1~15 这 15 个数分别填入圆圈中，使每一个菱形角上的 4 个数的总和都为 30。

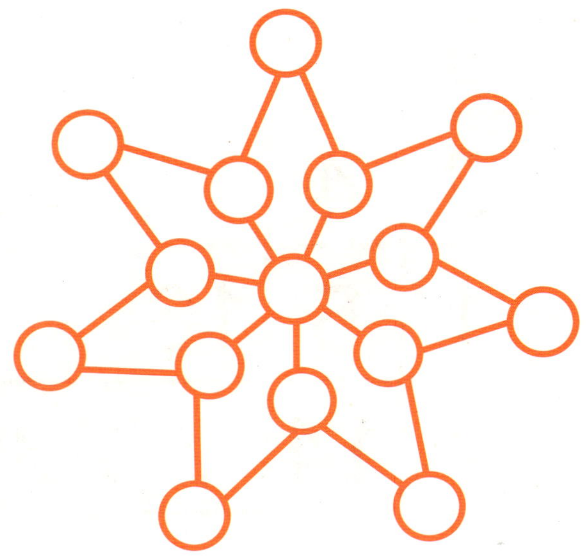

填上合适的数字

下图中的数字存在一定的规律。

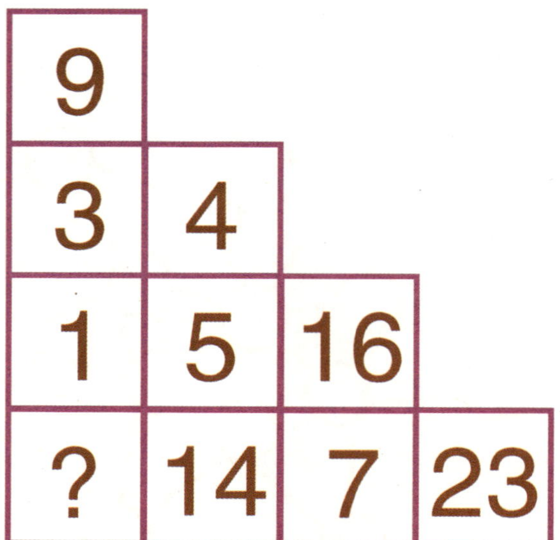

请在问号处填上合适的数字。

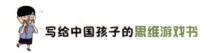

大于3小于4的符号

用3根火柴摆出一个符号，这个符号表示的数字要大于3小于4。

这个符号到底是什么呢?

趣味数字游戏

从下图最顶端的数字“17”开始，找出 1 条向下到达底部数字“20”的路线，每次只能移 1 步。

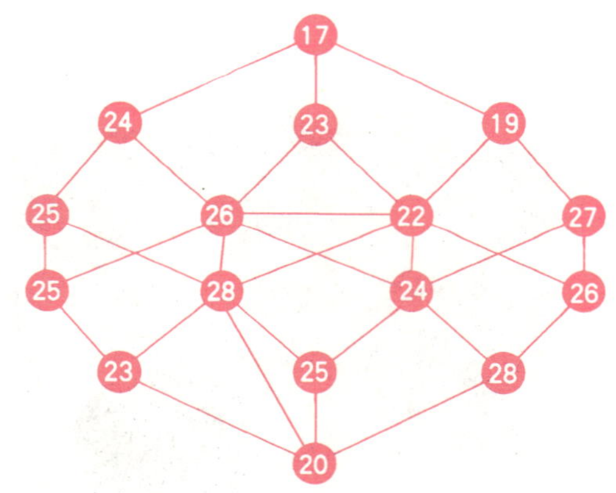

（1）你能找出 1 条路线，使路线上所有数字之和为 130 吗？

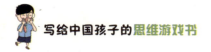

（2）你能找出 2 条分开的路线，使 2 条路线上的数字之和分别为 131 吗？

（3）路线上数字之和最大值是多少？你走的是哪条路线？

（4）路线上数字之和最小值是多少？你走的是哪条路线？

被分割的正方形

下面 4 个正方形中数字是有规律的。

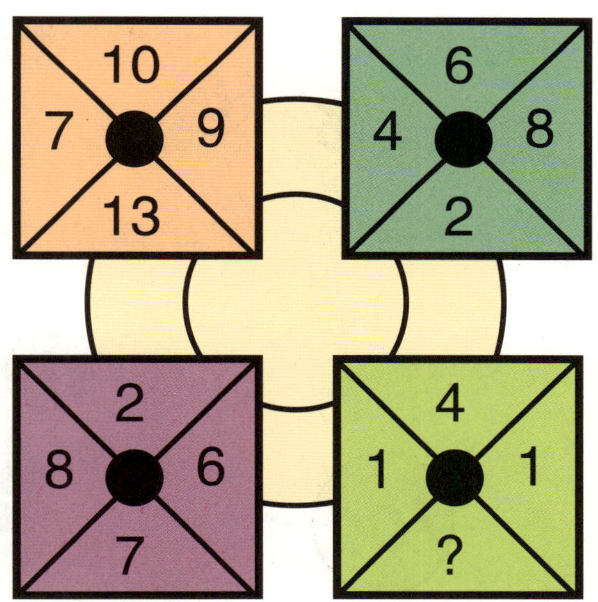

你能推断出问号处应填什么数字吗？

空缺的数字

下面有 3 组数字（已给出了 2 组），这 3 组数字与 109 有着某种关联。

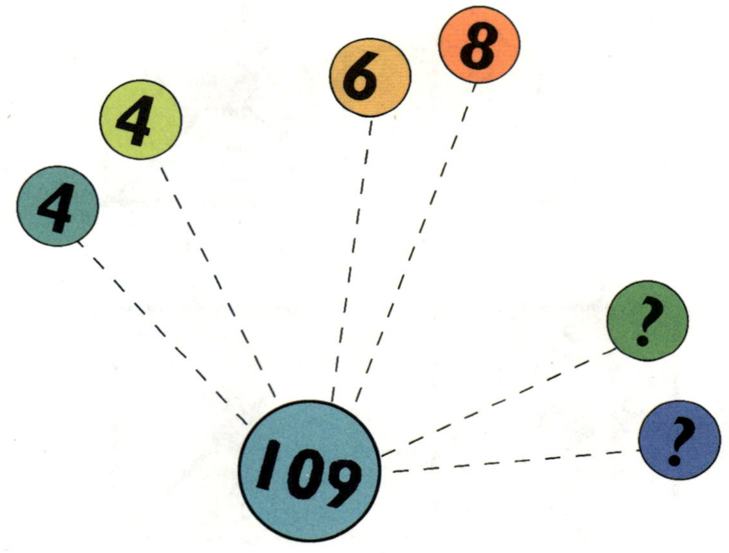

问号处是 10 以内的数字，它们分别是多少？

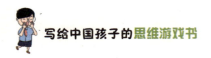

圆圈内的数字

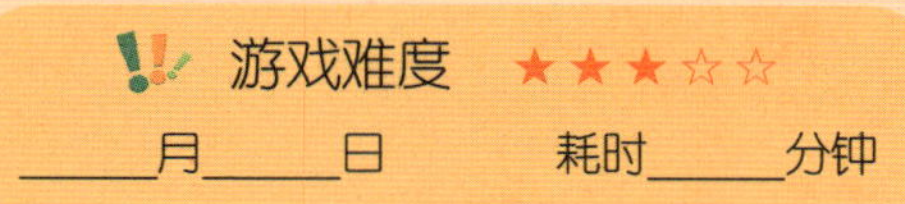

下面圆圈内的数字有一定的规律。

请在图中空白的圆圈内填上合适的数字。

拿火柴

下面 16 个方格内各放 1 根火柴，现在要从中拿走 6 根，但还要保持每行、每列的火柴数为偶数。

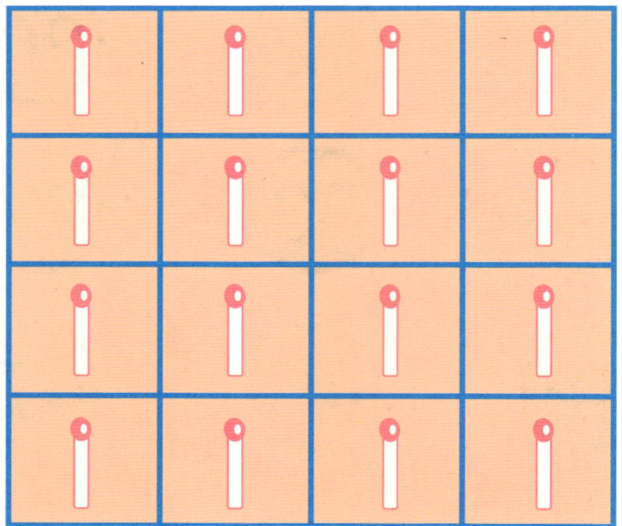

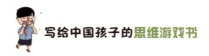

圆圈数字填空

观察下图中数字的变化规律。

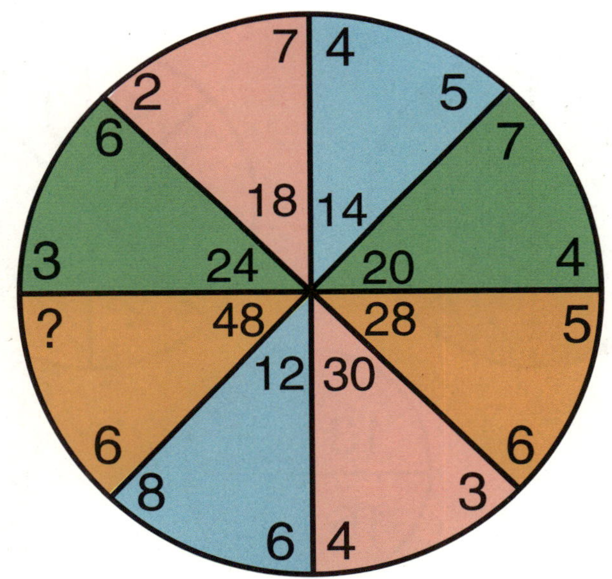

请在问号处填上合适的数字。

提示：观察一下，每格中外圈的两个数字相乘，其积与内圈的数字有何关系。

半边圆中数字的规律

观察下图中数字的变化规律。

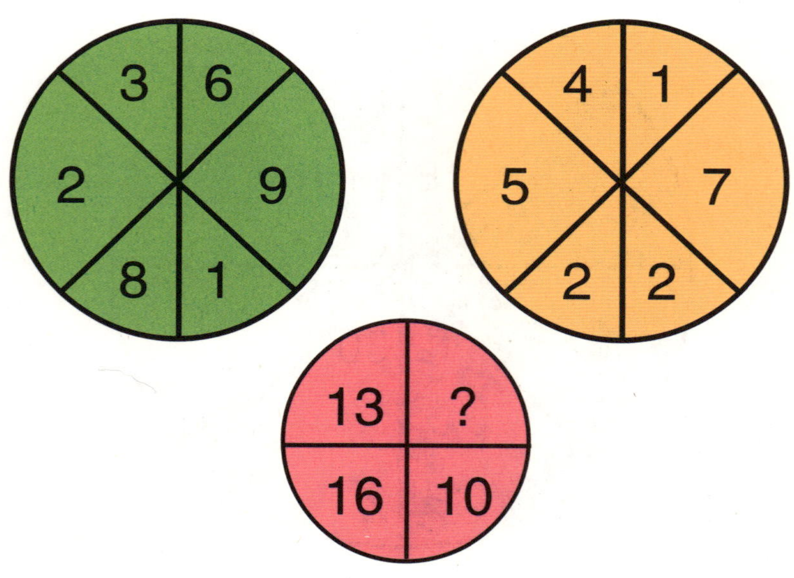

你能找到规律并在问号处填上合适的数字吗?

有规律的数字

观察下面前两个图形中数字的变化规律。

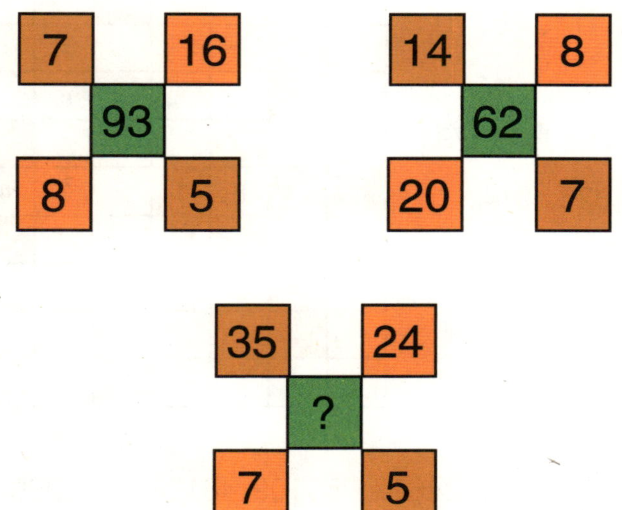

请在最后一个图形中的问号处填上合适的数字。

填数字

把下面的数字填入白色方格内，使得每一个数字都能互相对应。

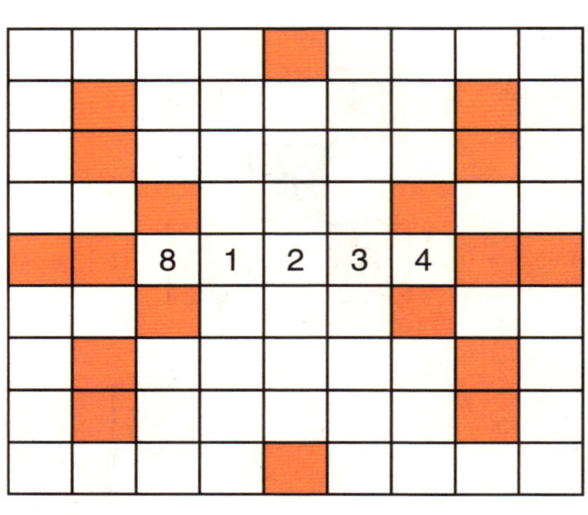

二位数：17、35、70、98。

三位数：147、279、386、623、825、914。

四位数：2240、3049、3681、4257、5326、7502、7987、9366。

五位数：19282、24617、50109、81234、98936。

七位数：6182492。

九位数：140311890、410637389。

你能填出来吗？

多边形上的数字

下面是 3 个不规则的多边形，每一个多边形上都有一些数字。仔细观察，看一看每一个多边形凸角上数字的和与凹角上数字的和有什么关系。

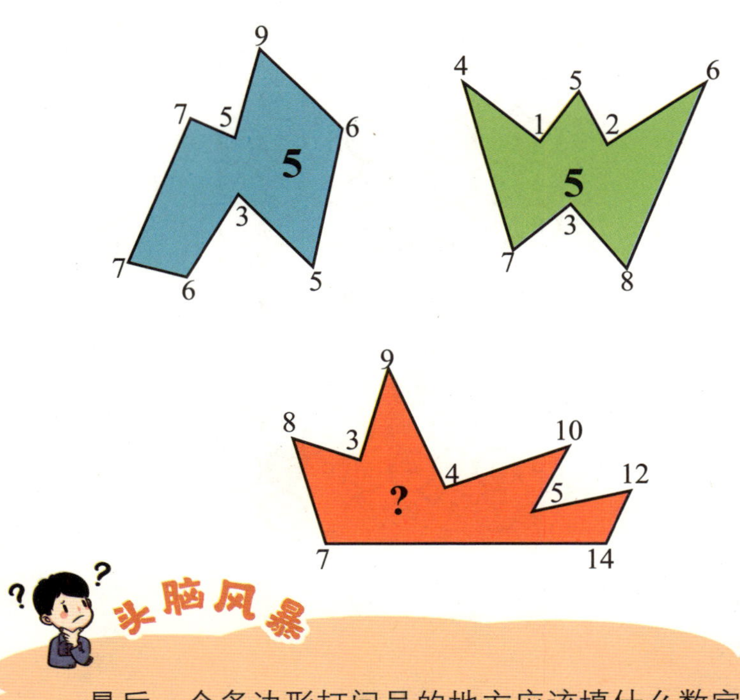

头脑风暴

最后一个多边形打问号的地方应该填什么数字？

数字图阵

下面是一个复杂的数字图阵，这些数字并不是随意排列的，只要认真思考就能发现其中隐藏的规律。

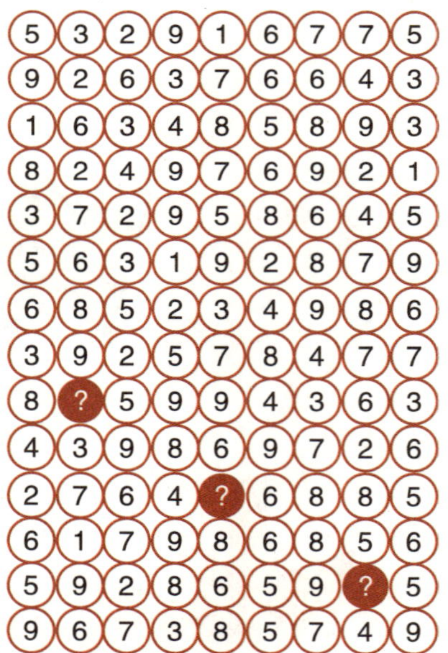

3 个问号处应该分别填入什么数字?

问号处填数字

____月____日　　耗时____分钟

观察下面的 3 组数字。

7935	2765	1755
6188	5368	3604
9856	5488	?

问号处应填入什么数字呢?

替换问号

下面这个图表是按照某种逻辑构建的。

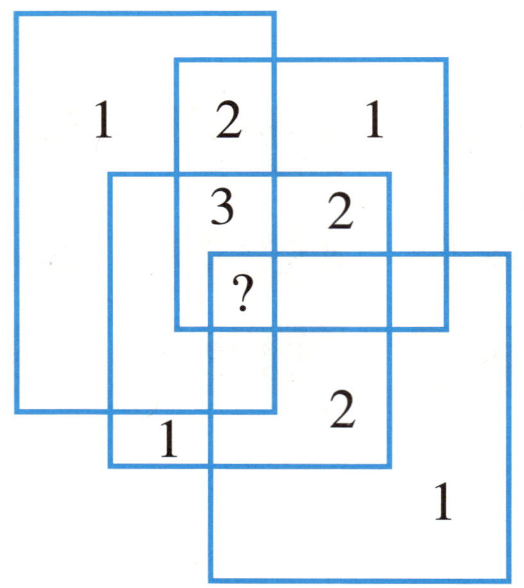

你能用一个数字来替换图表中的问号吗？

数字圆盘

请仔细琢磨下面图形中数字的规律。

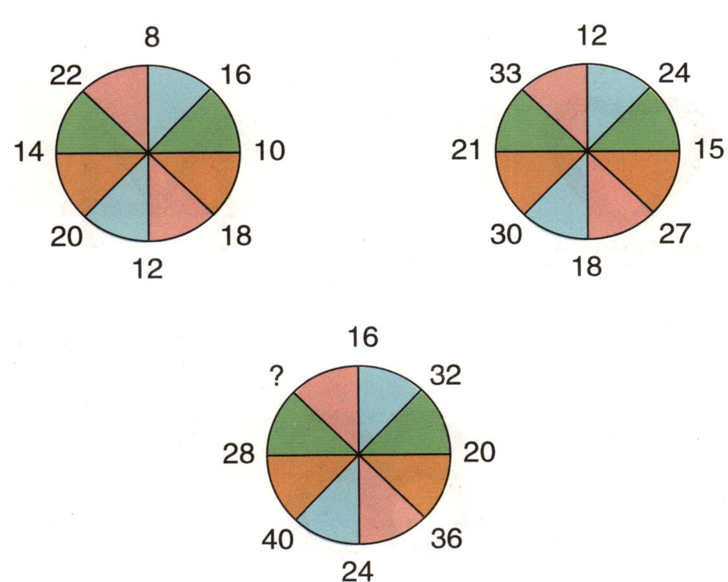

头脑风暴

最后一个数字盘中问号位置应当填入什么数字？

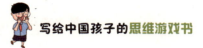

规律画图

下面 3 幅图是按一定规律排列的。

请你绘出第 4 幅图来。

第四章
字母图形

妙取字母B

A、B、C 是用坚硬的金属制成的，现在它们被一根绳索连在了一起，如下图所示。

头脑风暴

既不损坏 A、B、C，又不剪断绳索，怎样才能取下 B？

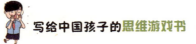

添1根火柴

如下图所示，用火柴棒摆成“V”形。

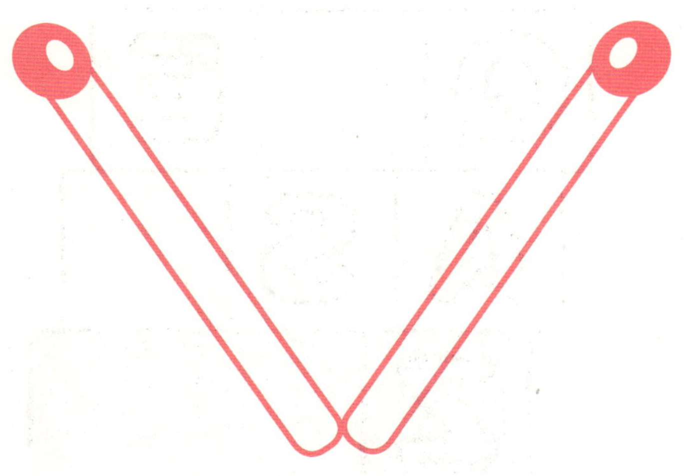

请你再添 1 根火柴表示数字 1。

字母的秘密

下图包含 9 个空格，其中要填入不同的英文字母，现在已经给出了 5 个字母。

请你猜一猜空格处应该填入什么字母？

空白处的字母

观察下面的字母，找到其排列规律。

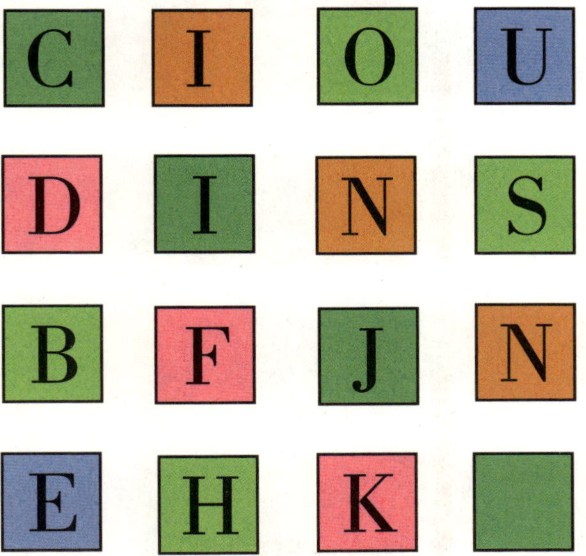

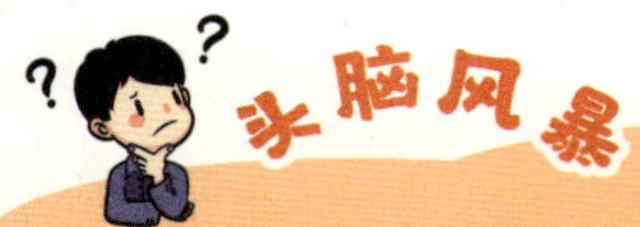

请在空白的正方形处填上合适的字母。

把 E 变小

下图是用火柴棒摆成的大写的英文字母 E。

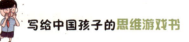

据说只要增加 1 根火柴就可以把字母 E 变“小”，你知道应该怎么做吗？

有规律的字母链

下图是一条字母链。

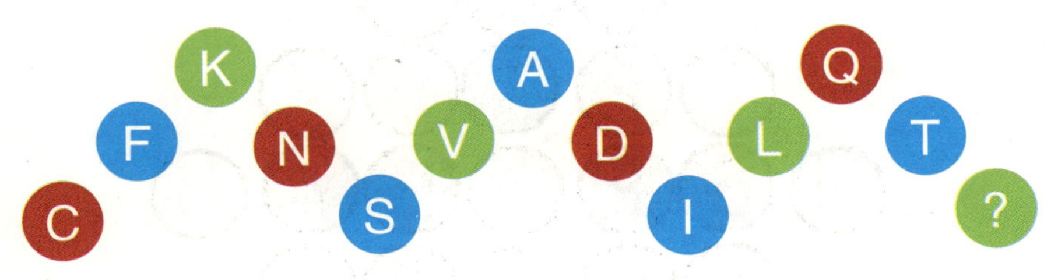

请你找出它的规律，在问号处填上合适的字母。

字母魔方

下图是一个由字母组成的魔方，但最下面的字母丢失了。

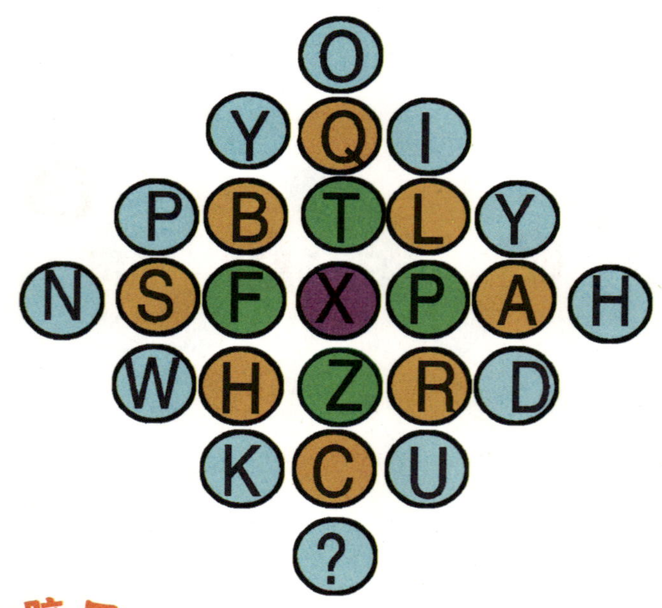

下面的哪个字母适合填在上图的魔方中?

下一个字母

下面是一组字母序列。

LNQU?

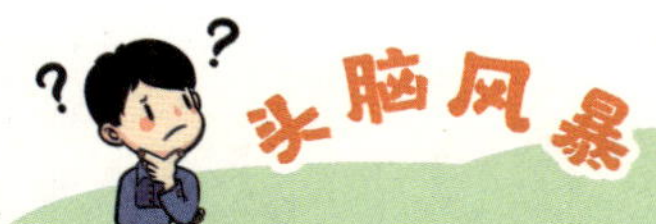

请你猜一猜问号处的字母应该是什么？

拼三角形

这里有一个拼图游戏，请将下面 6 个图形画到一块厚硬纸板上，用剪刀将它们剪下来。

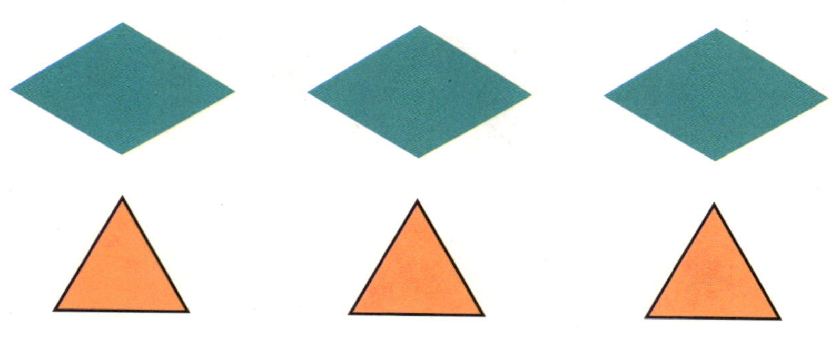

想一想，该怎样将这些图形拼成一个等边三角形？

乱中有序的字母

下图中的字母看起来非常混乱，但只要仔细观察，就可以找到其中的规律。

头脑风暴

请你找到字母变化的规律，并在问号处填上合适的字母。

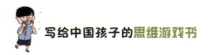

字母等式

下图中是一个字母组成的等式。其中，每一个字母都代表0 ~ 9中的某一个数字。

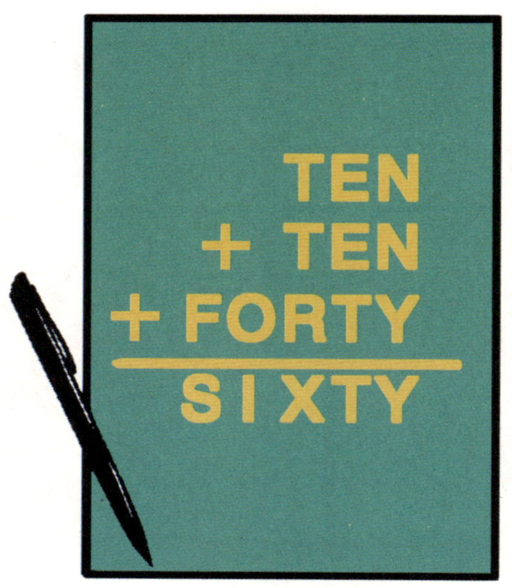

猜一猜，这些字母分别代表什么数字？

几何图形

摆出三角形

答案：如图所示。移动 3 根火柴，将 1 个三角形移到另外 2 个三角形的上面。那么，新组成的图形中就有 4 个小三角形和 1 个大三角形，一共是 5 个三角形。

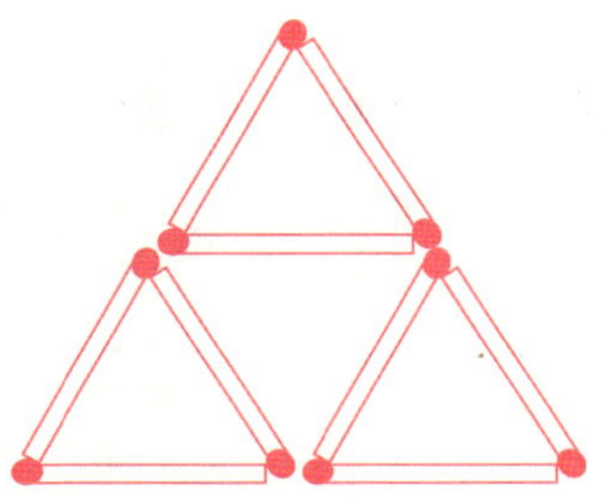

变换三角形

答案：如图所示。

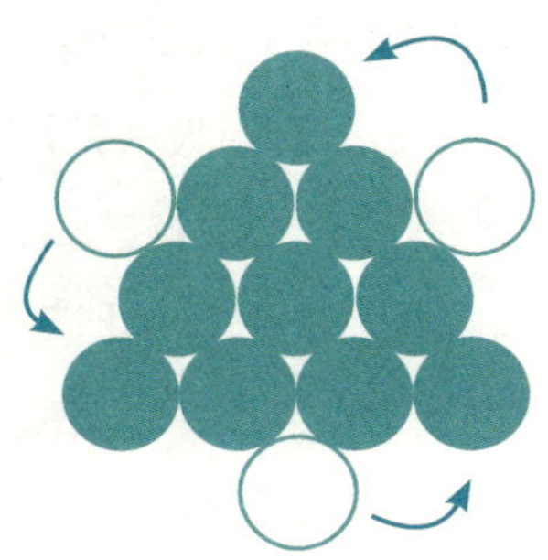

一笔勾销

答案：如图所示。

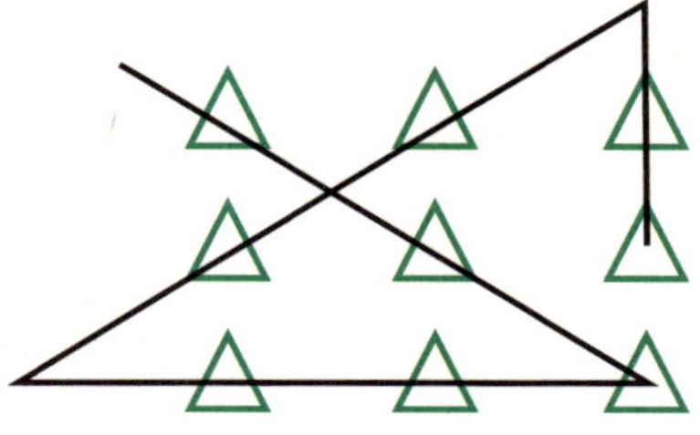

由 1 个变 10 个

答案：如图所示。

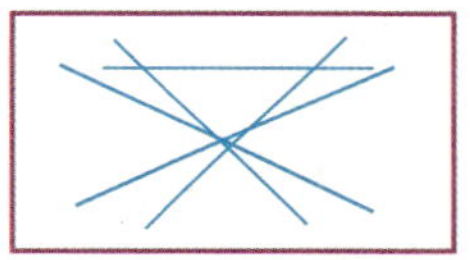

4 个变为 14 个

答案：让你再画 1 个三角形，你很可能受原有三角形大小的束缚，不敢想再画一个大得多的三角形。不突破这个思维障碍，题目就解不出来。只有“放开胆子”再画 1 个如下图所示的大三角形时，才能与原有图形的线条组合成大小 14 个三角形。

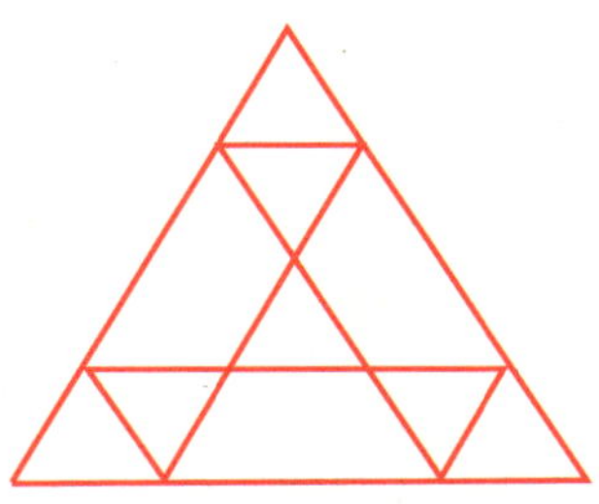

移火柴变面积

答案：三角形的面积是 $3 \times 4 \div 2 = 6$，它面积的一半就是 3，去掉 3 个方格就能使面积减少一半。如图所示。

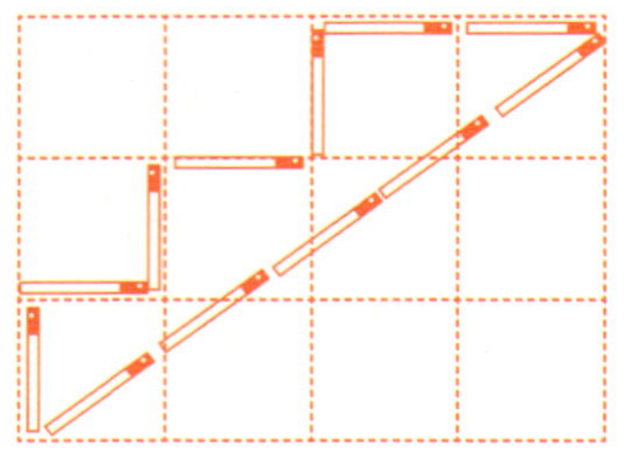

三角形变菱形

答案：将三角形的底边拆掉，变成菱形的一条边。如图所示。

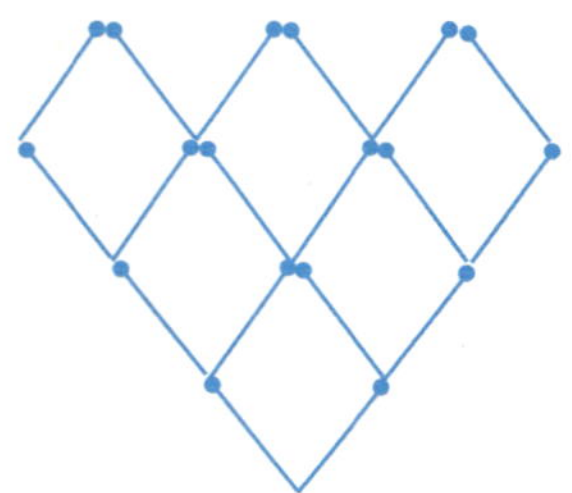

连接圆点

答案：在平面上要把这 3 个本不在一条直线上的点用一条直线连起来，显然是行不通的。那么，平面不行，只有从立体的角度想办法了。你看，把纸板卷起来就成了立体的卷筒。这时候，在卷筒上画一条直线就把 3 个圆点连起来了。

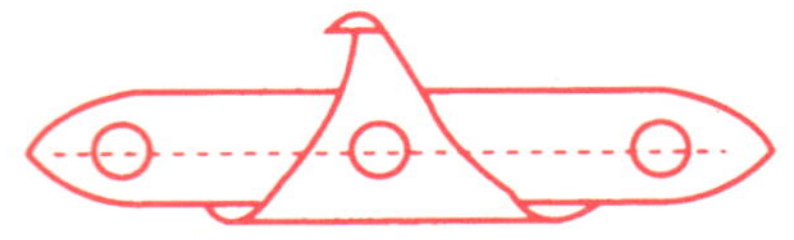

正方形和三角形

答案：这个游戏要用到空间思维。如图所示。

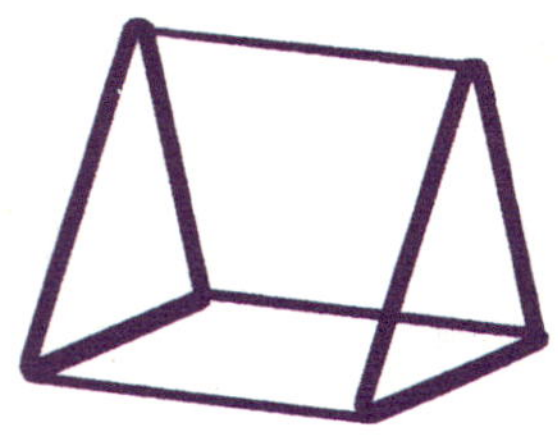

聪明的木匠

答案：如图所示。沿下图虚线锯开，拼接即可。

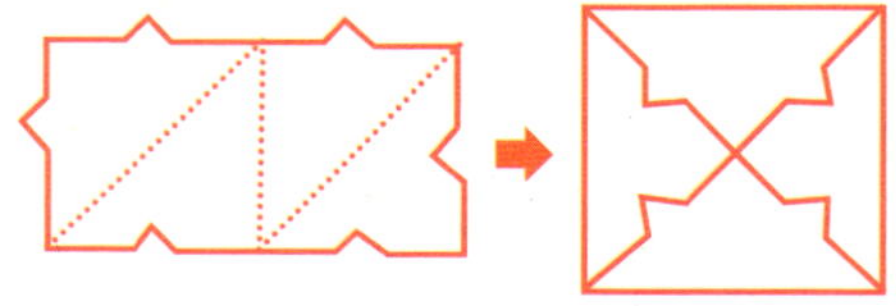

失踪的小正方形

答案：5 小块中最大的两块（2 和 3）对换了一下位置之后，被那条对角线切开的每个小正方形都变得高比宽长了一点点。这意味着这个大正方形不再是严格的正方形了。它的高增加了，从而使得面积增加，所增加的面积恰好等于那个洞的面积。

拼成正方形

答案：把两个图形叠起来剪（如图 1 所示），一刀就行了。然后再拼起来，便是正方形了（如图 2 所示）。

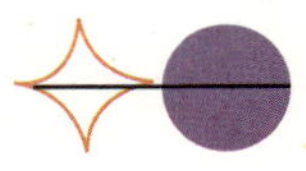

图 1

图 2

只剪一刀

答案：先沿图 1 的虚线折叠，然后再沿图 2 的虚线折叠，最后沿图 3 的虚线折一下，并沿这条线剪一刀，就把“十”字形分成了 4 块相同的图形。把它们拼起来，就是一个正方形了，如图 4 所示。

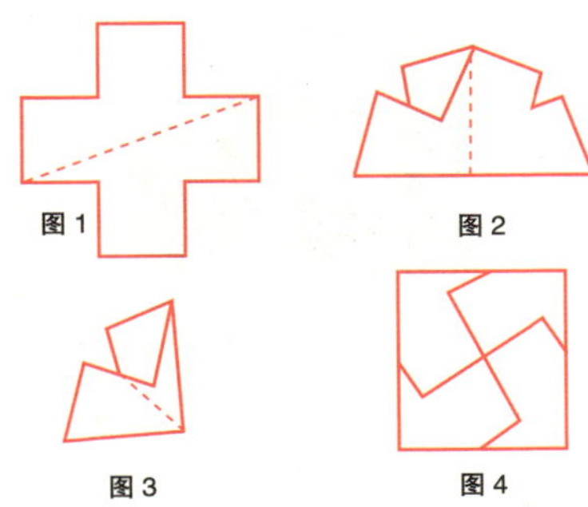

拼桌面

答案：如图所示。

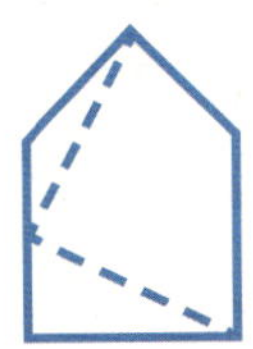

连正方形

答案：如图所示。

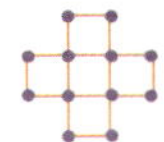

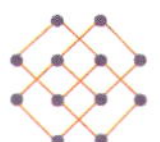

毕达哥拉斯正方形

答案：如图所示。

巧连星星

答案：把这 4 颗星星连在正方形的 3 条边上。

巧拼正方形

答案：如图所示。

拼正方形

答案：如图所示。

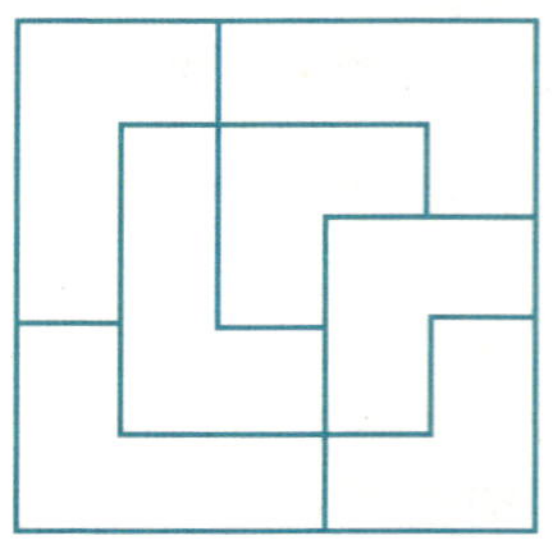

用火柴摆正方形

答案：如图所示。

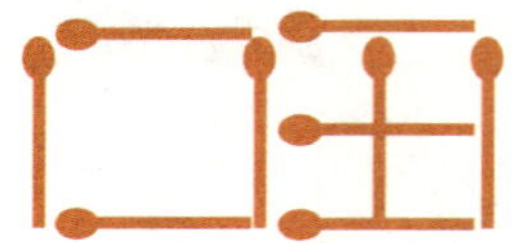

全等的正方形

答案：如图所示。

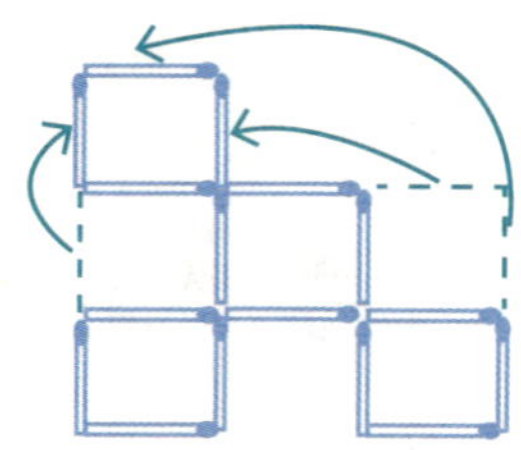

巧变正方形

答案：如图所示。

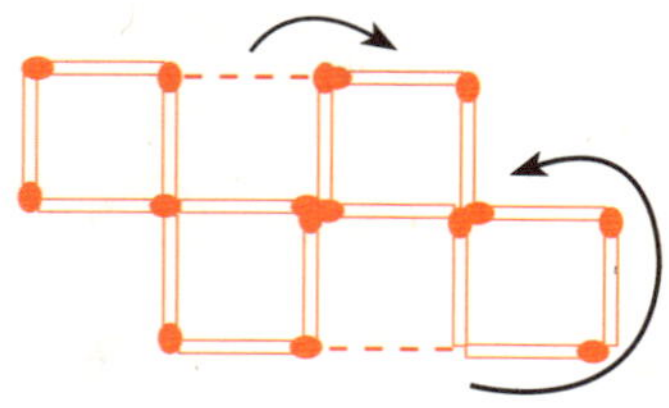

"井"字图案

答案：如图所示。

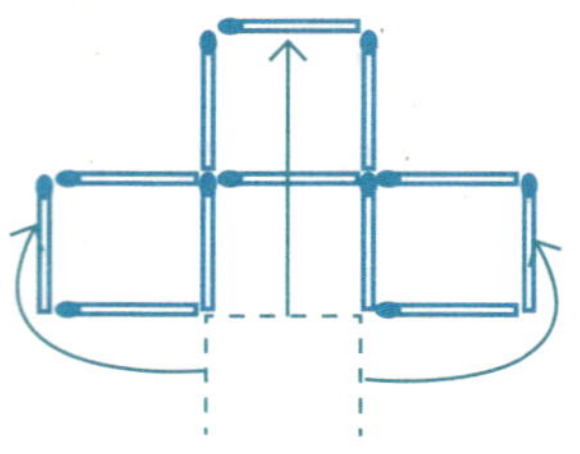

移火柴变图形

答案：如图所示。

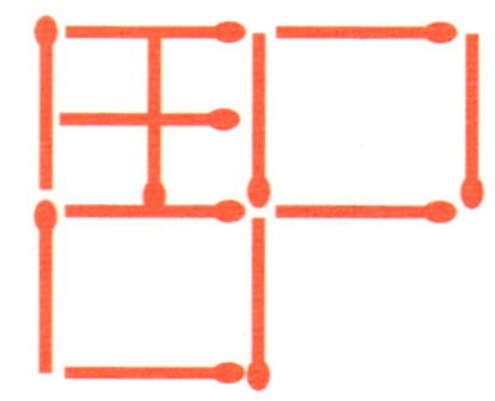

图形游戏

答案：如图所示。

拼长方形

答案：如图所示。

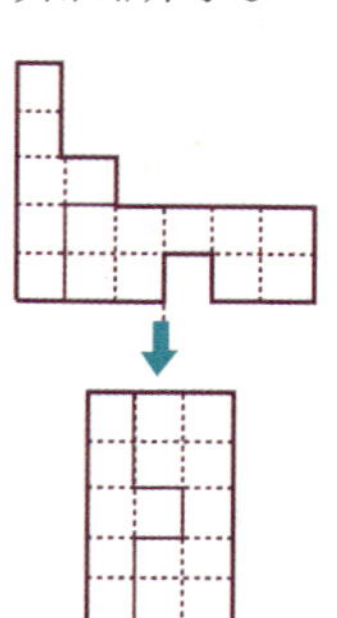

黑白面积

答案：仔细观察可知，图 1 不相等，黑色部分大；图 2 黑白两部分相等；图 3 黑白两部分相等；图 4 黑白两部分相等。

一大变四小

答案：如图所示。

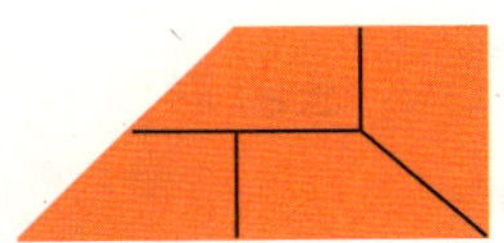

不断增加的菱形

答案：完全可以，如图所示。

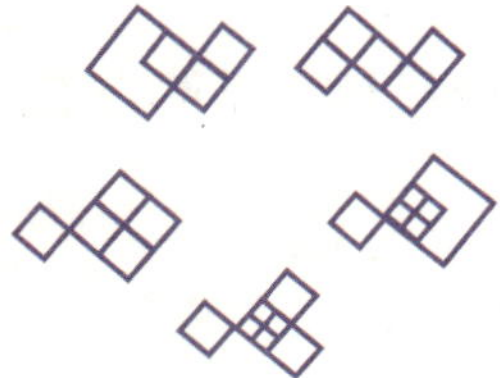

六角星变矩形

答案：如图所示。

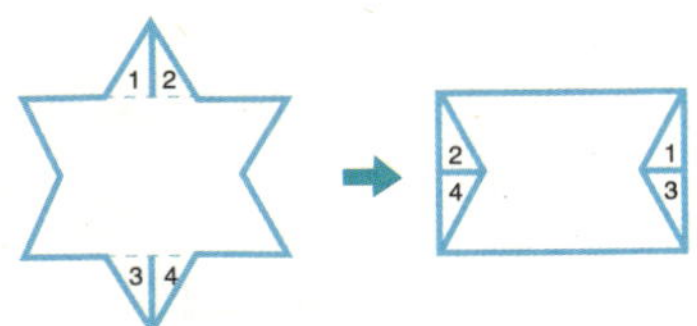

玄机重重

答案：(1)14 个。(2)7 个。(3) 2 个（分别由 1、6、7、9、11、12 和 1、4、6、10、11、12 组成）。

巧剪纸片

答案：如图所示。

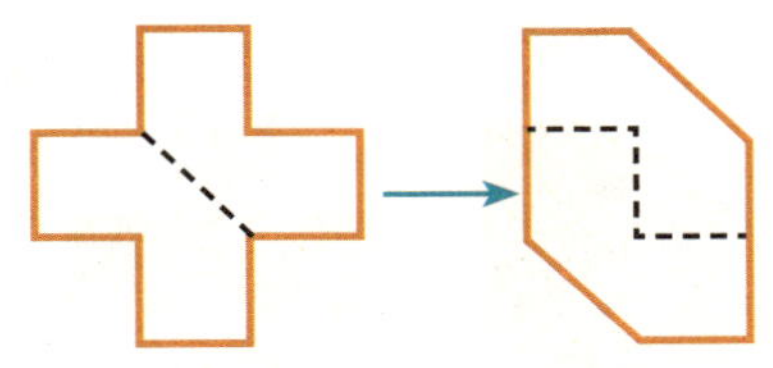

切大饼

答案：最多可以将大饼切成 22 块。如图所示。

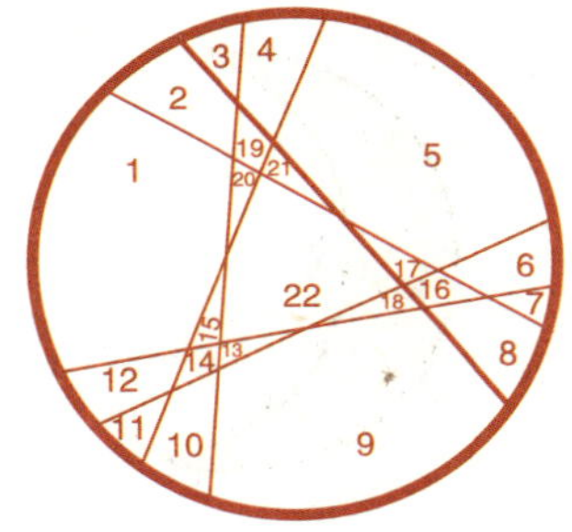

相切的圆

答案：需要 6 个圆。如图所示。

纸上画圆

答案：6 个。因为纸有正反两面，每面可以画 3 个。

“十”字形标志

答案：沿虚线锯开，然后拼成“十”字形。如图所示。

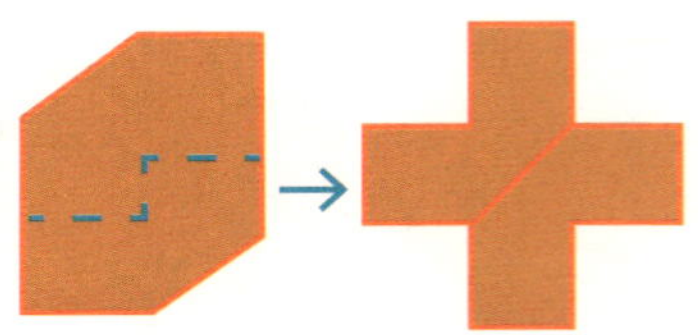

巧分月牙儿

答案：如图所示。

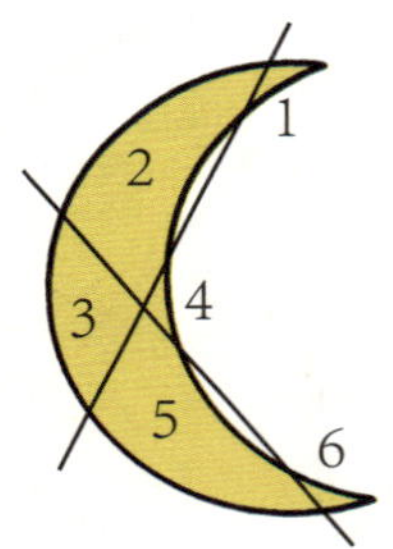

积木的表面积

答案：应该从整体出发，把复杂的单个计算变成简便的整体计算。从顶上往下和从4个侧面看，它的平面如图1和图2所示，据此很容易计算出其表面积是：4×4+1×1×10×4=16+40=56。

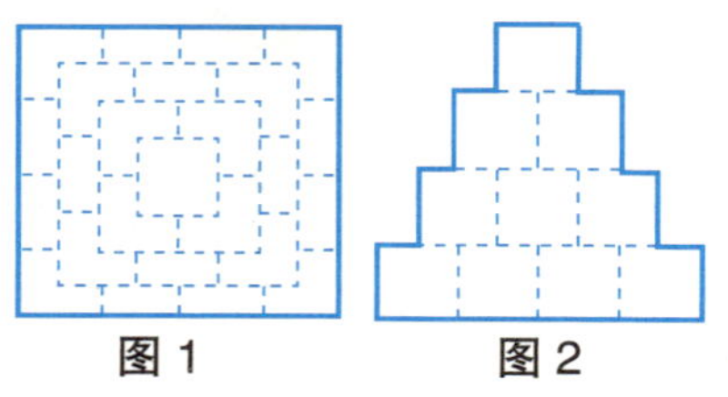
图1　　图2

填图形

答案：正方形。

规律：如果三角形各顶点上的数字和为偶数，图形即为正方形；如果是奇数，图形即为三角形。

第二章 组合图形

选图形

答案：C。

顺序规律为：按顺时针方向旋转90°，然后取其沿纵向轴对称后的图形。

怎样让路线不交叉？

答案：如图所示。

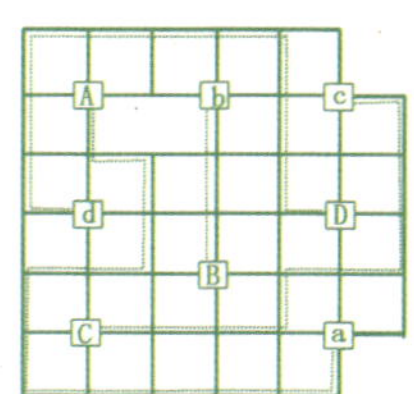

“回”字形铅笔阵

答案：如图所示。

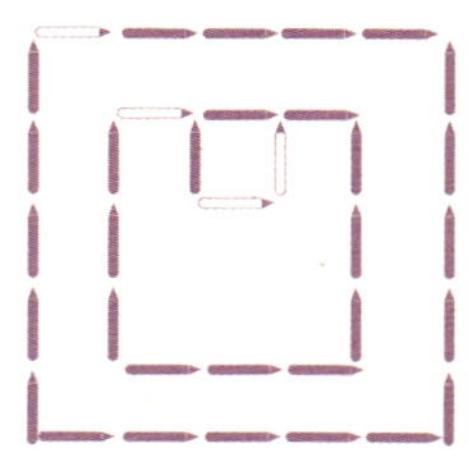

方框重叠

答案：会组成“王”字形。

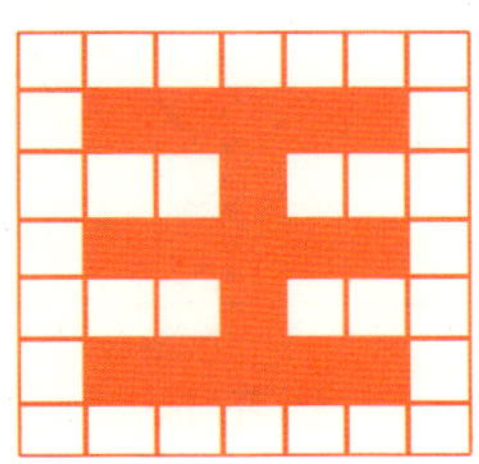

四点一线

答案：如图所示。

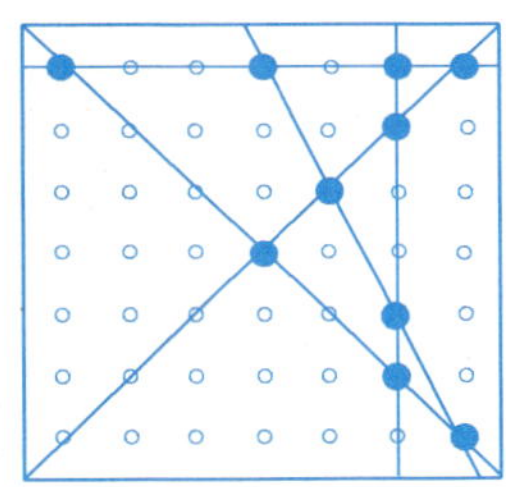

移火柴

答案：如图所示。

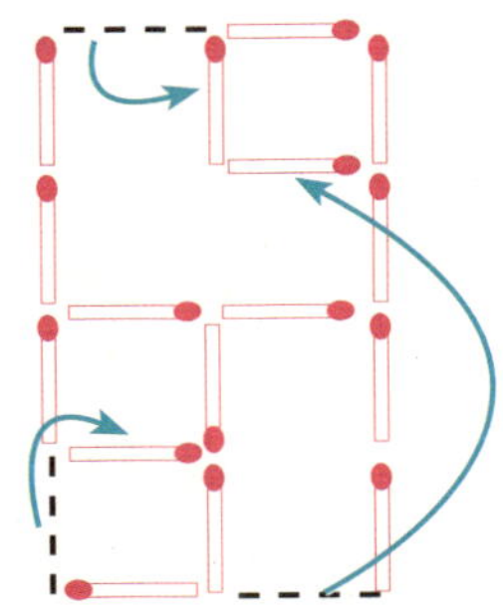

图形四等分

答案：如图所示，这是一种比较复杂的分法。

分鸭子

答案：如图所示。

分星星

答案：如图所示。

分花朵

答案：如图所示。

分山林地

答案：遇到类似问题，要从宏观上观察问题所在，按照这一思路思考的话，我们会很快找出解决的方法。我们可以先将分割出去的畸形地复原，由此可知已经出售的山林地面积正好是整个正方形面积的$\frac{1}{4}$。现在，我们已经找到了解决问题的关键。因为现在的这块畸形地的面积和已售出的土地面积存在着3 ∶ 1的比例关系，所以，只要减去已出售的土地，其余的山林地就可以依下图实线所示，平分为形状相同的3等份了。

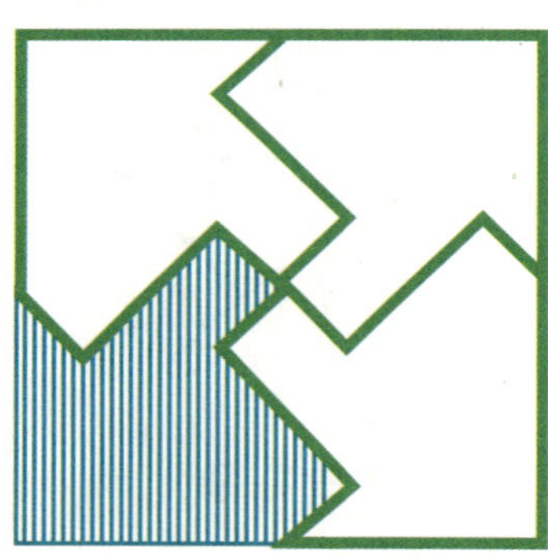

巧分土地

答案：解决这个问题的办法有很多，我们选择其中最简单的做法。试着联想旋涡的形状吧。这样，在4等份的土地上都能留有1棵苹果树。

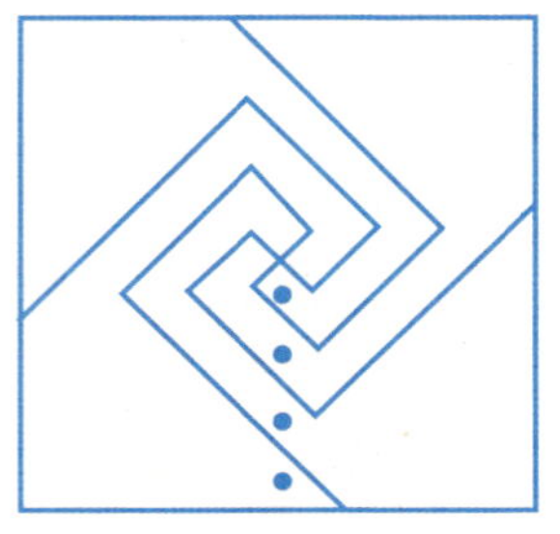

找不同

答案：B。

只有B的眼睛是黑色的。

与众不同的箭头

答案：A。

除A外，其余的两两成对。

分图形

答案：如图所示。

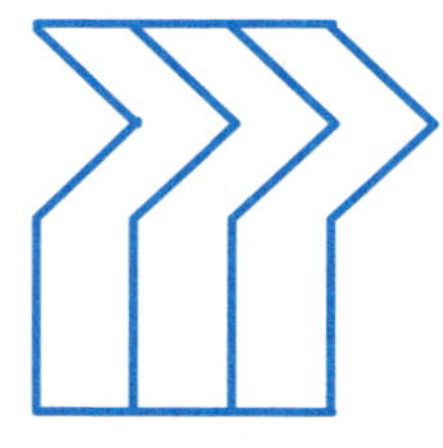

有差异的圆圈

答案：D。

因为其他4幅图案最小的圆与略大于它的圆相连的边均与外圈两个圆相连之边方向相同。

改变房子方向

答案：如图所示。

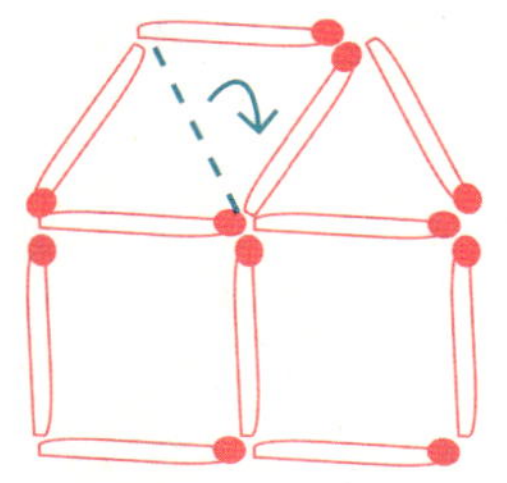

让火车掉头

答案：如图所示。

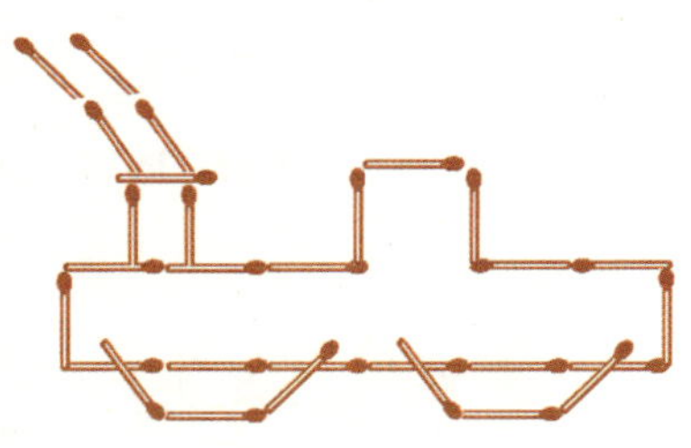

拼船

答案：第 12 块是多余的。

走出迷宫

答案：如图所示。

玻璃组图

答案：可以。

如果你紧盯着图 1 而忽略了图 2 那就错了。仔细地看一下图 2，不难发现，将图 2 的左半部分玻璃片翻转一下，再与右边部分对上就组成一个长方形了。

有趣的变字游戏

答案：如图所示。

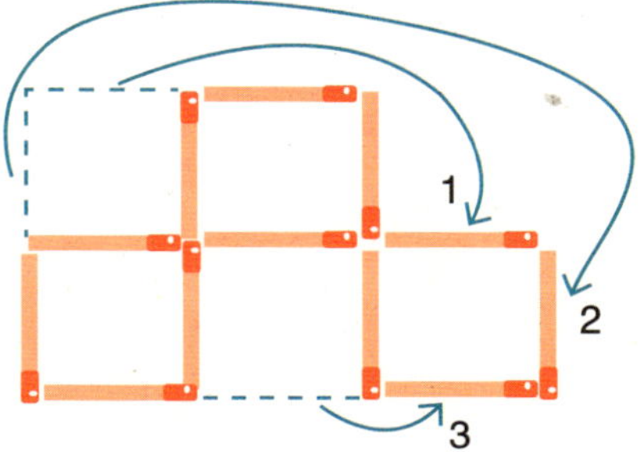

拼一个“上”字

答案：如图所示。

破碎的心

答案：B、E、F 或者 A、C、D。

散落的花瓶碎片

答案：如图所示。

最近的救火路线

答案：如图所示，找到 B 点相对于河边的对称点 C 点，然后连接 AC，交河边于 D 点，则 ADB 为取水救火的最短路线。

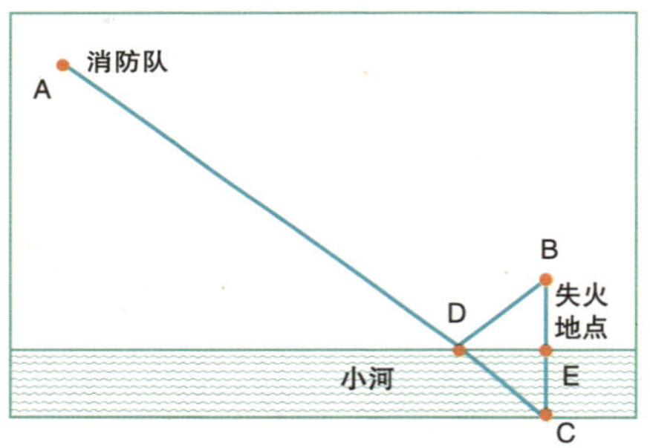

缺了一块

答案：C。

拼字游戏

答案：如图所示。

书桌

山中寻宝

答案：小杰克走的路线是：A—G—M—D—F—B—R—W—H—P—Z。

不能交叉的路

答案：如图所示。

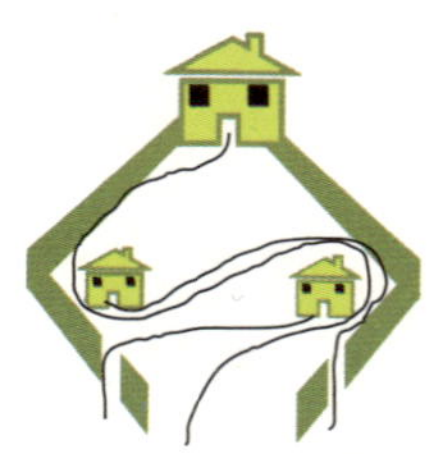

恢复原图

答案：图案是一棵圣诞树。组合完成后，可拼出“CHRISTMAS”（圣诞节）。

第三章 数字图形

最大值

答案：如图所示。

数字 10

答案：如图所示。

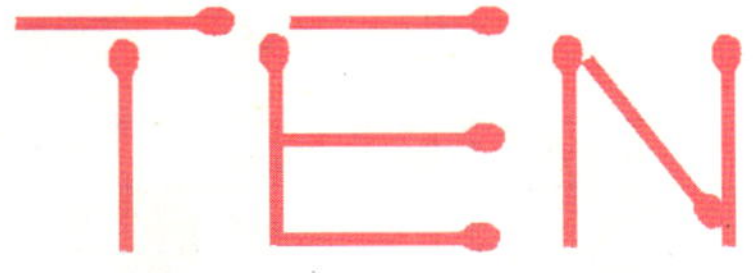

填九宫格

答案：如图所示。

9	6	2	3	1	8	4	7	5
7	4	1	9	5	2	6	3	8
8	3	5	6	7	4	9	1	2
5	1	3	8	9	6	7	2	4
4	9	6	5	2	7	1	8	3
2	8	7	4	3	1	5	9	6
6	2	8	7	4	9	3	5	1
3	7	4	1	8	5	2	6	9
1	5	9	2	6	3	8	4	7

七角星中填数

答案：如图所示。

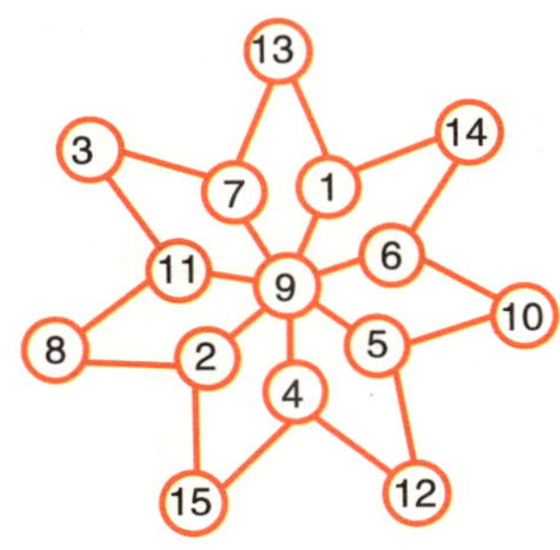

填上合适的数字

答案：10。

每竖行相加之和为 23。

大于 3 小于 4 的符号

答案：π。

趣味数字游戏

答案：

（1）路线为：17—19—22—24—28—20，总和为 130。

（2）路线为：17—19—22—28—25—20，总和为 131；17—23—22—24—25—20，总和为 131。

（3）路线为：17—24—26—28—25—20，最大值是 140。

（4）路线为：17—19—22—24—25—20，最小值是 127。

被分割的正方形

答案：4。

把每个正方形中对应位置的数字相加。左边部分数字的和等于 20，上面的和等于 22，右边部分的和等于 24，下面部分的和等于 26。

空缺的数字

答案：5 和 9。

4×4=16；6×8=48；109−16−48=45，根据规律可知。5×9=45，将这 3 个结果相加，就等于 109。

圆圈内的数字

答案：38。

从左上方开始，数字以均衡的形式成“己”字形移动，数字间隔分别为9、8、7、6、5、4、3、2。

拿火柴

答案：如图所示。

圆圈数字填空

答案：4。

外圈每两个数字相乘，其积等于顺时针方向的下一格内圈中的数字。

半边圆中数字的规律

答案：11。

把左右两圆分别垂直分成两半。在左圆中，其左半边圆中的数字相加等于下方小圆中左上角的数字；其右半边圆中数字相加等于下方小圆中左下角的数字。右边圆也按照这种规律进行。

有规律的数字

答案：7。

将图形中相对的角上的数字相乘，用得到的乘积的最大的数减去最小的数就是中间方格内的数字。

填数字

答案：如图所示。

3	6	8	1		4	2	5	7
0		2	4	6	1	7		9
4		5	0	1	0	9		8
9	8		3	8	6		1	7
		8	1	2	3	4		
7	0		1	4	7		3	5
5		9	8	9	3	6		3
0		1	9	2	8	2		2
2	2	4	0		9	3	6	6

多边形上的数字

答案：5。

因为多边形凸角上的数字和是凹角上数字和的5倍。

数字图阵

答案：这3个问号处的数字从上至下分别是6、9、8。以行为单位，由上至下，每一行的数字之和分别是45、46、47、48、49……

问号处填数字

答案：4752。

在每行数字中，每个数的前两个数字与后两个数字之积，等于后面的数。

替换问号

答案：4。

图中的每个数字表示该处图形的重叠次数。

数字圆盘

答案：44。

从顶端开始，数字按照顺时针方向每隔一个增加一个特定的量，每个圆内数字的特定增加量皆不相同，从左至右分别为2、3、4。

规律画图

答案：前3个图案分别是由两个方向相反的“2”“4”“6”组成，所以第4幅图应该是由两个“8”组成。

第四章 字母图形

妙取字母B

答案：如图所示。

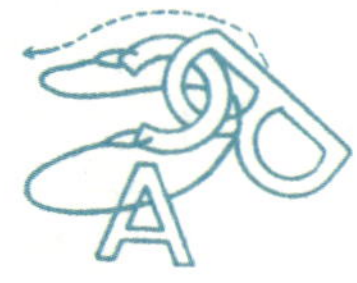

添1根火柴

答案：如图所示，倒过来看就是扑克牌中的“A”，也具有数字1的含义。

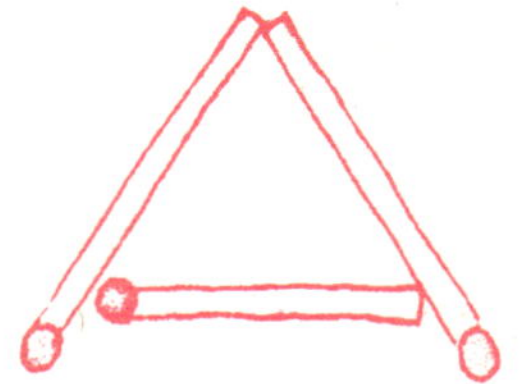

字母的秘密

答案：这9个字母其实是键盘上的9个按键。如图所示。

空白处的字母

答案：N。

每一行中，从左到右，第一行两个字母之间的间隔为5，下一行为4，再下一行为3，最后一行间隔为2。

把E变小

答案：加一根火柴可以使它变成小写字母e。如图所示。

有规律的字母链

答案：Y。

从左到右，左边第一个字母所代表的数值加上 3 即成为第二个字母所代表的数值，第二个字母所代表的数值加上 5 则为下一个字母所代表的数值，如此循环。

字母魔方

答案：G。

每一列的字母由上而下，从左列到右列排列，其相邻的字母在字母表上对应的数值依次递增 1、2、3，然后循环。

下一个字母

答案：Z。

按照 26 个英文字母顺序，图中给出的字母之间相继跳过 1、2、3、4 个字母。

拼三角形

答案：如图所示。

乱中有序的字母

答案：上排的问号处为 O、P，下排的问号处为 R、Q。因为从左上端开始，2×2 组合，每组 4 个字母按照顺时针方向排列，即为字母表顺序。从左到右，从上到下，按照字母表顺序依次排列。

字母等式

答案：由于个位 N+N+Y=Y，所以 N=0 或 5，假设 N 为 5，5+5=10，需进位，则十位 E+E+T=T 不成立，所以 N=O。十位 E+E+T=T，E 不能为 0，所以 E 为 5。O+？需要向万位进位，则只可能进 1，所以 F+1=5，同时，百位能进 1 或 2，而若进 1，则 I=0，与 N 重复，所以只能进 2，所以 O=9，I=1。T+T+R 需要向千位进 2，则 T、R 数值较大，由于 O=9，所以 T=8，R=7、X=4、F=2、S=3，最后只剩下 6，所以 Y=6。

如下所示：

$$\begin{array}{r} 850 \\ +850 \\ +29786 \\ \hline 31486 \end{array}$$

写给中国孩子的

思维游戏书

数字思维游戏

王　翊◎主编

北京工艺美术出版社

图书在版编目（CIP）数据

写给中国孩子的思维游戏书．数字思维游戏 / 王翊主编．-- 北京 ：北京工艺美术出版社，2023.8

ISBN 978-7-5140-2629-0

Ⅰ．①写… Ⅱ．①王… Ⅲ．①智力游戏－儿童读物 Ⅳ．① G898.2

中国国家版本馆 CIP 数据核字 (2023) 第 055734 号

出 版 人：陈高潮　　策 划 人：杨　宇　　装帧设计：郑金霞
责任编辑：周　晖　　责任印制：王　卓

法律顾问：北京恒理律师事务所　丁　玲　张馨瑜

写给中国孩子的思维游戏书　数字思维游戏

XIE GEI ZHONGGUO HAIZI DE SIWEI YOUXISHU SHUZI SIWEI YOUXI

王翊　主编

出　版	北京工艺美术出版社
发　行	北京美联京工图书有限公司
地　址	北京市西城区北三环中路6号　京版大厦B座702室
邮　编	100120
电　话	（010）58572763（总编室） （010）58572878（编辑室） （010）64280045（发　行）
传　真	（010）64280045/58572763
网　址	www.gmcbs.cn
经　销	全国新华书店
印　刷	天津海德伟业印务有限公司
开　本	700 毫米 × 1000 毫米　1/16
印　张	8
字　数	24千字
版　次	2023年8月第1版
印　次	2023年8月第1次印刷
印　数	1～20000
全套定价	199.00元（全五册）

前言

孩子在身体茁壮成长的过程中，智力也在快速增长，在这个阶段对孩子进行开发全脑的思维训练，能使孩子的智力得到提升，让他们未来的道路更加光明璀璨。

那么如何对孩子的思维进行有效的训练呢？众所周知，爱玩是孩子的天性，生硬的知识灌输方式是他们极为厌烦的，而花样百出的游戏能带给孩子难以言说的快乐，因此，把学习、思考与游戏结合起来，无疑是最适合孩子的学习方式。

在尊重孩子的天性和认知水平的基础上，我们专为孩子打造了《写给中国孩子的思维游戏书》，力求通过一道道具有趣味性和挑战性的思维游戏题，帮助孩子建立超强的思维模式，激发孩子的无限潜能。

本书精选了数百道思维游戏题，涵盖逻辑思维、推理思维、发散思维、图形思维、数字思维等不同类型题目，

每道题目都极具代表性，有些还是世界知名的经典题目。本书架构清晰，编排合理，游戏形式多样，版式活泼，图文并茂，在观察图形、灵活运算、寻找规律、推理案情、巧走迷宫等过程中，相信孩子的思维能力会得到很大提升。

本书适合孩子利用碎片时间进行阅读和训练，在课间、茶余饭后的闲暇时间里都可以拿出来练一练、玩一玩。在享受游戏的快乐中，孩子的思维能力得到稳步提升，并逐步建立起优秀的思维方式。

小游戏也能玩出大智慧。相信孩子在我们精心打造的游戏天地中，一定会越玩越上瘾，越玩越聪明！

CONTENTS

第一章 神奇数字

6	2	5	7
8	3	17	7
9	2	9	9
7	4	10	?

第二章 数字运算

第三章 趣味数独

4			
			1
	4		3
2			

第四章 几何数字

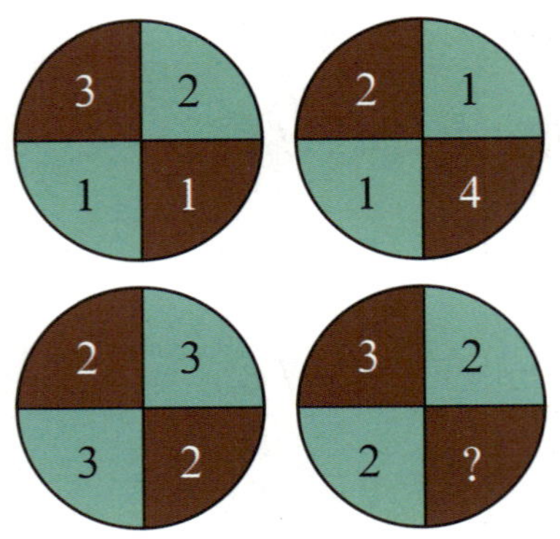

第一章
神奇数字

猜数字

下面有 6 张卡片，其中 5 张给出了数字，这些数字都有一个共同特点，研究一下吧！

小狗处换成下列哪个数字合适？

27　　32　　65

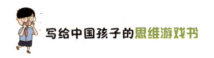

数字卡片

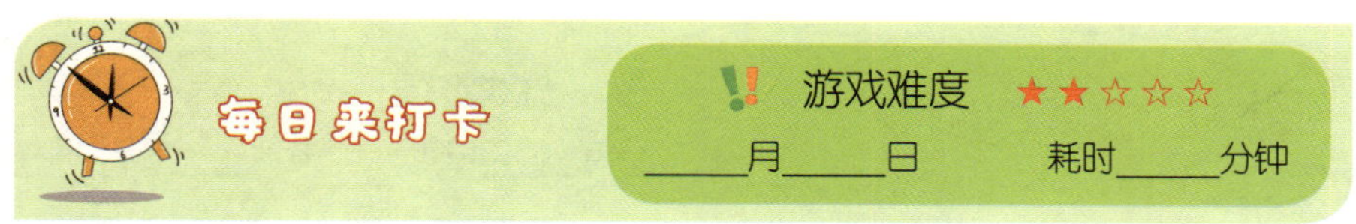

下面有一些数字卡片，请你想一想卡片上的数字有什么共同特点？

小猪处换成下列哪个数字合适？

603　613　623

倒金字塔

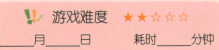

下面是一个倒立的数字金字塔，从上往下看，每行数字之间是有一定联系的，试着找找其中规律吧！

1 9 4 8 3 7 2 6 5

5 6 2 7 3 8 4

4 3 7 6 5

5 6 4

?

问号处应该填什么数字？

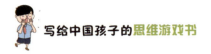

奇怪的数字

下面的数字排列得非常奇怪，横置的“T”字形右端的数字由“T”字形左端的两个数字得来。你知道它们具有怎样的运算规律吗？研究一下吧！

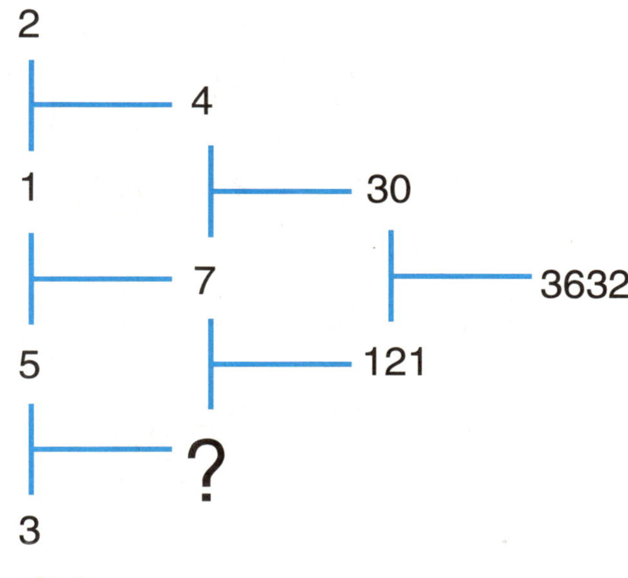

问号处应该填什么数字？

数字框

下面的每个方框内都放入了不同的数字，它们的排列是遵循某种规律的。耐心些，找出规律吧！

5	3	8	7
7	15	41	56
3	9	4	12
15	27	32	?

问号处应填什么数字？

数字魔方

下面有5组数字魔方，仔细观察，看看其中隐藏着什么秘密吧！

3	4	9
4	2	8
7	0	9

6	7	4
3	0	6
0	2	8

1	1	7
5	0	2
0	8	0

2	4	*
6	*	8
0	*	3

8	*	8
0	*	*
0	6	9

最后2组数字魔方中的 * 处应填入什么数字？

特色序列

下面给出了4组数字序列，每组数字序列都遵循着某种规律，而且规律都不相同，动脑筋想一下，找出规律吧！

A. 2　3　5　7　11　?　……

B. 3　6　10　?　21　……

C. 1　8　3　4　?　2　……

D. 2　?　10　12　13　……

头脑风暴

根据规律，每组数字序列的问号处应该填入什么数字？

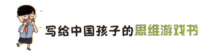

数字格

下面方格里的每行数字都存在一定的运算规律，仔细观察，找出规律吧！

6	2	5	7
8	3	17	7
9	2	9	9
7	4	10	?

下面哪一个数字可以代替方格中的问号？

A. 24　B. 30　C. 18　D. 12　E. 26

找数字的规律

下面的这些数字是有规律的，请仔细观察一下吧！

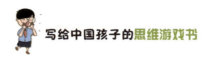

1536	48	96	3
384	192	24	12
768	96	48	6
192	?	12	24

根据规律，指出问号处应当填入的数字。

填数字1

下面有4行数字，每行数字都遵循着同样的排列规律，仔细观察每个方格里面的数字，找出它们的规律吧！

7	1	3	6
9	1	7	8
6	1	0	4
5	1	2	?

问号处应该填什么数字？

填数字2

游戏难度 ★★☆☆☆

_____月_____日　　耗时_____分钟

下图中的数字是有规律的，仔细观察一下吧！

4	6	9	13
7	10	15	?

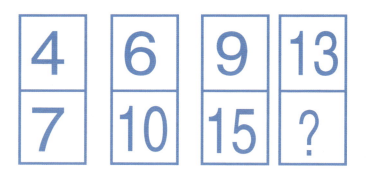

头脑风暴

你能找出上图数字的规律并填出问号处的数字吗？

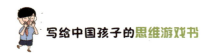

丢失的数字

下面的矩形中，只有 1~7 这 7 个数字，只要认真观察就能找出这些数字放置的规律。

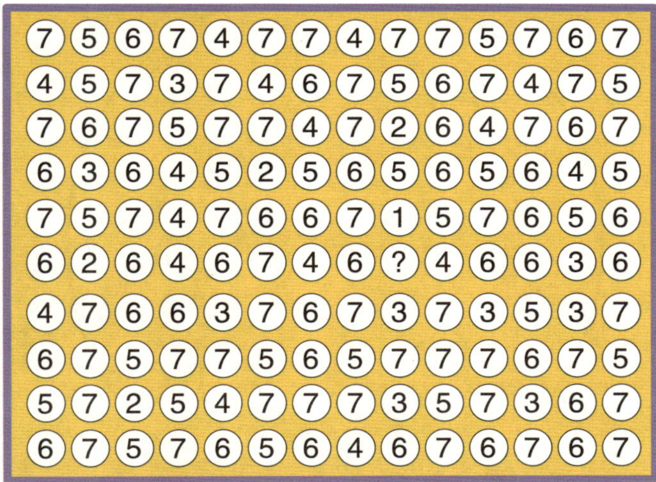

根据放置规律，问号处应该填什么数字？

特殊数字

下面的大圆中放入了不同的数字组合，有三位数的，也有四位数的，这些数字之间存在着某种联系。

大圆中的哪个数是特殊的?

数字谜题

下面有 8 个四位数，对比每一行相邻的两个数字，可以发现它们之间存在某种特定的逻辑关系，仔细分析，找出联系吧！

8759	7352	1154
7628	5126	3020
8553	2254	?

头脑风暴

根据图中数字变化的规律，问号处应该填什么数字？

摆放书本

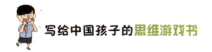

有 9 本用 1~9 编号的书本，如果按下图的方式，把 6、7、2、9 号书本放在 1、3、4、5、8 号书本的上面，刚好可以得到一个分数，分数的值为 $\frac{1}{2}$。

如果想要得到分数值 $\frac{1}{3}$、$\frac{1}{4}$、$\frac{1}{5}$、$\frac{1}{6}$、$\frac{1}{7}$、$\frac{1}{8}$和$\frac{1}{9}$，应该如何摆放这些书本？

空白处的数字

下图中数字的变化是有规律的，仔细观察一下吧！

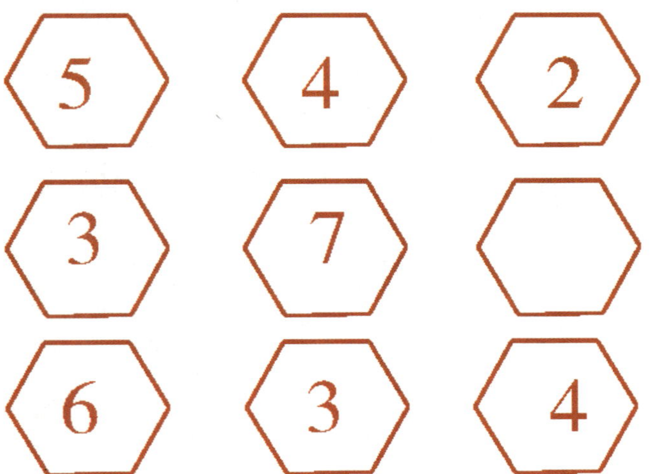

头脑风暴

观察纵列上的数字相加有什么规律，在空白的六边形内填上合适的数字。

填数游戏

在下图中，任何横行和竖行都存在一个相同的规律。

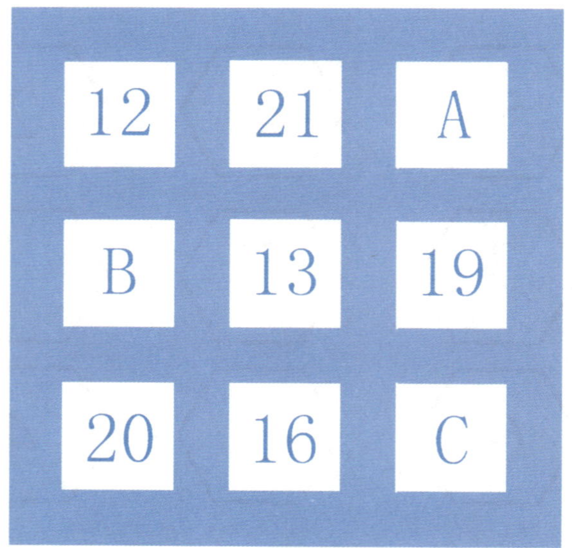

头脑风暴

你能找到其中的规律并求出 A、B、C 的值吗？

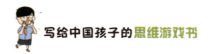

椭圆内的数字

下图中每一个椭圆内的数字都有一定的变化规律。每一组数字中，都包含 15 乘以某些数字后的结果。

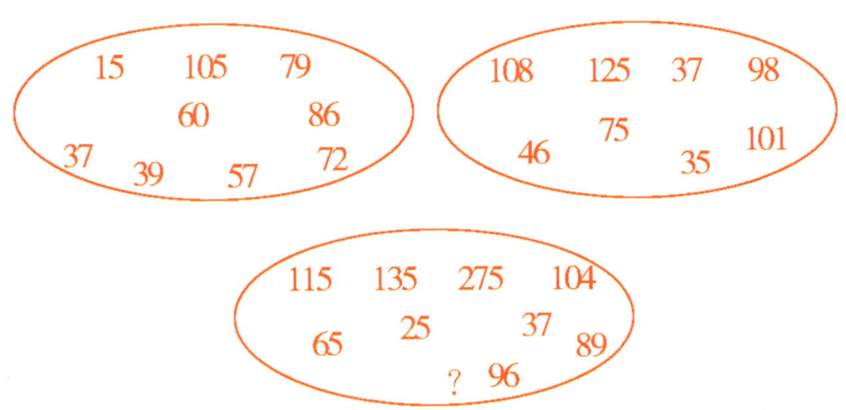

头脑风暴

请你仔细观察，然后在第 3 个椭圆内的问号处填上合适的数字。

找规律

下图中的数字是有规律的，仔细观察一下吧！

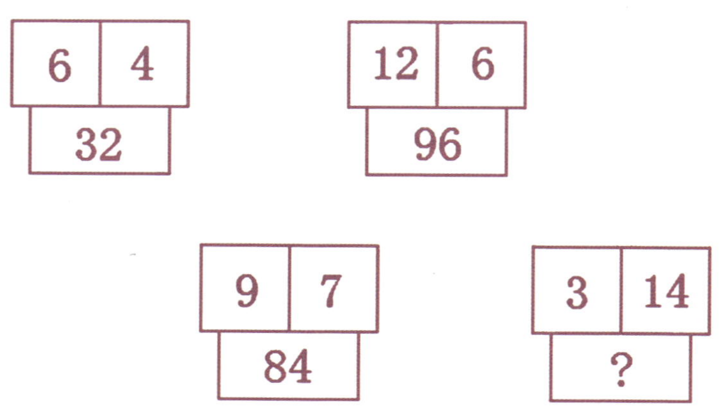

头脑风暴

你能根据规律推断出问号处应当填入的数字吗？

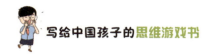

方格填数

如下图所示，在 4×4 的方格中，将数字 1 ~ 16 分别填入方格中，要求不论横行、纵行或对角线上，任何一组中的 4 个数字相加的结果必须相等。

	5	11	
1			15
16			2
	4	14	

空格内应该填入哪些数字？

复杂的运算

下图中的数字是有规律的，仔细观察一下吧！

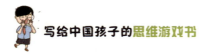

你能根据规律推断出问号处应当填入的数字吗？

第二章
数字运算

钻石的数量

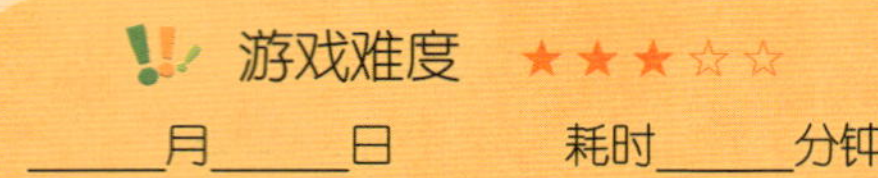

一个在南美洲淘金的老财主不仅淘到了大量金子，还淘到了许多钻石。为了向别人炫耀自己的富有，他决定用自己淘到的钻石镶成一个世界上绝无仅有的无价之宝。第一天，他决定从保险柜里取出 1 颗钻石；第二天，他取出 6 颗钻石一起镶在了第一天所取钻石的周围，组成一圈；第三天，又多了一圈，变成了两圈；又过了一天，又多了一圈，变成了三圈。六天过后，他的钻石变成了一个巨大的钻石群，真的成了一块闪闪发光的无价之宝。

请问，这块无价之宝一共有多少颗钻石？

射击

张明和李巍都是射击运动员，在他们的训练大队有个规定：用步枪射击就发给运动员 10 颗子弹，如果击中靶心一次就奖励 2 颗子弹；用手枪射击就发给运动员 15 颗子弹，如果击中靶心一次就奖励 3 颗子弹。张明用步枪射击，李巍用手枪射击，当他们把发给的子弹和奖励的子弹都打完时，两人射击的次数相等。

头脑风暴

张明击中靶心 16 次，那么李巍击中靶心多少次？

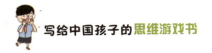

朋友聚餐

游戏难度 ★★☆☆☆

_____月_____日　　耗时_____分钟

张老板听说某地新开了一家饭店，就想趁新店开业之际请一些朋友品尝一下。可是，饭菜还没上齐，就有一半的人因急事离开，剩下的朋友则继续品尝菜肴。大约 15 分钟后，有的朋友嫌味道不好，剩余朋友的 $\frac{1}{3}$ 又借故离开了。没多久，所剩无几的朋友又离开了 $\frac{1}{4}$。等到这顿饭吃完，把请客的张老板算在内，总共才有 10 人。

头脑风暴

请问，根据上述条件，你能计算出张老板一共请了多少位朋友吗？

数苹果

方方家的苹果树结了很多苹果，第一天她用一半的苹果换了葡萄酒喝，葡萄酒好喝又能放一段时间，够她喝上一阵子了，然后她又吃了 4 个苹果。第二天，她用剩下的一半苹果去换其他的水果，然后又吃了 3 个苹果。第三天，她吃了 1 个苹果，然后，把剩下的苹果的一半分给了朋友们。这时，方方还有 5 个苹果以及其他一些水果和葡萄酒。

头脑风暴

你知道方方的苹果树一共结了多少个苹果吗？

分糖果

星期天，小红的妈妈想到小红平时学习辛苦，就给她买了一些糖果和小食品，想慰劳慰劳小红。小红看到妈妈为自己买了那么多糖果，心里特别高兴，正想去拿着吃。妈妈说道："先别吃，这些糖果我数了数，一共有 152 个，现在让你把这些糖果分成若干堆，一堆最少放 10 个，最多放 20 个，而且每堆糖果的数量都不同。"小红是个机灵鬼，没过多长时间就分好了，你知道她是怎么分的吗？

你觉得有几种分法？该怎么分？

赚了多少钱

李婆婆每天都出去卖东西，而且她每天都只卖 30 个鸡蛋、30 个鸭蛋。因为她所卖的蛋比其他地方都要便宜，所以生意很好，每天早早地就收摊回家了。用 1 元钱可以从李婆婆这里买到 3 个鸡蛋或 2 个鸭蛋，这样下来，李婆婆每天可以收入 25 元现金。对此，李婆婆很知足。

一天早上，一个小伙子来到李婆婆这里要买 1 元钱的鸡蛋和 1 元钱的鸭蛋，还说："为什么不 2 元钱 5 个这样卖呢？这样不是卖得更快一些嘛！"李婆婆听了觉得很有道理，就按小伙子的说法去做了，果然这天卖得更快了。

那么，你知道这天李婆婆赚了多少钱吗？

文艺演出

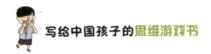

某市举办“安全交通文艺演出晚会”。晚会上，最后还剩下6个节目，可是距离晚会结束的时间只够演出4个节目了，所以，晚会导演决定取消2个节目。但是，他还必须要对剩下的4个节目的出场次序进行排列。

请问，这4个节目总共有多少种排列方法？

有奖销售

一则商业广告这样写着：凡在本商场一天之内购物金额累计满 40 元者可领取奖券 1 张，共发行 10 万张奖券。设特等奖 2 名，各奖 2000 元；一等奖 10 名，各奖 800 元；二等奖 20 名，各奖 200 元；三等奖 50 名，各奖 100 元；四等奖 200 名，各奖 50 元；五等奖 1000 名，各奖 20 元。

头脑风暴

这种有奖销售和实行“九八折”的销售方式相比较，哪一种让给顾客的利益更多？

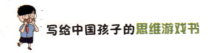

赌神

游戏难度 ★★★☆☆

_____月_____日　　耗时_____分钟

看过《赌神》这部电影的朋友们一定对“高进”这个名字不陌生，因为他就是大名鼎鼎的“赌神”。

电影中有一个片段，赌神和他人比赛摇骰子，他们可以把6个骰子全部摇成6点，而且垒成1条直线，可谓是技惊四座。

头脑风暴

请问，如果连续掷一个骰子6次，其中至少有一次掷到“6”，它的概率是多少？

辛苦的服务员

每日来打卡

游戏难度 ★★★★☆

____月____日　　耗时____分钟

一家刚开业的餐馆，终日门庭若市，生意非常火爆。服务员们正在给餐馆里的51位客人上菜，有豌豆、黄瓜和丝瓜。要黄瓜和豌豆两种菜的人比只要豌豆的人多2位，只要豌豆的人是只要丝瓜的人的2倍。有25位客人不要丝瓜，18位客人不要黄瓜，13位客人不要豌豆，6位客人要丝瓜和豌豆而不要黄瓜。

头脑风暴

问：

① 有多少客人只要丝瓜？

② 有多少客人只要黄瓜？

③ 有多少客人只要豌豆？

④ 有多少客人只要其中任意两种菜？

⑤ 有多少客人三种菜都要？

热带鱼的数目

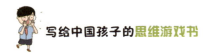

小安家的鱼缸里养了很多热带鱼，其中有五彩神仙鱼、虎皮鱼。现在知道两种鱼的数目相乘的积在镜子里一照，正好是两种鱼数目的总和。

你能算出两种鱼各是多少条吗？

遗嘱执行

数学家的妻子正怀着第一胎小孩，数学家的遗嘱是这样写的："如果我的妻子生的是儿子，我的儿子将继承 $\frac{2}{3}$ 的遗产，我的妻子继承 $\frac{1}{3}$ 的遗产；如果我的妻子生的是女儿，我的女儿将继承 $\frac{1}{3}$ 的遗产，我的妻子将继承 $\frac{2}{3}$ 的遗产。"不幸的是，在孩子出生之前，这位数学家就因病去世了。他的妻子生下了一对龙凤胎。

遵照数学家的遗嘱，如何将遗产分给他的妻子、儿子和女儿呢？

节约粉笔的老师

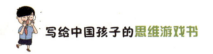

张老师总共有 9 支粉笔。当 1 支粉笔用到只剩原来的 $\frac{1}{3}$ 时，她会因其太小写字时拿不住而将其放在一边。但是，张老师是位极其节俭的老师，她会等到有足量的粉笔头可以接起来做 1 支新粉笔时，就用一种特殊的方法将它们接起来做成一支新粉笔。

如果张老师每天只用 1 支粉笔的 $\frac{2}{3}$，9 支粉笔可供她用几天？

猫狗赛跑

猫和狗比赛连续跳，从起点跑到终点再返回，全程长 225 米。狗每跳一次有 5 米，而猫只有 3 米。不过，狗跳 3 次的时间猫可以跳 5 次。

请问，比赛的结果是谁获胜？

停业的酒店

梁忠、高峰和郭怀三位老板，共同出资经营一家酒店，但后来因故必须停业。此时，资金、利润及器皿类等，均可等分为 3 份，只剩 21 瓶酒，其中 7 瓶还未开封，7 瓶只剩一半的威士忌酒，另 7 瓶则是空瓶子。所以，三人便想把瓶子数和威士忌酒的量等分为 3 份，却怎么也想不出分配的方法。

头脑风暴

若每个人不得取 4 瓶以上相同的酒瓶，应如何分配？

乐乐的时间

乐乐在商场看中了一块挂表，所以，在生日那天，爸爸就买来那块表当作生日礼物送给了乐乐。次日中午 12 点 30 分的时候，体育老师通知说下午 3 点钟的击剑训练课改到 5 点钟，可是当乐乐在 5 点钟赶到训练场时，却被老师罚站了，原因是乐乐迟到了。后来，经检查发现，乐乐的挂表每小时慢 4 分钟，12 点 30 分的时候，乐乐的时间还是准确的。

头脑风暴

请问，当下午 5 点钟的时候，乐乐挂表的时间是几点？乐乐迟到了几分钟？

西服的卖价

一位成功的商人教育他的儿子：“我的孩子，生意成功的关键在于货物的卖价是多少，而不是货物进价的高低。卖这件高级西服我可以获得 10%的利润。但是，如果我能把进价压低 10%，然后以 20%的利润加价卖出这件西服，那么，西服的价格还是下降了 0.25 元。”

请你算一算，西服原先的卖价是多少?

热闹的厨房

每日来打卡

游戏难度 ★★★☆☆

_____月_____日　　耗时_____分钟

按照习俗，过年的时候，每家每户都要蒸馒头、蒸包子。有时候，自家人手不够，就要请些街坊邻居来帮忙。

腊月二十六那天，王奶奶准备蒸包子，所以，她早早地就跟要好的几个老姐妹打好了招呼，在厨房里放了几把齐整的椅子。没多会儿，又来了几个帮忙的，因为找不到齐整的椅子，王奶奶就找了几把 3 条腿的小板凳，下面垫上砖块。厨房里好一派热闹的场景，小孙子蹲下身数了数，厨房里人腿、板凳腿还有椅子腿，一共有 28 条。

请问，你能根据小孙子的所见，算出厨房里有多少人、多少椅子、多少 3 条腿的小板凳吗？

交叉路口

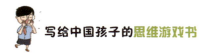

新建的大型公园游客络绎不绝，公园管理处经研究决定再修筑 8 条笔直的小路，计划在小路的每个交叉口建造休闲亭或售货亭，方便游客休息或购物。

请问，最多能设计出多少个小路交叉口呢？

将军统兵

有一次，国王想要攻打邻国，于是他问他的大将军现在统领的士兵有多少。这位将军回答说：“兵不满一万，每 5 人一列、9 人一列、13 人一列、17 人一列都剩 3 人。”这位国王听了大将军的话，仍不知道他到底统领了多少士兵。

头脑风暴

你能快速地算出这位将军统领的兵有多少吗？

孩子们的午餐

3 个男孩在上学的途中迷路了，他们尽力寻找学校的位置。接近午餐的时候，他们还在兔子岛附近转悠。此时，哈里手中有 4 根香肠，托米有 7 根，而吉米没有。为了支付自己的那一份香肠，吉米拿出了 11 分钱，分给哈里和托米。如此，3 人的支出就相等了。但 3 个孩子发现，2 人要分 11 分钱和 3 人要分 11 根香肠都是一件难办的事情。

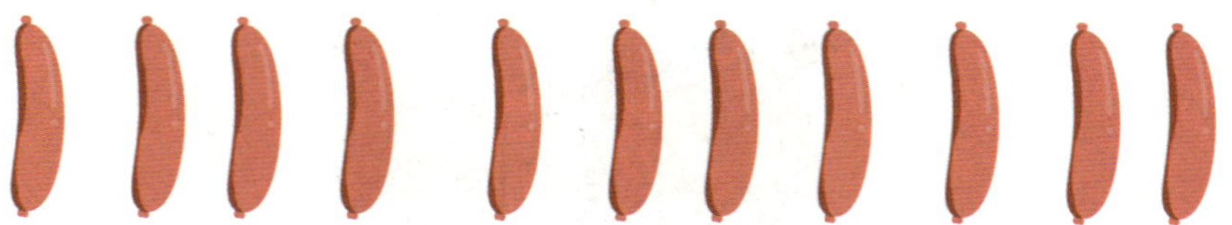

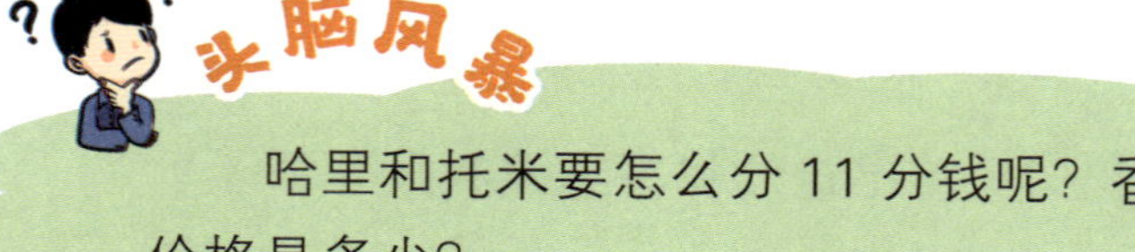

哈里和托米要怎么分 11 分钱呢？香肠的价格是多少？

商品的成本

罗伯特先生向商店订购某种商品 80 件，每件定价 100 美元。罗伯特先生对商店经理说：“如果你肯减价，每减 1 美元，我就多订购 4 件。”商店经理算了一下，如果减价 5%，由于罗伯特先生多订购，仍可获得与原来一样多的利润。

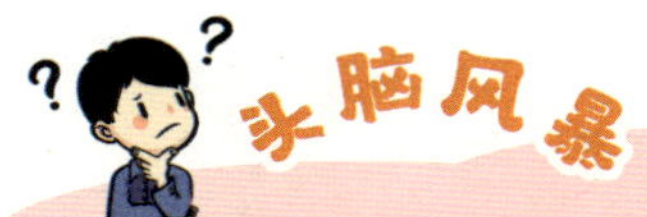

你能算出这种商品每件的成本价是多少吗？

姑妈的年龄

露丝问她的姑妈：“姑妈，您今年多大岁数了？”

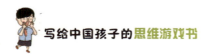

姑妈答道：“我现在的年龄是 5 年后年龄的 5 倍减去 5 年前年龄的 5 倍。”露丝稍微思考了一下就知道了。

那么，你知道姑妈现在到底多少岁吗？

节俭的王阿姨

王阿姨的先生去上海出差，回来的时候给王阿姨买了两件羽绒服。可是，王阿姨节俭惯了，一直舍不得穿。

有一天，王阿姨突然想把这两件羽绒服卖掉，这样还可以换些钱，补贴日常用度。巧合的是，隔壁的李阿姨特别喜欢这两件羽绒服，只是一直苦于没处购买，所以，当她听说此事之后，就主动找到王阿姨。最后，王阿姨以每件 360 元的价格卖了出去，其中一件多卖了 20%，另一件少卖了 20%。

头脑风暴

请问，王阿姨在这次卖羽绒服的过程中，是赚钱了呢，还是赔钱了呢？

公交车上的乘客

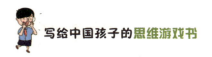

小马乘公交车去上班，这辆公交车只在起点站的时候让上人，在中途只能下人、不能上人。小马上车的时候，公交车上人非常多。在第一站停靠时，公交车上下了所有乘客的 $\frac{1}{6}$，第二站下了剩下乘客的 $\frac{1}{5}$，随后的几站分别下了余下乘客的 $\frac{1}{2}$、$\frac{3}{4}$ 和 $\frac{2}{3}$。到终点站时，这辆公交车上还剩 3 位乘客。

头脑风暴

你知道小马乘坐的这辆车最初一共有多少位乘客吗？在每个站各下了多少位乘客？

精灵岛

精灵岛上长满了仙树，每到秋天的时候，每棵树上都结满了红红绿绿的果子，岛上的小精灵们就是靠这些果子充饥。

秋天又来到了，艾艾、咪咪、思思 3 个小精灵，扇动着洁白的翅膀，从一棵树上飞到另外一棵树上采摘果子。太阳落山的时候，她们就坐在草地上平分一天劳动所获的果子。

她们数了数，一共是 770 颗仙果，可是 3 个人，应该怎样平均分配呢？就在她们束手无策的时候，天空中飞来一个大天使，她告诉精灵们说：“既然不可以平均分配，那就按照年龄的大小分吧。”结果，当艾艾分到 4 颗仙果时，咪咪分到 3 颗；而当艾艾得到 6 颗仙果时，思思可以分到 7 颗。

请问，每个精灵可以分到多少颗仙果？

采购新书

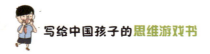

某书店刚采购了一批新书，经理问采购员总共买了多少本新书。采购员说：“五六十本，但是，究竟买了多少本我也记不清楚了。总之，这批新书如果每次3本打成一包，会余下2本，要是每次5本打成一包，就会剩下4本。”经理听完他的介绍后，就知道一共买了多少本书。

请问，你知道买了多少本新书吗？

巧称药粉

李医生刚刚开了一家小药店，手头只有一架天平，一只 5 克和一只 30 克的砝码。某天，店里来了一位顾客，要购买 100 克某贵重药粉。如果用 30 克砝码称 3 次，再用 5 克砝码称 2 次，则可用 5 次称出 100 克药粉。可是，药店生意繁忙，顾客又希望越快越好。但称一次无论如何也无法称出 100 克。

那么，你能想一种最快最好的方法吗？

巧改算式

下图给出了一道数学算式，很明显，这道算式是不正确的，需要我们帮它改正确。

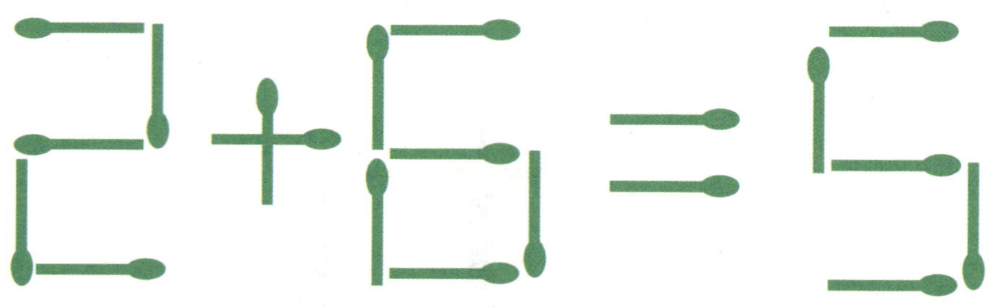

头脑风暴

如果只能移走 1 根火柴，不限制观看角度，使算式正确，该怎么移？

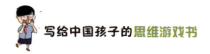

有趣的算式

这是一道有趣的算式，因为 3 个空格里是同一个一位数。

9□ × □ =6□9

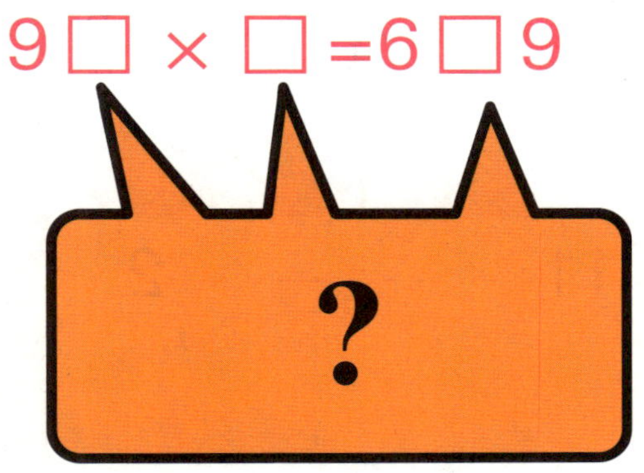

空格里是哪个数?

结果是12

下图给出了8个不同的数字，这些数字通过一定的加减运算可以得到12这个结果。

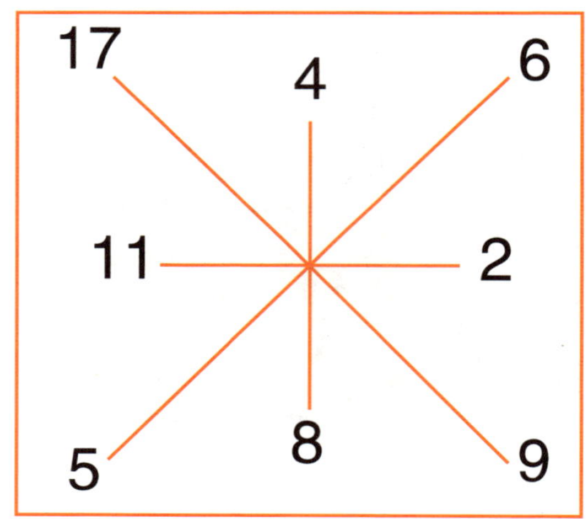

正确的算式是什么？

算式连等

依照下图，用火柴拼出 1、2、3、4、5、6、7、8、9，并在这些数字中间加上运算符号，你会发现这些算式是不相等的。

头脑风暴

如何只移动其中的 3 根火柴，使这些等式成立？

趣味算式

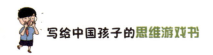

下面是用火柴摆出的算式，你可以移动其中的 2 根或 3 根火柴来改变其中的数字或符号，但等式两边必须相等。

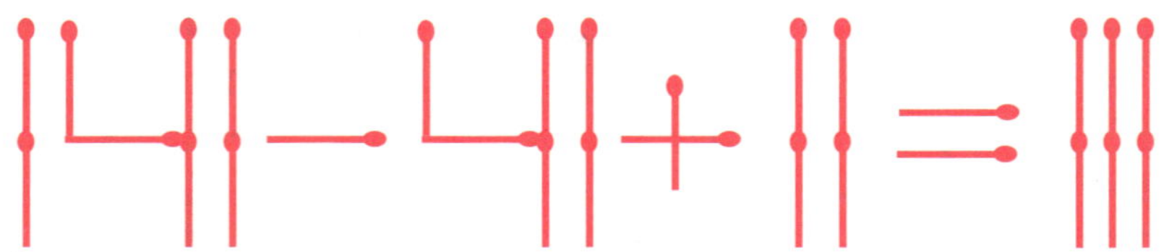

头脑风暴

你能分别列出移动其中的 2 根和 3 根火柴的算式吗？

哈代算式

许多数学家都是火柴游戏的高手，英国著名的数学家哈代就研究过许多火柴游戏，下面就是其中一个经典游戏。

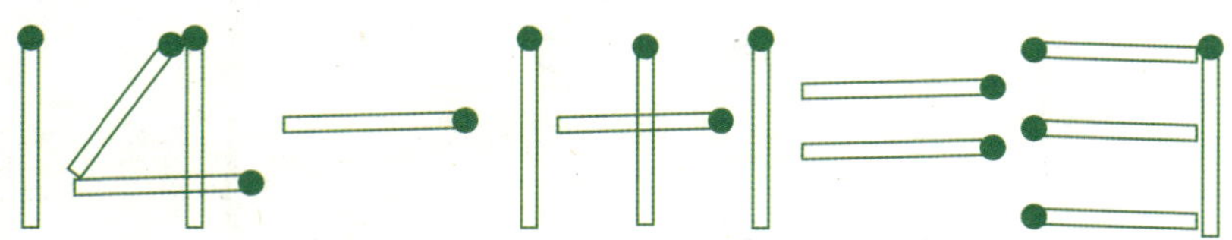

头脑风暴

只移其中的 1 根火柴，能不能使上述等式成立？

数字分家

下图排列着 16 个数字，将它们分成形状、面积相同的 4 份，使每份中数字之和相等。

8	3	6	5
3	1	2	1
4	5	4	2
1	7	3	9

想一想，该怎么划分？

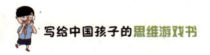

第三章
趣味数独

数独训练（1）

下图是一个四宫阵，只填有 5 个数，还缺 11 个数。

4			
			1
	4		3
2			

头脑风暴

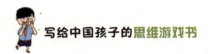

把数字 1~4 填入空格中，要求每行、每列和粗线标出的每个宫阵中的数字不能重复。

数独训练（2）

下图是一个四宫阵，只填有 6 个数，还缺 10 个数。

			3
3			
	2		4
		1	2

头脑风暴

把数字 1~4 填入空格中，要求每行、每列和粗线标出的宫阵中的数字不能重复。

数独训练（3）

每日来打卡

!! 游戏难度 ★★★☆☆

_____月_____日　　耗时_____分钟

下图是一个四宫阵，只填有 5 个数，还缺 11 个数。

2		3	
	4		
		4	
	2		

头脑风暴

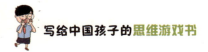

把数字 1~4 填入空格中，要求每行、每列和粗线标出的宫阵中的数字不能重复。

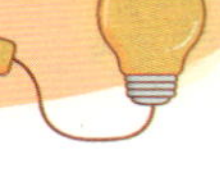

数独训练（4）

游戏难度 ★★★☆☆

____月____日　　耗时____分钟

下图是一个四宫阵，只填有 4 个数，还缺 12 个数。

		4	
4			
			3
2			

头脑风暴

把数字 1~4 填入空格中，要求每行、每列和粗线标出的宫阵中的数字不能重复。

数独训练（5）

每日来打卡

!! 游戏难度 ★★★☆☆

_____月_____日 耗时_____分钟

下图是一个四宫阵，只填有 5 个数，还缺 11 个数。

	1		2
3			
2		4	

头脑风暴

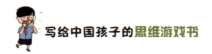

把数字 1~4 填入空格中，要求每行、每列和粗线标出的宫阵中的数字不能重复。

数独训练（6）

每日来打卡

!! 游戏难度 ★★★☆☆

_____月_____日 耗时_____分钟

下图是一个四宫阵，只填有 6 个数，还缺 10 个数。

3		2	
			1
2			
	3	4	

头脑风暴

把数字 1~4 填入空格中，要求要求每行、每列和粗线标出的每个宫阵中的数字不能重复。

数独训练（7）

每日来打卡

！！ 游戏难度 ★★★☆☆

_____月_____日　　　耗时_____分钟

下图是一个四宫阵，只填有 5 个数，还缺 11 个数。

2			
	3	1	
			4
	4		

头脑风暴

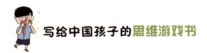

把数字 1~4 填入空格中，要求每行、每列和粗线标出的宫阵中的数字不能重复。

数独训练（8）

下图是一个四宫阵，只填有 4 个数，还缺 12 个数。

		1	
1			
	4		
			2

头脑风暴

把数字 1~4 填入空格中，要求每行、每列和粗线标出的宫阵中的数字不能重复。

数独训练（9）

下图是一个四宫阵，只填有 5 个数，还缺 11 个数。

4		1	
			2
3			
			4

头脑风暴

把数字 1~4 填入空格中，要求每行、每列和粗线标出的宫阵中的数字不能重复。

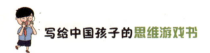

数独训练（10）

每日来打卡

游戏难度 ★★★☆☆

_____月_____日　　耗时_____分钟

下图是一个四宫阵，只填有 5 个数，还缺 11 个数。

		3	
		4	1
4			
2			

头脑风暴

把数字 1~4 填入空格中，要求每行、每列和粗线标出的宫阵中的数字不能重复。

数独训练（11）

下图是一个四宫阵，只填有 5 个数，还缺 11 个数。

		3	
	4		1
1			
	2		

头脑风暴

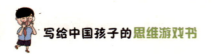

把数字 1~4 填入空格中，要求每行、每列和粗线标出的宫阵中的数字不能重复。

数独训练（12）

下图是一个四宫阵，只填有 4 个数，还缺 12 个数。

		2	
	3		
			1
3			

头脑风暴

把数字 1~4 填入空格中，要求每行、每列和粗线标出的宫阵中的数字不能重复。

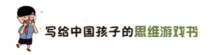

数独训练（/3）

下图是一个四宫阵，只填有 5 个数，还缺 11 个数。

		3	
		4	1
4			
2			

头脑风暴

把数字 1~4 填入空格中，要求每行、每列和粗线标出的宫阵中的数字不能重复。

数独训练（14）

下图是一个四宫阵，只填有 5 个数，还缺 11 个数。

4			
			1
	4		3
2			

头脑风暴

把数字 1~4 填入空格中，要求每行、每列和粗线标出的宫阵中的数字不能重复。

数独训练（15）

下图是一个四宫阵，只填有 5 个数，还缺 11 个数。

1			
			2
	1	3	
4			

头脑风暴

把数字 1~4 填入空格中，要求每行、每列和粗线标出的宫阵中的数字不能重复。

数独训练（16）

下图是一个四宫阵，只填有 4 个数，还缺 12 个数。

3			
		3	
	2		
			4

头脑风暴

把数字 1~4 填入空格中，要求每行、每列和粗线标出的宫阵中的数字不能重复。

数独训练（17）

下图是一个四宫阵，只填有 4 个数，还缺 12 个数。

		2	
	3		
			1
3			

头脑风暴

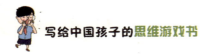

把数字 1~4 填入空格中，要求每行、每列和粗线标出的宫阵中的数字不能重复。

数独训练（18）

下图是一个四宫阵，只填有 5 个数，还缺 11 个数。

			3
2		4	
	4	1	

头脑风暴

把数字 1~4 填入空格中，要求每行、每列和粗线标出的宫阵中的数字不能重复。

数独训练（19）

下图是一个四宫阵，只填有 6 个数，还缺 10 个数。

2		3	
	3		
		4	
	4		1

头脑风暴

把数字 1~4 填入空格中，要求每行、每列和粗线标出的宫阵中的数字不能重复。

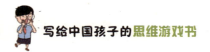

数独训练（20）

每日来打卡

游戏难度 ★★★☆☆

____月____日　　耗时____分钟

下图是一个四宫阵，只填有 5 个数，还缺 11 个数。

	1		2
3			
2		4	

头脑风暴

把数字 1~4 填入空格中，要求每行、每列和粗线标出的宫阵中的数字不能重复。

数独训练（21）

下图是一个四宫阵，只填有 4 个数，还缺 12 个数。

		1	
1			
	4		
			2

头脑风暴

把数字 1~4 填入空格中，要求每行、每列和粗线标出的宫阵中的数字不能重复。

数独训练（22）

下图是一个四宫阵，只填有 6 个数，还缺 10 个数。

	4		2
	2		
		2	
2		3	

头脑风暴

把数字 1~4 填入空格中，要求每行、每列和粗线标出的宫阵中的数字不能重复。

数独训练（23）

下图是一个四宫阵，只填有 4 个数，还缺 12 个数。

		4	
4			
			3
	3		

头脑风暴

把数字 1~4 填入空格中，要求每行、每列和粗线标出的宫阵中的数字不能重复。

数独训练（24）

下图是一个四宫阵，只填有 4 个数，还缺 12 个数。

			3
2			
			4
3			

头脑风暴

把数字 1~4 填入空格中，要求每行、每列和粗线标出的宫阵中的数字不能重复。

数独训练（25）

下图是一个四宫阵，只填有 5 个数，还缺 11 个数。

4			
			3
3		1	
			2

头脑风暴

把数字 1~4 填入空格中，要求每行、每列和粗线标出的宫阵中的数字不能重复。

数独训练（26）

下图是一个四宫阵，只填有 5 个数，还缺 11 个数。

		3	
	4		1
1			
	2		

头脑风暴

把数字 1~4 填入空格中，要求每行、每列和粗线标出的宫阵中的数字不能重复。

数独训练（27）

下图是一个四宫阵，只填有 5 个数，还缺 11 个数。

4		1	
			2
3			
			4

头脑风暴

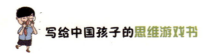

把数字 1~4 填入空格中，要求每行、每列和粗线标出的宫阵中的数字不能重复。

数独训练（28）

下图是一个四宫阵，只填有 5 个数，还缺 11 个数。

	4		2
			3
		2	
2			

头脑风暴

把数字 1~4 填入空格中，要求每行、每列和粗线标出的宫阵中的数字不能重复。

数独训练（29）

下图是一个四宫阵，只填有 4 个数，还缺 12 个数。

			3
2			
			4
3			

头脑风暴

把数字 1~4 填入空格中，要求每行、每列和粗线标出的宫阵中的数字不能重复。

第四章
几何数字

图形与数字

下面有9个图形，图形下面有对应的数字，这些数字与图形有什么关系？思考一下吧！

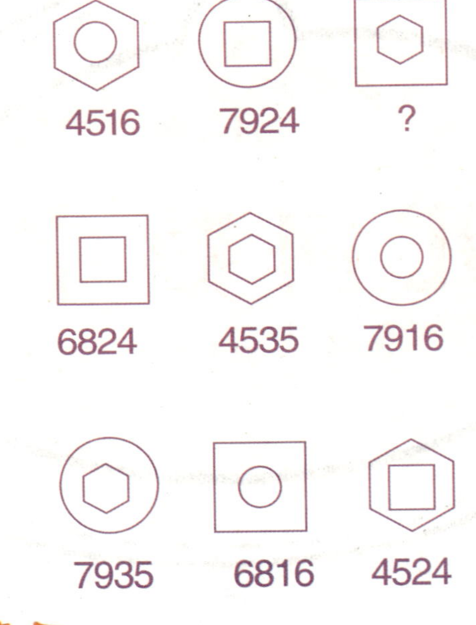

问号处应该填什么数字？

数字哑谜1

这是一个简单而有趣的数字哑谜。请你开动脑筋，联系日常所见做判断吧！

问号处该填什么？

数字哑谜2

这是一个数字哑谜，其中的图形分别代表了不同的数字，你知道它们是什么吗？

□＋◇－■＝6

■－◇＋□＝8

◇×□×■＝140

◇＋■＋□＝?

问号处应该填什么数字？

缺少的数字

下图中有 4 个圆形，每一个都被分成了 4 份，并填上了有规律的数字，你能找到它们的规律吗?

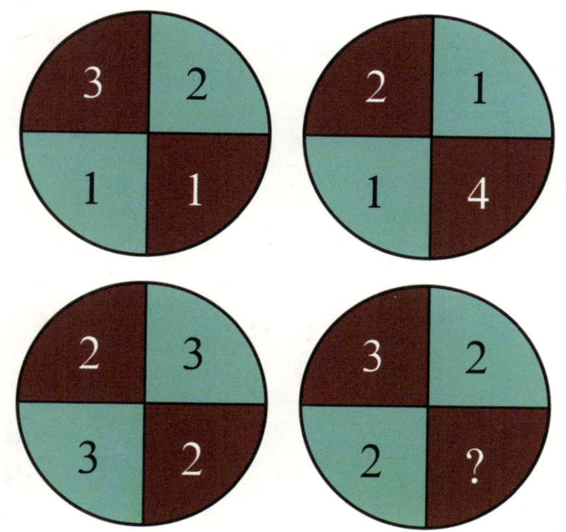

问号处的数字是什么?

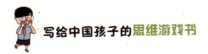

数字瓷砖

如果按照正确顺序排列，下图中的数字瓷砖可以组成一个正方形，并且横向第一排的数字等同于纵向第一列的数字，以此类推。

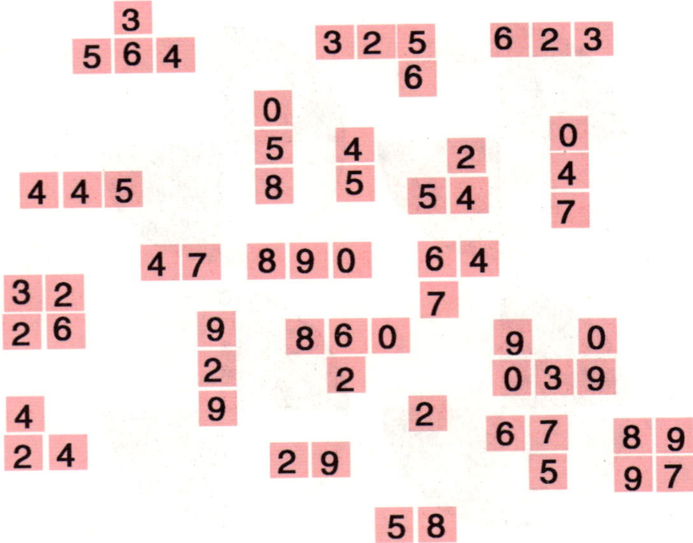

该怎样组合图中的数字瓷砖？

移棋子

下图是一个有趣的数字棋盘，棋盘上只有7、8、9这3个数字的棋子。

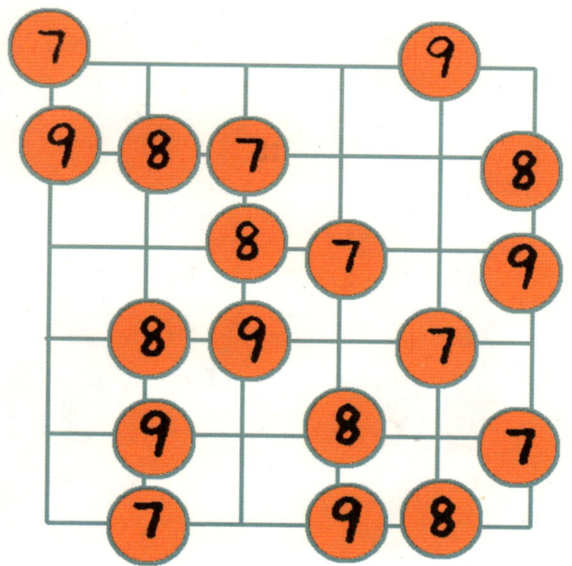

头脑风暴

请移动图中的两颗棋子，让棋盘横行、竖行都有7、8、9这3颗棋子。

数字五角星

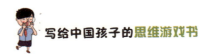

下面有 3 个五角星，每个五角星的各个顶点和中心位置都有数字，这些数字之间有着一定的联系，请找出来吧！

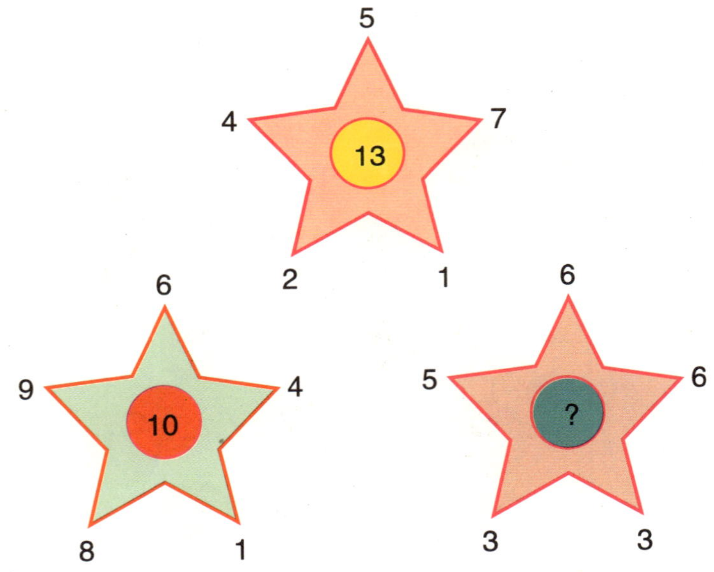

最后一个五角星的中心应该填什么数字？

数字三角形

下面有 4 个三角形，三角形的中心点和各个顶点都放置了数字，这些数字之间有什么联系呢？算一算吧！

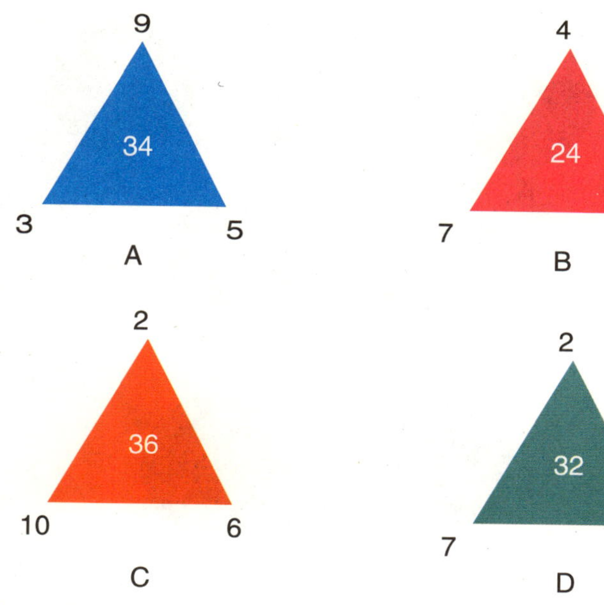

三角形 D 的问号处应写什么数字？

对应的圆形盘

下面有A、B、C、D、E、F、G七个圆形盘，其中有一些是相互对应的。

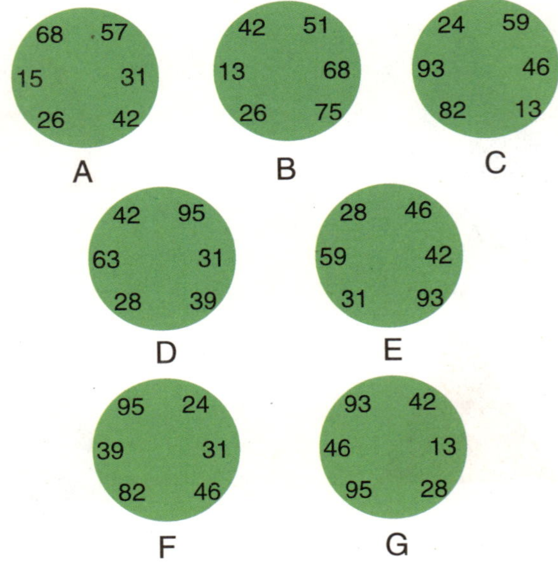

头脑风暴

如果A对应B，那么C对应D、E、F、G中哪一个圆形盘？

数字盘

下图是一个数字盘，其中数字的分布是有规律的，仔细观察一下吧！

根据规律，问号处应该填什么数字？

六边形谜题

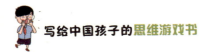

下面是一个由六边形组成的奇怪图形，每个六边形之中都有数字，还兼有一些其他图形。每个数字都与前一个数字有关联，而且和图形也有关系，研究看看吧！

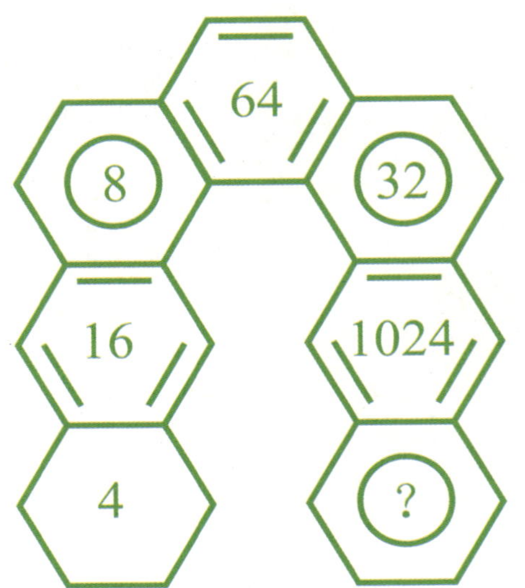

空白的圆圈中应该填什么数字？

填数

在 9 个圆圈所组成的下面图形中，要求在各个圆圈内填入 1~9 这 9 个数字，每个数字不可以重复使用，而且填入的数字要使图中任意一个正方形四角上的数字之和为 20。

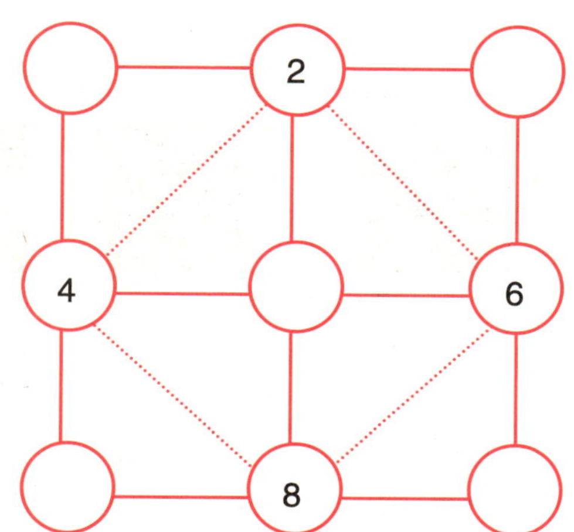

该怎么填?

求数字

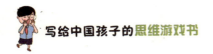

下面有4个数字方块，方块的4个角上和中心处放置了不同的数字，这些数字之间有什么联系呢？动脑筋推断一下吧！

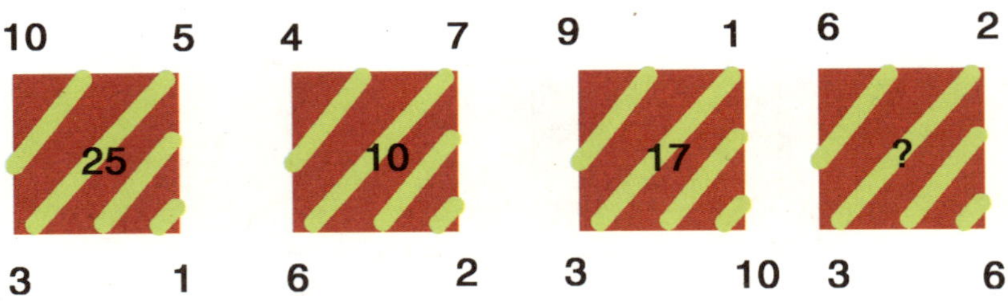

问号处应当填什么数字？

五阶幻方

下面左图中有一个五阶幻方，你能把右图中 1 到 25 这 25 个数字分别填入五阶幻方中，并使每行、每列和每条对角线上的数字之和都相等吗？另外，幻方中有颜色的格子里需要填奇数。

1	2	3	4	5
6	7	8	9	10
11	12	13	14	15
16	17	18	19	20
21	22	23	24	25

该怎么填？

神秘的内在规律

下面的多边形内填入了不同的数字，这些数字是按照一定规律排列的，你能看出来吗？

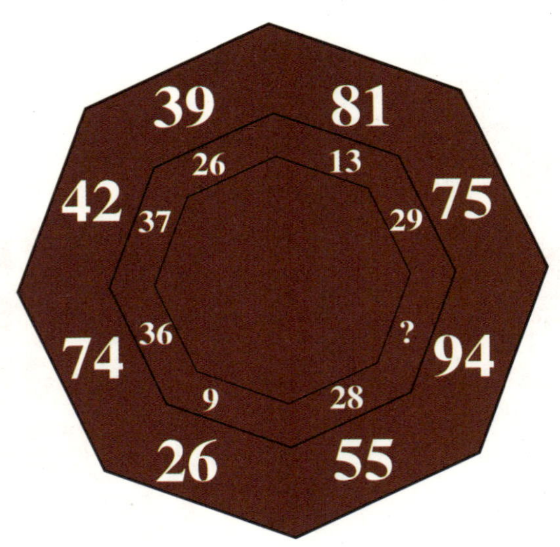

问号处应填什么数字？

参考答案

第一章

神奇数字

猜数字

答案：27。

从数字的大小看，卡片摆放得很“乱”，似乎无规律可循。但这也从一个侧面启示我们：不能在数字的排列上找规律。那么当然就得“另辟蹊径”了。如果你想到了数的整除，那么找到答案就不难了。卡片上的数都是能被 3 整除的数，所以小狗处应换成“27”。

数字卡片

答案：613。

这个规律很简单，但你必须从一个新的角度来分析判断才能发现它。每张卡片上有三个数，如果从单个数来分析，就会陷入误区，始终找不到规律；只有从整体上比较，才能发现一个共同特点，即每张卡片上的三数之和都等于 10。所以小猪处应换成“613”。

倒金字塔

答案：5。

规律：将上一行数列去掉最大数和最小数，然后反向排列得到下一行数列。其实，无论第一行的数如何排列，因为要去掉最大数和最小数，最后只能剩下中间数 5。

奇怪的数字

答案：17。

规律：每个横置的“T”字形右端的数字是其左端两个数字的乘积再加上 2。

数字框

答案：48。

规律：将方框分成四部分，把每一部分第一行的两个数字之积填在下一行的右下角，再算出第一行的两个数字之和，用先算出来的两个数字之积减去这两个数字的和，填在下一行的左下角。

5	3	8	7
7	15	41	56
3	9	4	12
15	27	32	?

数字魔方

答案：0。

每组魔方中 0 的个数是和该魔方在这个魔方序列中所在的位置相对应的。最后两个魔方分别是第四个和第五个，0 的个数分别为 4 个和 5 个。所以最后两个魔方中的*处都应该填 0。

特色序列

答案：A.13；B.15；C.9；D.5。

A. 质数（即只能被 1 和它本身整除的数字）。

B. 可以发现这样的关系：3+3=6，6+4=10，10+5=□，□+6=21。所以，可知□=15。

C. 在电脑数字键盘（或计算器）上，用象棋中跳马（走“日”）的规则，就可按顺序找到答案。

1	2	3
4	5	6
7	8	9
*	0	#

D. 由于数字包含直线和曲线两部分。在 2 和 10 之间，3、6、8、9 只包含曲线，4、7 只包含直线，这些数字都是不适合填入□的。

数字格

答案：C。

每行数字从左到右的规律为：第一个数 × 第二个数 − 第三个数 = 第四个数。

找数字的规律

答案：384。

从右上角开始，依次往下，按一条龙的方式行进，交替乘以 4 和除以 2。3 乘以 4 等于右栏第二个数 12，12 除以 2 等于第 3 个数 6，6×4=24，24÷2=12……

填数字 1

答案：7。

规律：每行中，两边的数字相加后等于中间数字组成的两位数。

填数字 2

答案：22。

10 是由左上角的 4 加正上方的 6 得到的，15 是由左上角的 6 加正上方的 9 得到的，所以问号处的数字应是左上角的 9 加上正上方的 13 的和。

丢失的数字

答案：5。

每一个数在矩形中的总个数为这个数的平方数。

特殊数字

答案：6218。

大圆中其他数字都有与其对应的数字，例如7432对应168（7×4×3×2=168）；6198对应432；4378对应672；9431对应108。

数字谜题

答案：0108。

逻辑关系：第一个数字中的头尾两位数相乘，乘积就是下一个数字中的头尾两位数；第一个数字中间的两位数相乘，乘积就是下一个数字中的中间两位数。

摆放书本

答案：分数值分别为$\frac{1}{3}$、$\frac{1}{4}$、$\frac{1}{5}$、$\frac{1}{6}$、$\frac{1}{7}$、$\frac{1}{8}$和$\frac{1}{9}$的书本摆放方法分别为：$\frac{5832}{17496}$、$\frac{4392}{17568}$、$\frac{2769}{13845}$、$\frac{2943}{17658}$、$\frac{2394}{16758}$、$\frac{3187}{25496}$、$\frac{6381}{57429}$。当然，其中的一些数字也可以有一些其他变化，同样可以得到答案。

空白处的数字

答案：8。

纵列上的数字相加都等于14。

填数游戏

答案：A=17，B=18，C=14。

根据任何横行和竖行都存在一个相同的规律，首先要从第二竖行开始寻找。任何横行或竖行的数字总和等于50。

椭圆内的数字

答案：90。

每一组数字中，分别包含15乘以4、5、6后的结果。

找规律

答案：56。

左上角正方形中的数字乘以$\frac{2}{3}$，右上角正方形中的数字乘以2，两个结果相乘得到的积就是底部长方形中的数字。

方格填数

答案：如图所示。

10	5	11	8
1	12	6	15
16	13	3	2
7	4	14	9

遇到这样的题目，我们要先考虑所有数值相加的总和，再把总和平均分配到横行和纵行里。1到16这16个数字相加等于136，如果将136分配到四排纵行中，可以让每排数字加起来得到相等的和。因为

136 除以 4 得 34，所以每排数字相加之和即为 34。

根据图中已知的数字，第一横行中的数字 5 和 11 相加等于 16，那么这一行剩下两格中的数字相加一定等于 18。排除方格内原有的数字，则这两个方格内有可能填入 6 和 12，或者是 8 和 10。

用同样的推理办法可知，在最左侧或者最右侧的纵行空格中应该是 7 和 10，或者是 8 和 9。在第三横行、第四横行应填入 3 和 13、6 和 10 或者 7 和 9。最后结合横行和纵行的数字之和，就可以在空格中填入正确的数字了。

复杂的运算

答案：7。

将正方形外侧的 3 个数相加，得到 A。将 A 的个位和十位上的数字相加，得到 B。A 除以 B 得到的商放入中心的小正方形中。因此答案为 7。

第二章 数字运算

钻石的数量

答案：91 颗 。

开始时只有 1 颗，第二天出现了 6 颗，第三天又出现了 12 颗，第四天又出现了 18 颗，以此类推。算式为：1+6+12+18+24+30=91 颗。

射击

答案：9 次。

分析题意可知张明用掉的子弹数是 16×2+10=42，由于两人射击的次数是相等的，则射击所用的子弹数也是一样的，那么可以假设李巍击中靶心 a 次，那么就有 $a\times3+15=42$，求得 $a=9$ 次，也就是说李巍击中靶心 9 次。

朋友聚餐

答案：36 位。

假设共请了 x 位朋友，根据条件可知，第一次走了$\frac{1}{2}x$ 人，剩余 $x-\frac{1}{2}x=\frac{1}{2}x$；第二次走了$\frac{1}{2}x\times\frac{1}{3}=\frac{1}{6}x$ 人，剩余 $\frac{1}{2}x-\frac{1}{6}x=\frac{1}{3}x$ 人；第三次走了$\frac{1}{3}x\times\frac{1}{4}=\frac{1}{12}x$ 人，剩余$\frac{1}{3}x-\frac{1}{12}x=\frac{1}{4}x$ 人。又知最后将张老板算在内，剩 10 人，所以朋友剩了 9 人，则$\frac{1}{4}x=9$，即 $x=36$，所以张老板一共请了 36 位朋友。

数苹果

答案：64 个。

第三天有 5×2+1=11 个苹果，第二天有（11+3）×2=28 个苹果，第一天有（28+4）×2=64 个苹果。

分糖果

答案：只有一种。

10+11+12+13+14+15+16+17+18+19=145，152−145=7。当每堆分别分了 10，11，12…19 个糖果后，还剩下 7 个糖果，因为每堆最少放 10 个，所以这 7 个糖果不能再放一堆了，只能补充到分好的每堆中。因为每堆最多放 20 个，而且放的个数也不同，所以这 7 个糖果只能在已有的数量为 13、14……19 的糖果堆中各补充一个。而且，只有这一种分法。

赚了多少钱

答案：24 元。

因为原来的一个鸡蛋可卖到$\frac{1}{3}$元、鸭蛋可卖到$\frac{1}{2}$元，平均价格是每个（$\frac{1}{2}+\frac{1}{3}$）$\div 2=\frac{5}{12}$；如果混合起来，比以往的平均价格就会少$\frac{5}{12}-\frac{2}{5}=\frac{1}{60}$元。这样算来，60 个蛋正好少赚 1 元钱。

文艺演出

答案：360 种。

排列方法有 6×5×4×3=360 种。

有奖销售

答案：“九八折”。

先将奖金的总金额计算出来，再根据销售总金额算出奖金总金额所占的百分比，再与“九八折”所占的百分比进行比较。

有奖销售的全部奖金是：2000×2+800×10+200×20+100×50+50×200+20×1000=51000 元，10 万张奖券对应的销售总金额是：40×100000=4000000 元。奖金总金额占销售总金额的百分比是1.275%。如果是实行“九八折”销售的话，让利的百分比是 2%。因为 1.275% < 2%，所以实行“九八折”销售方式让给顾客的利润更多。

赌神

答案：67%。

显然，概率肯定不是 100%。事实上，你可以先计算 6 次全部都没有掷到“6”的概率。

每一次都没有掷到“6”的概率为$\frac{5}{6}$，那么 6 次全部没有掷到“6”的概率为：

$$\frac{5}{6}\times\frac{5}{6}\times\frac{5}{6}\times\frac{5}{6}\times\frac{5}{6}\times\frac{5}{6}\approx$$

0.33。

因此6次中至少有一次掷到“6”的概率为1−0.33=0.67，即67%。

辛苦的服务员

答案：这是一道推理加计算的题目，只要丝瓜和只要豌豆的人有18−6=12人，只要豌豆的人是只要丝瓜的人的2倍，设只要丝瓜的人数为x，只要豌豆的人数为2x，2x+x=12，x=4，因此只要丝瓜的有4人，只要豌豆的有8人。

因为要黄瓜和豌豆两种菜的人比只要豌豆的人多2位，所以要黄瓜和豌豆两种菜的有8+2=10人。只要黄瓜和只要豌豆的人有25−10=15人，因此只要黄瓜的有15−8=7人。只要丝瓜或只要黄瓜的有4+7=11人，因此要丝瓜和黄瓜两种菜的人有13−11=2人。

于是，我们可以得出结论：只要丝瓜的有4人；只要黄瓜的有7人；只要豌豆的有8人；要丝瓜和豌豆两种菜的有6人；要黄瓜和豌豆两种菜的有10人；要丝瓜和黄瓜两种菜的有2人；那么，三种菜都要的就有51−8−4−7−6−10−2=14人。

热带鱼的数目

答案：各9条。

在数字中，除了0，只有1和8照出来依旧是本数，易得两种鱼条数的积是81，即条数的和为18，正好是9+9。由此可知，五彩神仙鱼、虎皮鱼的数目各是9条。

遗嘱执行

答案：儿子得$\frac{4}{7}$，妻子得$\frac{2}{7}$，女儿得$\frac{1}{7}$。

儿子是妻子的2倍，妻子是女儿的2倍。儿子、妻子、女儿应得份数比为4 ∶ 2 ∶ 1，相当于遗产分成4+2+1=7份，儿子分得$\frac{4}{7}$，妻子分得$\frac{2}{7}$，女儿分得$\frac{1}{7}$。

节约粉笔的老师

答案：13天。

9支粉笔先用了9天，而每支粉笔又有$\frac{1}{3}$的剩余，那么就有9支剩余粉笔。又知，3支剩余粉笔可以接成一支新粉笔，又可以再用3天，这9支粉笔可供使用的天数增加到12天。而最后3天剩余的粉笔又能接成1支新的粉笔，这样，9支粉笔就可以供张老师用13天。

猫狗赛跑

答案：猫。

对于这道猫狗赛跑题目，很多数学家和趣题爱好者认为：猫、狗每一跳的长度分别为3米和5米，猫跳5次的同时狗跳3次，因此他们的速度是相等的，结果是打成平手。如果是直线向前跑，这样的答案没错。但在起点和终点之间往返跑225米的话，每一段路程为112.5米，狗需要23跳才能到达终点，返回也是一样，共计46跳。狗跳46次能跑230米，浪费了5米。猫往返需要跳76次，而猫跳76次可以跳228米。因此，猫将赢得比赛。

停业的酒店

答案：梁忠分未开封的酒2瓶，只剩一半威士忌的酒3瓶，空瓶2个；高峰分未开封的酒2个，只剩一半威士忌的酒3瓶，空瓶2个；郭怀分未开封的酒3瓶，只剩一半威士忌的酒1瓶，空瓶3个。

乐乐的时间

答案：乐乐的时间是4点42分，他一共迟到了19分钟。

根据已知条件可得，挂表每小时慢4分钟，那么从12点30分到下午5点，一共会慢18分钟。在下午5点的时候，乐乐挂表显示的时间是4点42分，离5点还差18分钟，而在18分钟内它还会慢1分钟，所以乐乐迟到了19分钟。

西服的卖价

答案：13.75元。

在原进价基础上减少10%，然后再加上20%得到新的卖价，新卖价为原进价的1.08倍，而原卖价是原进价的1.1倍。两个卖价之差为原进价的0.02倍，由题目可知这个差值为0.25元，可以算出原进价为12.5元，进而可以算出西服原先的卖价为：12.5×（1+10%）=13.75元。

热闹的厨房

答案：2把3条腿的小板凳、3把椅子和5个人。

根据条件可知，齐整的椅子应该是4条腿，那么每把有人坐的椅子有6条腿，即4条椅子的腿和2条人腿。而每把有人坐的小板凳有5条腿。所以，5×板凳数+6×椅子数=28。由此，就可以计算出正确的答案了。

交叉路口

答案：28个。

修2条相交的小路，只有1个交叉口。再修1条小路，则这条小路和已修好的2条都相交，增加2个交叉口，因此3条小路两两相交有1+2=3个交叉口。又再修1条小路，则这条小路和已修好的3条都相交，又增加3个交叉口，因此4条小路两两相交有1+2+3=6个交叉口。第5条小路和已修好的4条都相交，又增加4个交叉口，因此5条小路两两相交共有交叉口1+2+3+4=10个。依此类推，8条小路两两相交共有交叉口是1+2+3+4+5+6+7=28个。

将军统兵

答案：9948名。

先求出5、9、13、17之间的最小公倍数，因为这些数都是两两互质的数，所以它们的最小公倍数就是它们的乘积9945。又因为兵不满一万，所以只要在最小公倍数上加3就能求出兵的总数，所以大将军统领的兵的总数为9948名。

孩子们的午餐

答案：只需要记住，如果吉米支付了11分钱，那么另外两人每人也应该支付这么多，所以11根香肠的总价就为33分钱，即每根3分钱。哈里有4根香肠，值12分钱，那么他该得到1分钱。托米有7根，值21分钱，那么他应该分到10分钱。这样相当于每人为这顿午餐支付了11分钱。

商品的成本

答案：75美元。

根据减价1美元就多订购4件，可知罗伯特先生最后订购了100件，商店经理减价5%即是以95美元的价格出售这种商品，即每件的利润减少了5美元。而根据罗伯特订购80件和100件时商店经理所获得的利润相等，可将商店老板最初的利润设为x，可得$80x=100\times(x-5)$，解得$x=75$，故商品的成本价为75美元。

姑妈的年龄

答案：50岁。

将姑妈现在的年龄设为未知数，根据题意可列方程求解。设姑妈的年龄为x，则$x=5(x+5)-5(x-5)$，$x=50$，即姑妈现在50岁。

节俭的王阿姨

答案：王阿姨赔钱了，一共赔了30元。

根据条件可以计算出，羽绒服的原价是一件300元，一件450元，总共750元。而她只卖了720元，所以赔了30元。

公交车上的乘客

答案：最初共有108位乘客，各站依次下了18，18，36，27，6位乘客。

这道题要运用逆向推算法。从终点站剩下的人数开始往回推算，就可以得出结果。

车上最初共有108人，第一站下

车的人数为 18 人，第二站下车的人数为 18 人，第三站下车的人数为 36 人，第四站下车的人数为 27 人，到终点站前最后一站下车的人数为 6 人。

精灵岛

答案：咪咪 198 颗 ，艾艾 264 颗 ，思思 308 颗 。

因为文章中没有给出有关精灵年龄大小的条件，所以无从计算出精灵的具体年龄。但是，可以根据仙果的分配比例，推算出 3 个精灵咪咪、艾艾、思思的年龄比应该是 9 ： 12 ： 14。因此，770 颗仙果按照比例可以得知：最小的咪咪分到 198 颗，艾艾分到 264 颗，而年龄最长的思思分到 308 颗。

采购新书

答案：采购员一共买了 59 本新书。

在 50 ~ 60 中，“每次 3 本打成一包，会余下 2 本”这句话可以理解成：50 ~ 60 这些数中，若除以 3，余数为 2；同理，“每次 5 本打成一包，就会剩下 4 本”的意思是若除以 5，余数是 4。同时满足这两个条件的，就是采购员所购买新书的具体数目。所以，是 59 本。

巧称药粉

答案：用药粉共同称重。

将 5 克和 30 克砝码放在天平一端，先称出 35 克药粉，再将这 35 克药粉和 30 克砝码放在天平一端，又可称出 65 克药粉，这样总共称出药粉：35+65=100 克。

巧改算式

答案：移去形似“6”的图形右下角的火柴，再将图倒过来看即可，如图所示。

有趣的算式

答案：7。

左边两个数字的个位是相同的，而且右边数字的个位是 9，而两个相同的数字相乘的结果个位是 9 的只能是 3 或 7。把这两个数分别试一下就知道答案了。

结果是 12

答案：正确的算式为 17+6+5+9–（11+2+4+8）=12。

算式连等

答案：如图所示。

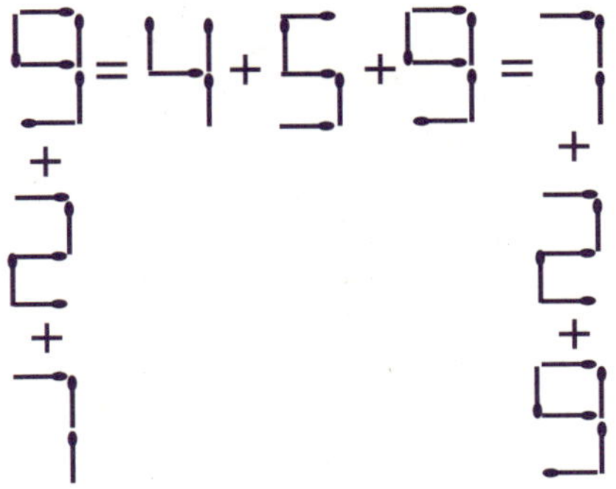

趣味算式

答案：如图所示。

移动 2 根：

移动 3 根：

哈代算式

答案：如图所示，将“+”上的一横移动到最前面，变成 114-111=3。

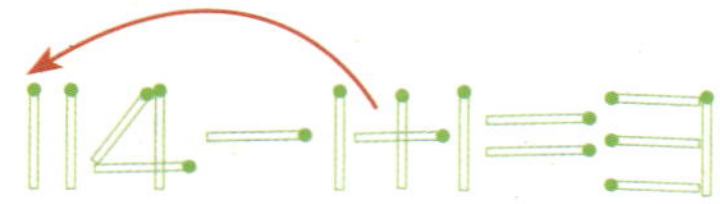

数字分家

答案：如图所示。

8	3	6	5
3	1	2	1
4	5	4	2
1	7	3	9

第三章 趣味数独

数独训练（1）

答案：如图所示。

4	1	3	2
3	2	4	1
1	4	2	3
2	3	1	4

数独训练（2）

答案：如图所示。

2	1	4	3
3	4	2	1
1	2	3	4
4	3	1	2

数独训练（3）

答案：如图所示。

2	1	3	4
3	4	2	1
1	3	4	2
4	2	1	3

数独训练（4）

答案：如图所示。

3	2	4	1
4	1	3	2
1	4	2	3
2	3	1	4

数独训练（5）

答案：如图所示。

4	1	3	2
3	2	1	4
1	4	2	3
2	3	4	1

数独训练（6）

答案：如图所示。

3	1	2	4
4	2	3	1
2	4	1	3
1	3	4	2

数独训练（7）

答案：如图所示。

2	1	4	3
4	3	1	2
1	2	3	4
3	4	2	1

数独训练（8）

答案：如图所示。

4	2	1	3
1	3	2	4
2	4	3	1
3	1	4	2

数独训练（9）

答案：如图所示。

4	2	1	3
1	3	4	2
3	4	2	1
2	1	3	4

数独训练（10）

答案：如图所示。

1	4	3	2
3	2	4	1
4	1	2	3
2	3	1	4

数独训练（11）

答案：如图所示。

2	1	3	4
3	4	2	1
1	3	4	2
4	2	1	3

数独训练（12）

答案：如图所示。

1	4	2	3
2	3	1	4
4	2	3	1
3	1	4	2

数独训练（13）

答案：如图所示。

1	4	3	2
3	2	4	1
4	1	2	3
2	3	1	4

数独训练（14）

答案：如图所示。

4	1	3	2
3	2	4	1
1	4	2	3
2	3	1	4

数独训练（15）

答案：如图所示。

1	2	4	3
3	4	1	2
2	1	3	4
4	3	2	1

数独训练（16）

答案：如图所示。

3	1	4	2
2	4	3	1
4	2	1	3
1	3	2	4

数独训练（17）

答案：如图所示。

1	4	2	3
2	3	1	4
4	2	3	1
3	1	4	2

数独训练（18）

答案：如图所示。

4	1	2	3
2	3	4	1
1	2	3	4
3	4	1	2

数独训练（19）

答案：如图所示。

2	1	3	4
4	3	1	2
1	2	4	3
3	4	2	1

数独训练（20）

答案：如图所示。

4	1	3	2
3	2	1	4
1	4	2	3
2	3	4	1

数独训练（21）

答案：如图所示。

4	2	1	3
1	3	2	4
2	4	3	1
3	1	4	2

数独训练（22）

答案：如图所示。

3	4	1	2
1	2	4	3
4	3	2	1
2	1	3	4

数独训练（23）

答案：如图所示。

3	2	4	1
4	1	3	2
1	4	2	3
2	3	1	4

数独训练（24）

答案：如图所示。

4	1	2	3
2	3	4	1
1	2	3	4
3	4	1	2

数独训练（25）

答案：如图所示。

4	3	2	1
2	1	4	3
3	2	1	4
1	4	3	2

数独训练（26）

答案：如图所示。

2	1	3	4
3	4	2	1
1	3	4	2
4	2	1	3

数独训练（27）

答案：如图所示。

4	2	1	3
1	3	4	2
3	4	2	1
2	1	3	4

数独训练（28）

答案：如图所示。

3	4	1	2
1	2	4	3
4	3	2	1
2	1	3	4

数独训练（29）

答案：如图所示。

4	1	2	3
2	3	4	1
1	2	3	4
3	4	1	2

第四章 几何数字

图形与数字

答案：6835。

六边形在图形外面表示45，在里面表示35；圆在外面表示79，在里面表示16；正方形在外面表示68，在里面表示24。从外到里连起来即6835。

数字哑谜 1

答案：不知道细心的你有没有发现，这是一个电话数字键盘的模板。左右两个问号处分别是*和#。

数字哑谜 2

答案：16。

140=2×2×5×7那么◇ × □ × ■ =140，可以是140=4×7×5或140=2×14×5 或 140=2×7×10，根据第一个□ + ◇ − ■ =6，将上述3种情况代入可知7+4−

5=6，所 以□ =7，◇ =4，■ =5。所以问号处应填 16。

缺少的数字

答案：2。

规律：从左上角开始，按照顺时针的方向，把圆圈内的数字相加，可以发现，分别是 7、8、9、10。

数字瓷砖

答案：如图所示。

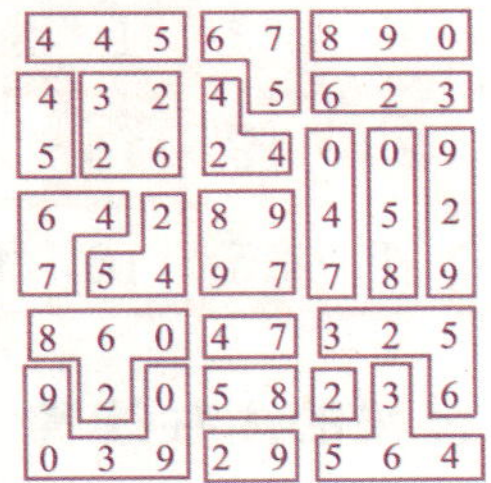

移棋子

答案：如图所示。

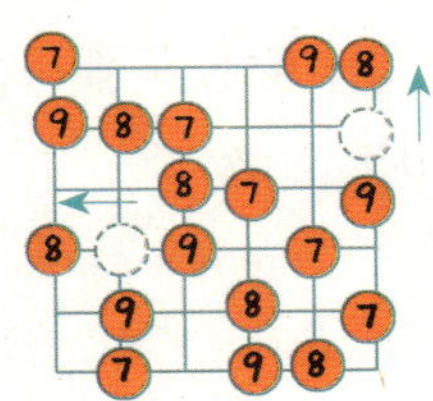

数字五角星

答案：11。

规律：每个五角星上面 3 个顶点的数字之和减去下面 2 个顶点的数字之和，结果为中心数字。

数字三角形

答案：7。

每个三角形角上的数字加起来，乘以 2，等于三角形中心处的数字。

对应的圆形盘

答案：F。

奇数的个位数和十位数交换位置，偶数不变。

数字盘

答案：1。

规律：从 64 开始，每次跳过一个数字，按照顺时针方向行进，依次减去 1，2，4，8，16，32。

算式如下：64−1=63，63−2=61，61−4=57，57−8=49，49−16=33，33−32=1。

六边形谜题

答案：512。

运算规则：有短线的六边形中的数字为右边有圆圈六边形中数字的平方，而有圆圈的六边形中的数字为左边数字的一半。

填数

答案：如图所示。

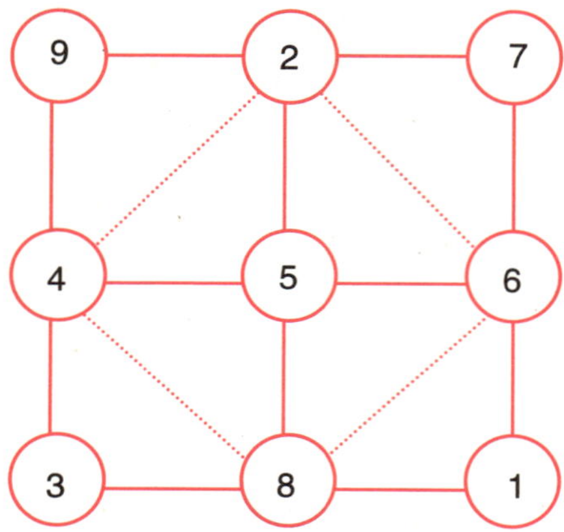

先考虑左上角的小正方形数值，2 加上 4 等于 6，所以另外两个数的和一定是 14。排除已经出现的数字，1 到 9 中，还有 1、3、5、7、9 这几个数字未使用。取其中和为 14 的两个数字，即 5 和 9。

再看右下角的小正方形。8 加上 6 等于 14，那么剩下两个圆圈内应该填上 1 和 5，我们可以判断出中心数字一定是 5。这样一来，再求其他数字就简单了。

求数字

答案：6。

在每个数字方块中，将左上角和左下角的数字相乘得到第一个积，然后将右上角和右下角的数字相乘得到第二个积，第一个积减去第二个积得到的差放入中间位置。

五阶幻方

答案：如图所示。

14	10	1	22	18
20	11	7	3	24
21	17	13	9	5
2	23	19	15	6
8	4	25	16	12

神秘的内在规律

答案：9。

规律：把外圈中的每个数字都看作是 1 个两位数，把这个两位数的个位数与十位数相乘再加上 1，就是对面内圈的数字。

写给中国孩子的

思维游戏书

发散思维游戏

王　翊◎主编

北京工艺美术出版社

图书在版编目（CIP）数据

写给中国孩子的思维游戏书．发散思维游戏 / 王玥主编．-- 北京 ：北京工艺美术出版社，2023.8
ISBN 978-7-5140-2629-0

Ⅰ．①写… Ⅱ．①王… Ⅲ．①智力游戏－儿童读物 Ⅳ．① G898.2

中国国家版本馆 CIP 数据核字 (2023) 第 055735 号

出 版 人：陈高潮　策 划 人：杨　宇　装帧设计：郑金霞
责任编辑：周　晖　责任印制：王　卓

法律顾问：北京恒理律师事务所　丁　玲　张馨瑜

写给中国孩子的思维游戏书　发散思维游戏

XIE GEI ZHONGGUO HAIZI DE SIWEI YOUXISHU FASAN SIWEI YOUXI

王玥　主编

出　　版　北京工艺美术出版社
发　　行　北京美联京工图书有限公司
地　　址　北京市西城区北三环中路6号　京版大厦B座702室
邮　　编　100120
电　　话　(010) 58572763（总编室）
(010) 58572878（编辑室）
(010) 64280045（发　行）
传　　真　(010) 64280045/58572763
网　　址　www.gmcbs.cn
经　　销　全国新华书店
印　　刷　天津海德伟业印务有限公司
开　　本　700 毫米 × 1000 毫米　1/16
印　　张　8
字　　数　24千字
版　　次　2023年8月第1版
印　　次　2023年8月第1次印刷
印　　数　1～20000
全套定价　199.00元（全五册）

FOREWORD

前言

孩子在身体茁壮成长的过程中，智力也在快速增长，在这个阶段对孩子进行开发全脑的思维训练，能使孩子的智力得到提升，让他们未来的道路更加光明璀璨。

那么如何对孩子的思维进行有效的训练呢？众所周知，爱玩是孩子的天性，生硬的知识灌输方式是他们极为厌烦的，而花样百出的游戏能带给孩子难以言说的快乐，因此，把学习、思考与游戏结合起来，无疑是最适合孩子的学习方式。

在尊重孩子的天性和认知水平的基础上，我们专为孩子打造了《写给中国孩子的思维游戏书》，力求通过一道道具有趣味性和挑战性的思维游戏题，帮助孩子建立超强的思维模式，激发孩子的无限潜能。

本书精选了数百道思维游戏题，涵盖逻辑思维、推理思维、发散思维、图形思维、数字思维等不同类型题目，

每道题目都极具代表性，有些还是世界知名的经典题目。本书架构清晰，编排合理，游戏形式多样，版式活泼，图文并茂，在观察图形、灵活运算、寻找规律、推理案情、巧走迷宫等过程中，相信孩子的思维能力会得到很大提升。

本书适合孩子利用碎片时间进行阅读和训练，在课间、茶余饭后的闲暇时间里都可以拿出来练一练、玩一玩。在享受游戏的快乐中，孩子的思维能力得到稳步提升，并逐步建立起优秀的思维方式。

小游戏也能玩出大智慧。相信孩子在我们精心打造的游戏天地中，一定会越玩越上瘾，越玩越聪明！

CONTENTS 目录

第一章 立体思维

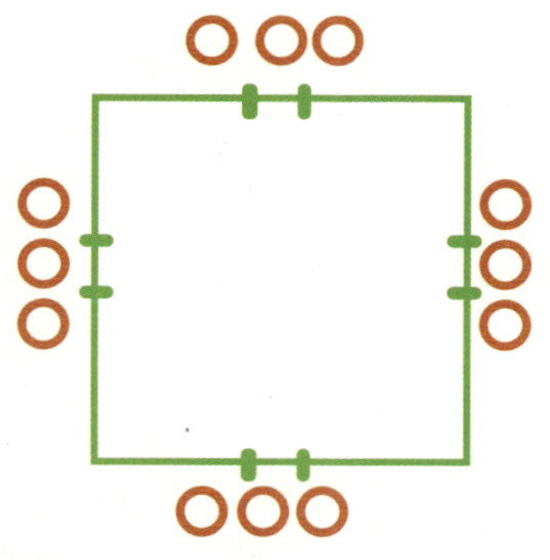

第二章 逆向思维

第三章 横向思维

第四章 纵向思维

第一章
立体思维

火柴图形

下面是一个由 9 根火柴拼成的图形。

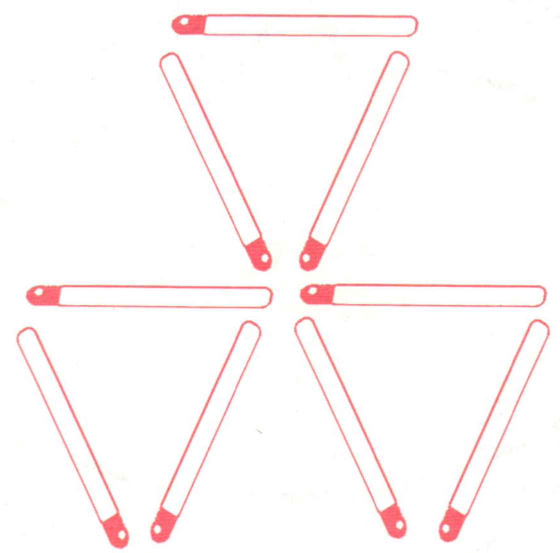

头脑风暴

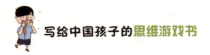

如何只移动其中的 3 根火柴，将这个图形变成由 3 个菱形组成的立方体。

火柴棒立体图

下图中，6 根火柴棒组成了一个正六边形，再加 3 根火柴棒，使这个平面图变成立体图。

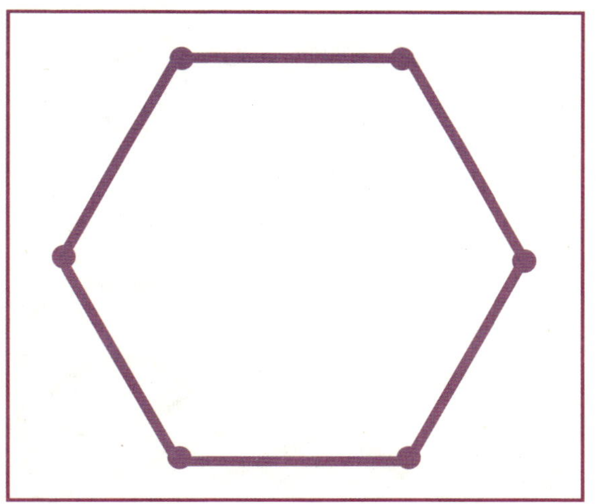

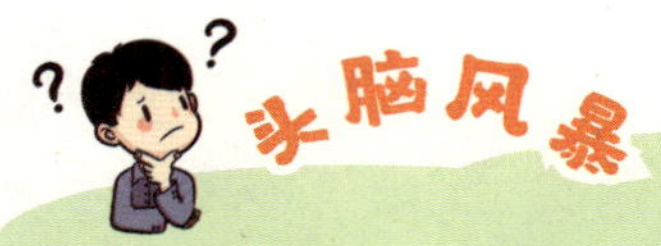

应该怎么加呢？

莫比乌斯带

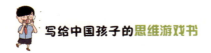

下图将是你所见过的最为奇特的环面。为了向最先研究这一现象的德国数学家莫比乌斯表示敬意，它被命名为莫比乌斯带。

要做出一个莫比乌斯带，你需要一张大约 2 厘米宽、20 厘米长的纸条。将纸条的一端扭转 180° ，再用胶带把纸条两端粘牢。用一支记号笔在纸条的一面涂上红色，另一面则涂成蓝色。很快你就会发现这个纸环其实只有一面！

思考一下，如果你将莫比乌斯带从正中间的虚线处分开，你将得到一个什么样的图形呢？

打结的绳子

下面有4条绳子，其中有的打结了，有的没打结，你能看出来吗?

图1

图2

图3

图4

图中哪些绳子没打结?

几个方块？

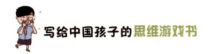

下面是一个由正方体组成的图形，在这个图形上，我们可以非常容易地找出 6 个方块。但奇妙的是，有人看到了 7 个方块。

怎样看这幅图才能看到 7 个方块?

不同角度的立方体

这是一个观察立方体的问题。

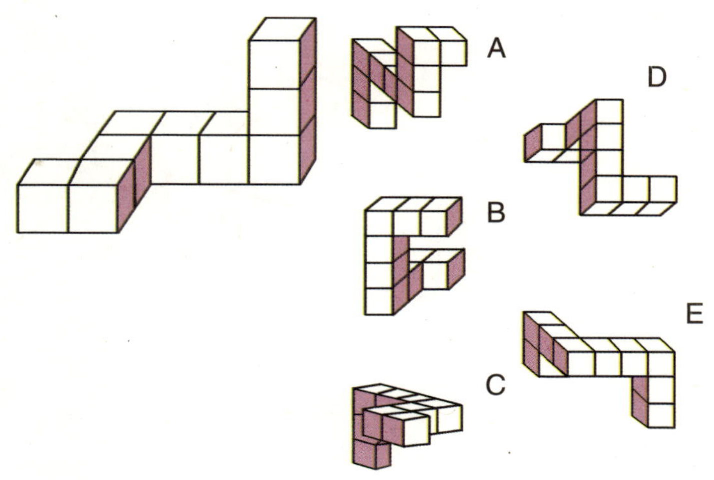

头脑风暴

左边的图形和右边 A、B、C、D、E 五个图形中的哪一个相同?

立方体各面颜色

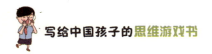

维德正在布置一场舞会，其中要用到一种类似骰子的立方体，在它的6个面涂上红、蓝两种颜色，使其呈现出不同的侧面，作为舞会上特别的装饰物。

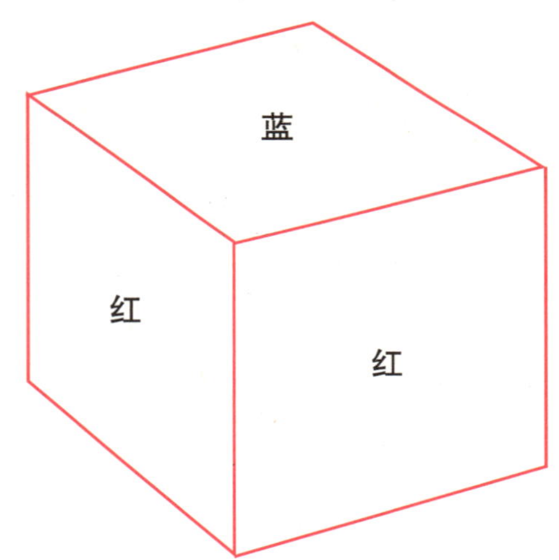

头脑风暴

如果你是维德，你知道这一立方体6个面上的颜色有几种不同的组合方式吗？现在，请你动手做一做吧。

折叠立方体

请仔细观察下面这些图案。

展开的图形可折叠成 A~D 中的哪个立方体？

侧面图案

下面3个图形，是由同一个立方体3种不同的放置方式所呈现出来的3种不同的视面。从图中可以看到，有5种图案分别出现在立方体的各个侧面。立方体的六个侧面都有图案，而出现在立方体的各个侧面上的图案，总共只有这5种，也就是说，有一种图案出现了两次。

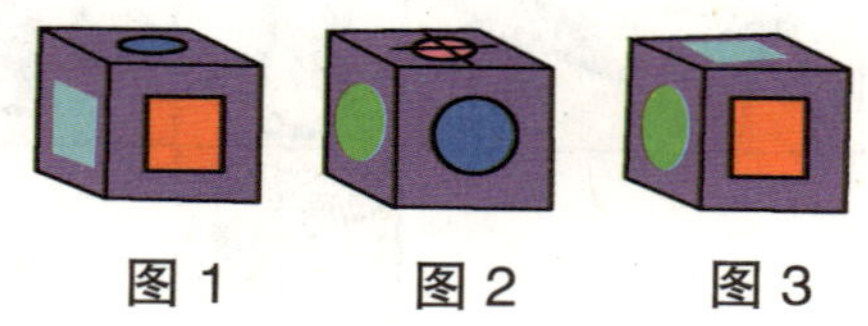

图1　　图2　　图3

头脑风暴

如果上述3种视面中，位于底部的图案都不是出现两次的图案。那么，下面哪个图案出现了两次？

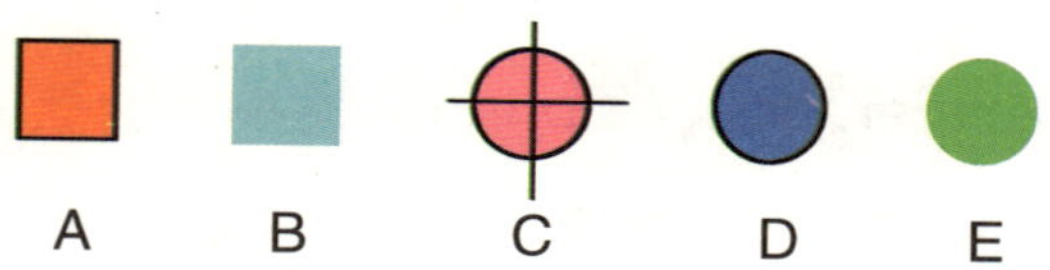

面面俱到

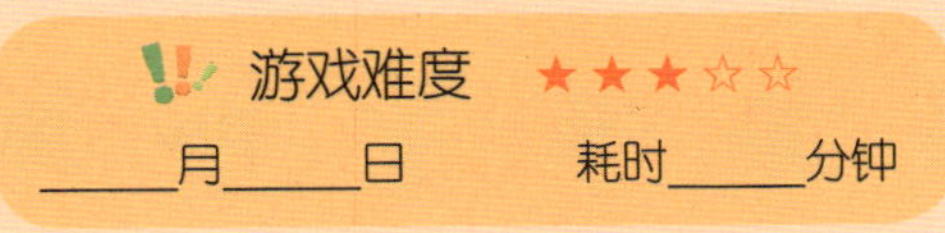

下面的 6 个正方形可以合成一个正方体。

你能看出合成了下面哪一个正方体吗?

A

B

C

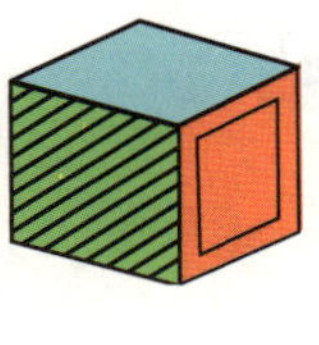
D

13根木棍

13根木棍摆放如下图，需要将它们拿走，每根木棍被拿掉时上面不能压着别的木棍。

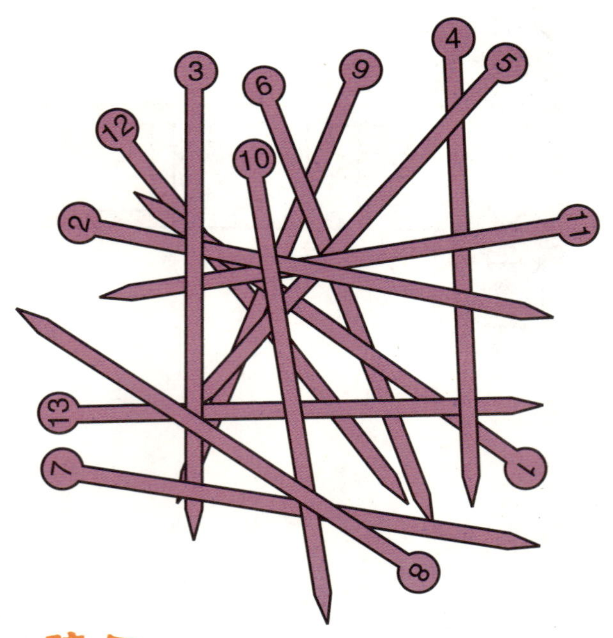

头脑风暴

按怎样的顺序将它们拿开才能最终“解放”第12根木棍？

椅子倒了

下图中的这把椅子翻倒了，移动 2 根火柴棒，就能把它正过来。

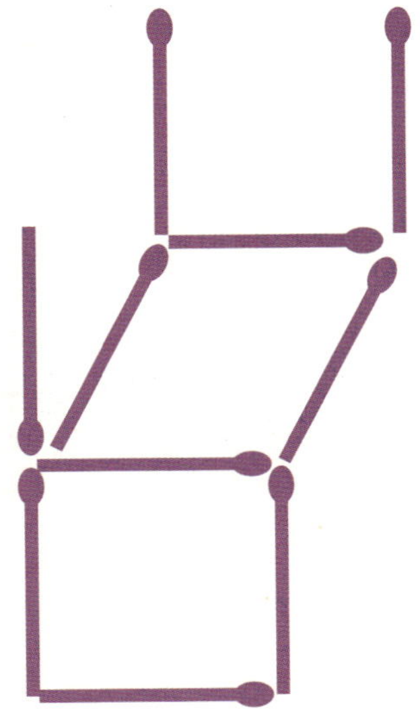

如何移动火柴才能把它正过来？

补全积木

请你仔细观察下面左边积木的缺口形状。

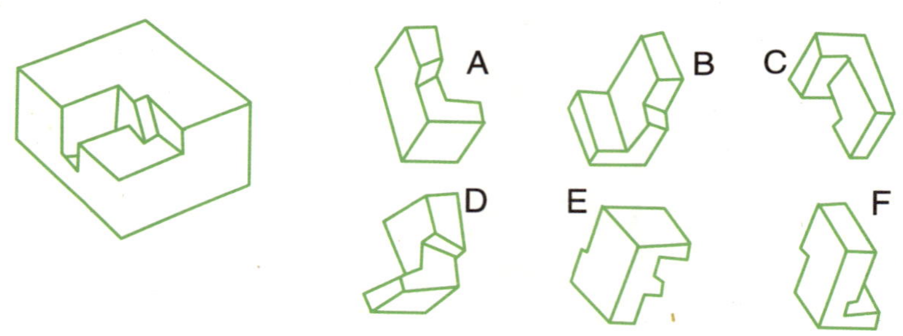

头脑风暴

在 A~F 这 6 块小木块中，哪一块正好能嵌入左边积木？

破损的宝塔

下图是一座年久失修的宝塔，上面已经出现了很多裂缝，仔细观察这些裂缝，你会发现一件有趣的事。

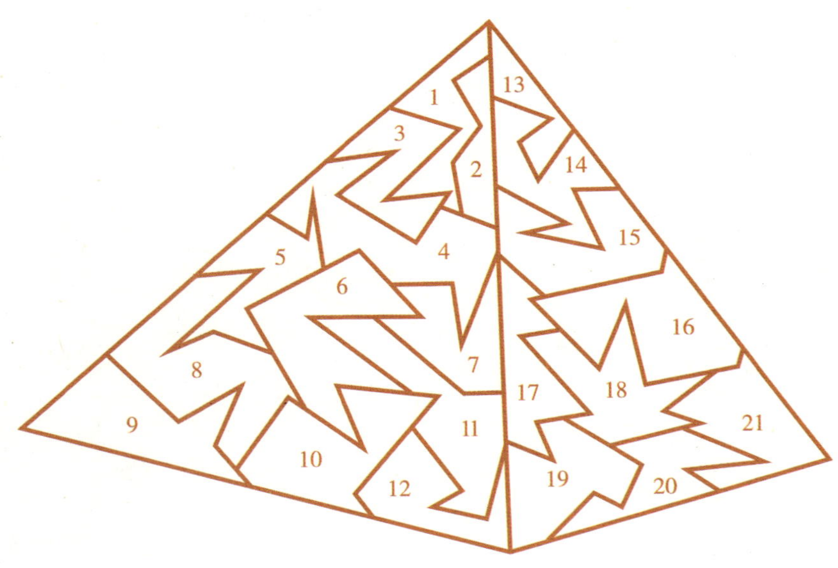

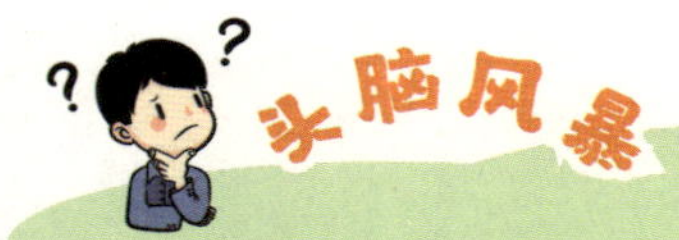

有没有一模一样的碎片？

猜物品

下面是生活中常见物品的投影。

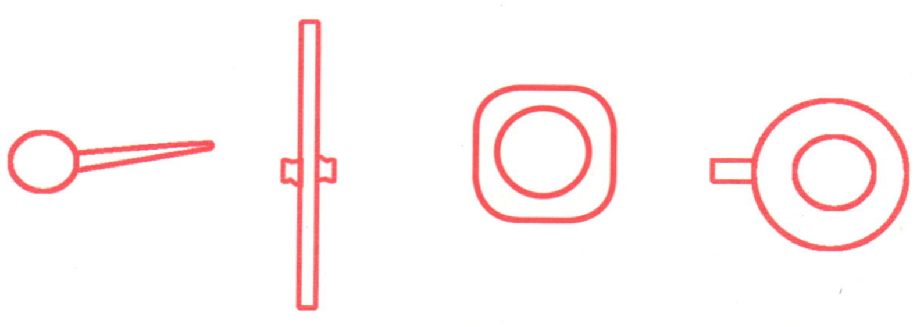

这 4 个图形分别是什么物品的投影？

将军守城

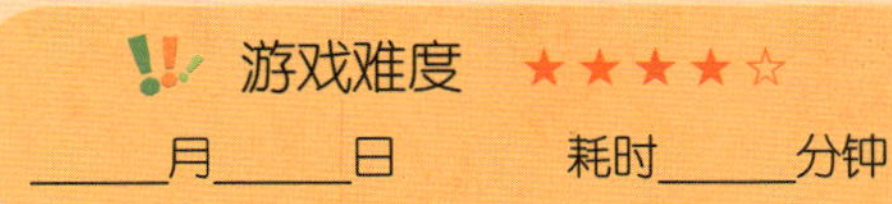

有一位将军特别善于调动士兵，一次，他带了 360 名士兵守卫一座小城池。他把 360 名士兵分派在城的四面，使每面城墙上都有 100 名士兵。战斗打得十分激烈，不断有士兵阵亡，每减少 20 人，将军便将守城的士兵重排一下，使敌人看到每面城墙上依然有 100 名士兵。士兵的人数已降为 220 人了，四面城墙上仍是每面都有 100 名士兵。敌人见守城的士兵丝毫没有减少，以为将军有大量的后备军，便撤军了。

你知道将军是怎样巧妙调动士兵的吗？

聪明的亲兵

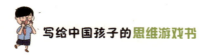

这是一座从正上方俯视时呈正方形的城堡，领主在每一面都派了3个亲兵日夜巡逻，每天领主都会通过四面的窗口观察亲兵是否忠于职守。12个亲兵很快就想到了偷懒的办法，既能减少几个人，又让领主观察时看到的仍是每面3人。

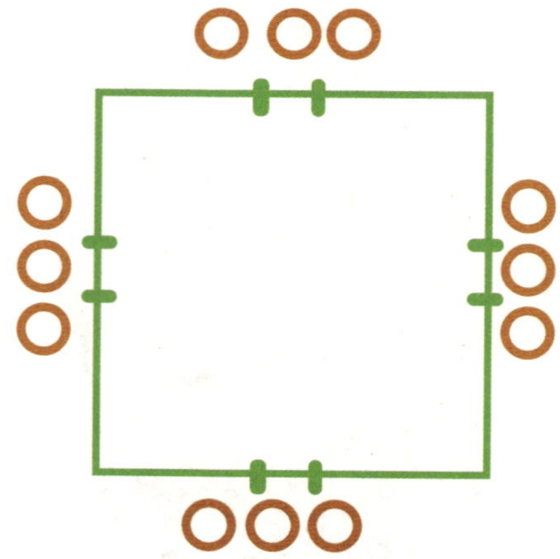

哪个人最高？

游戏难度 ★★☆☆☆

_____月_____日　　　耗时_____分钟

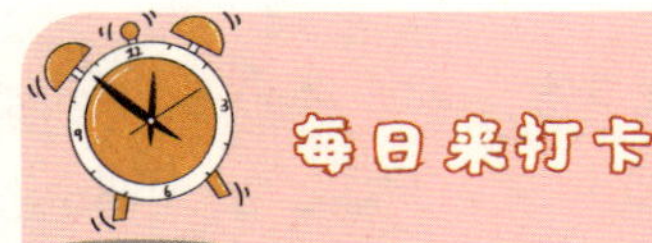

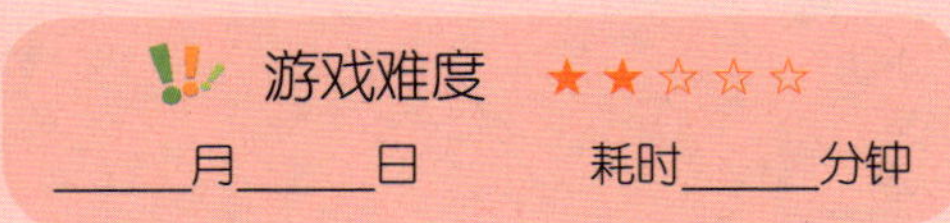

仔细看下图。

头脑风暴

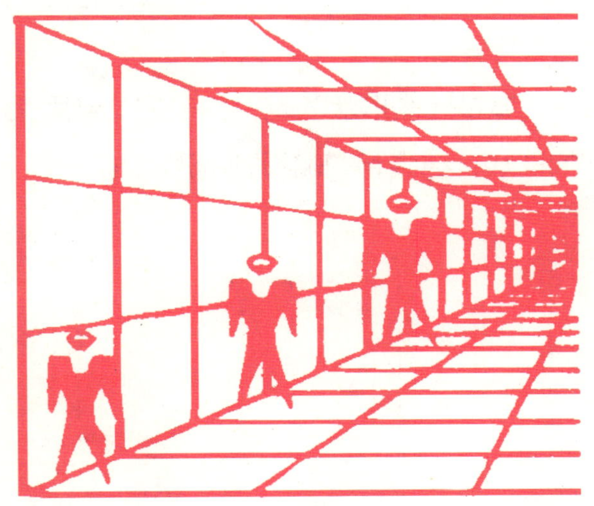

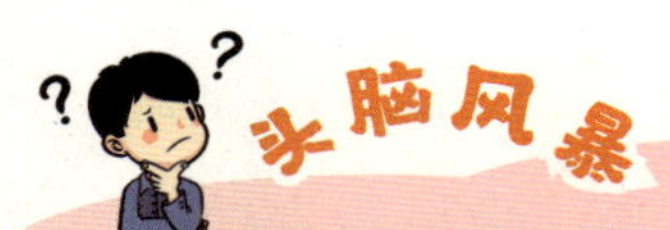

三个人中，最高的是哪一个？

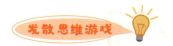

立体招牌

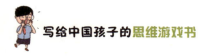

约翰在玩具店里看到了一个构思奇特的立体招牌。回到家后，他想让父亲猜猜这个招牌的形状，于是向他描述道：从前面看，这个立体招牌是“十”字形，侧面看是正方形，从上面俯视呈现“工”字形。

这个招牌究竟是什么形状的呢？约翰的父亲思索了片刻，很快画出了它的形状，结果和约翰看到的形状相同。

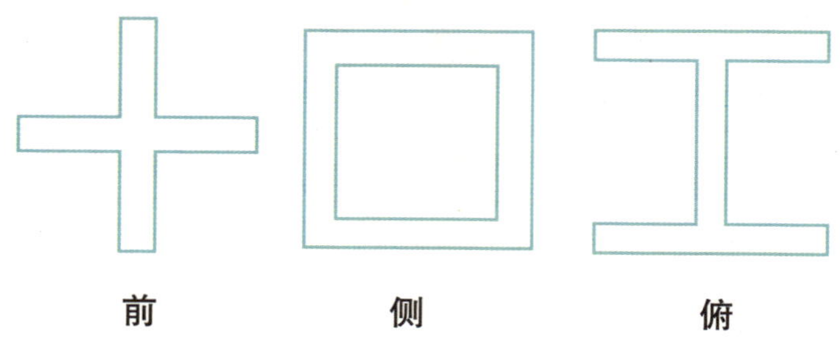

前　　侧　　俯

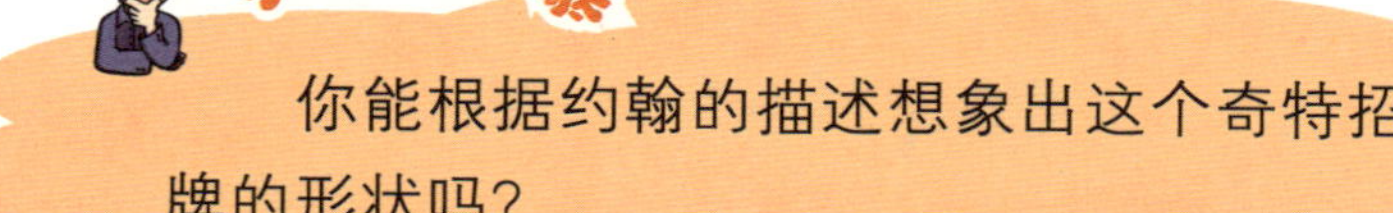

你能根据约翰的描述想象出这个奇特招牌的形状吗？

四边形玻璃板

下面是一些叠在一起的四边形玻璃板。

你能数出一共有多少块玻璃板吗？

硬币金字塔

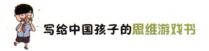

用硬币排成金字塔图形。现在请你以移动最少的硬币为原则，将金字塔图形上下颠倒。以 2 ~ 5 层的金字塔图形为例，只要移动图中有颜色的硬币，就可以将图形上下颠倒。

头脑风暴

请问，要将 6 层金字塔图形上下颠倒，最少需要移动几枚硬币？

积木塔

下图是由 30 块小积木搭建起来的立体塔。

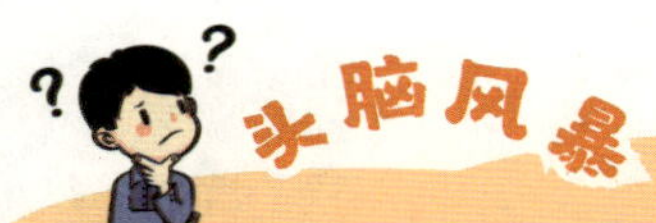

你能画出它俯视和侧视的样子吗?

最短的路线

下面是一个正方体，已经给出了 A、B 两个点，如果要从 A 点到 B 点，有很多种走法。

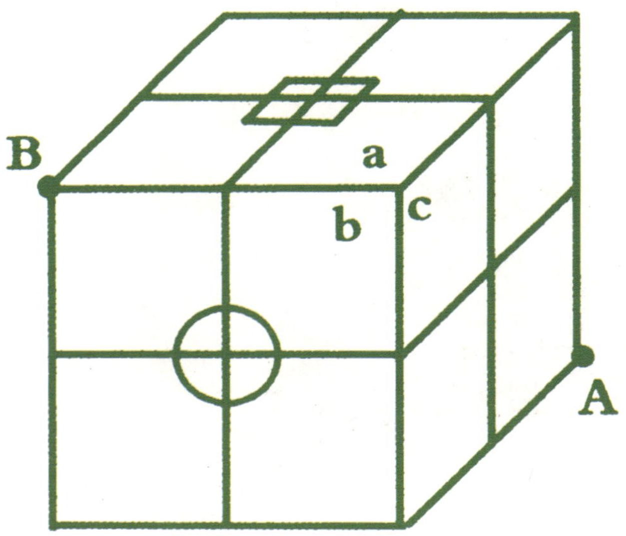

怎么走才是最短的路线？

立体图形

下图是一幅符合透视原理的立体图形。

头脑风暴

你知道此立体图形是由多少块积木堆砌而成的吗？

施罗德阶梯

下图所示的魔术阶梯是有名的施罗德阶梯，如果你将它倒过来看，就知道它的特别之处了。现在，请在每一阶上各放一张绿色和蓝色的卡片，使每一阶卡片的数字之和为 5 个连续的数字，即：9、10、11、12、13。

该怎样放置卡片？

第二章
逆向思维

先喝到瓶底的饮料

这里有满满的一瓶饮料。

怎样才能先喝到瓶底的饮料呢？

火柴杯

请准备 14 根火柴，按下图摆成 2 个倒放的杯子模样。

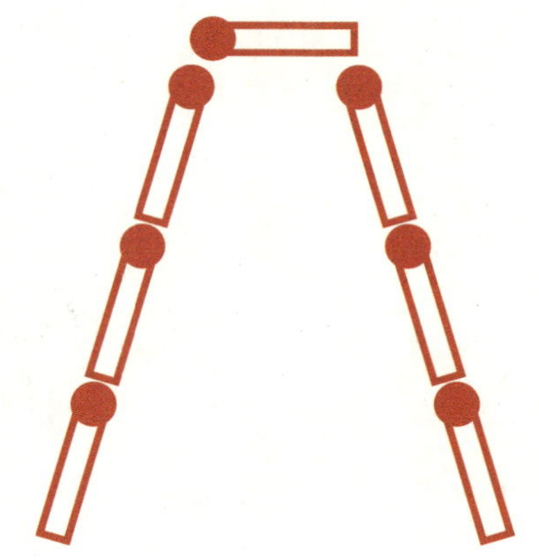

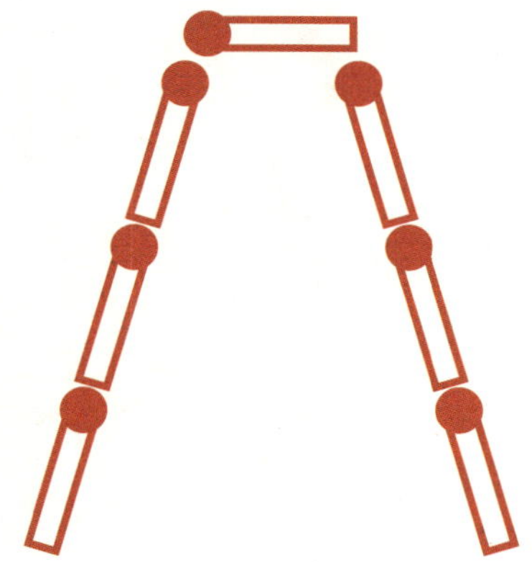

只移动 5 根火柴，能不能让 2 个杯子的口朝上？

改变鹿头方向

下图是用 5 根火柴拼起来的小鹿。请你只移动 1 根火柴使小鹿的头朝另一个方向看，而不会使其他地方有任何改变。

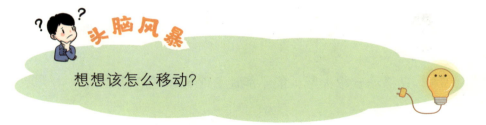

巧取宝石

每日来打卡

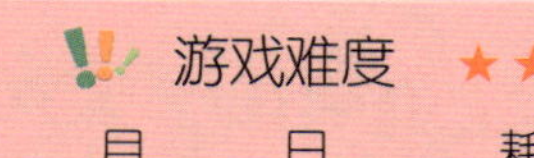

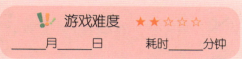

游戏难度 ★★☆☆☆

____月____日　　耗时____分钟

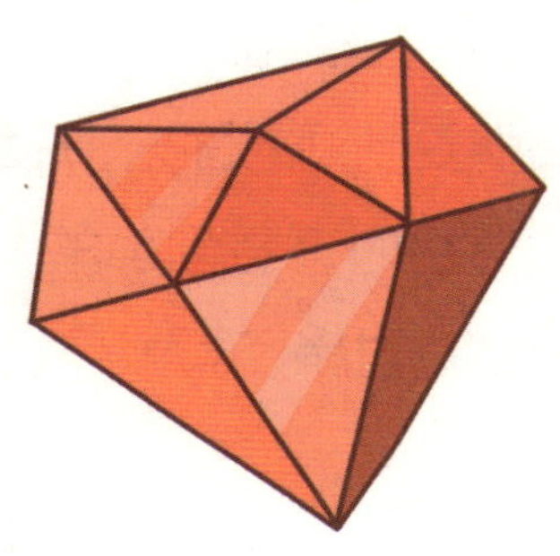

有一次，国王在 15 平方米的豪华地毯正中央放了一颗光彩夺目的宝石，然后对孩子们说："谁能不走上地毯拿到这颗宝石？只能用手，不能用任何工具。谁能拿到它，我就把它作为礼物送给谁。"

话音刚落，孩子们立即围在地毯周围，争先恐后地伸出了手，但谁也够不到那颗宝石。

这时，有一个小公主笑着说："我可以拿到它！"

说完，她真的拿到了那颗宝石。

请问，她是用什么办法拿到宝石的呢？

不吃羊的狼

一只狼和一只小羊分别住在河的两岸。这天，狼和小羊都有事情要到河对面去，并且都要走河上唯一的一座桥。可奇怪的是，狼过桥时没看到小羊，小羊过桥时也没看到狼，它们都顺利过桥到达对岸了。

为什么小羊没有被狼吃掉呢？

小狗赛跑

两只小狗赛跑，甲狗跑得快，乙狗跑得慢。

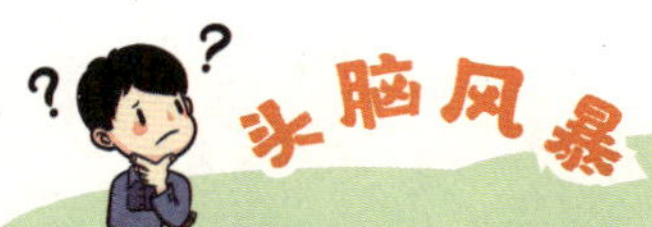

跑到终点时，哪只小狗出汗比较多？

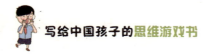

分蘑菇

两只小兔子 A 和 B 在森林里采了一个大蘑菇。由于对如何平均分配这个蘑菇持有不同意见，都担心对方拿大块的，它们争吵了起来，最后只好把这个问题交给大象来处理。结果大象给它们出了一个绝妙的点子，两只小兔子高高兴兴地均分了这个蘑菇。

请问，大象出了一个什么点子呢？

取出药片

阿东生病了，医生给他开了一瓶药，药瓶上有一个软木塞。姐姐拿着药瓶对阿东说："弟弟，你信不信我不破坏瓶子，不拔出瓶塞，也不在瓶塞上打孔，就能把药片取出来。"阿东摇摇头表示不相信，结果姐姐真的做到了。

你知道姐姐是怎么把药片取出来的吗？

神奇的镜子

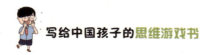

在照镜子时，你在镜子中的影像与你自己相比，左右颠倒了方向。比如你的左手，在镜子中就成了你的右手，而你的右手在镜子中则成了你的左手。由此看来，镜子中的影像是可以左右颠倒的。

但是如果你在镜子前面侧身躺下，你会发现镜子中的影像并没有左右颠倒，比如你头和脚的位置看上去依然与你躺下的实际方向是一致的。

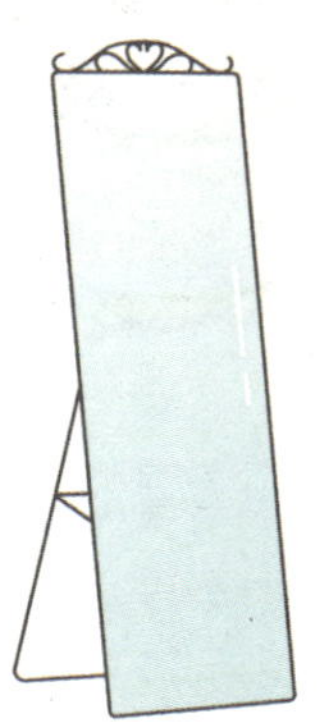

为什么又不会出现左右颠倒的情景了呢？

池塘里共有几桶水？

游戏难度 ★★★☆☆

______月______日　　耗时______分钟

一位大名鼎鼎的老学者居住的小屋旁边有一个池塘，一天，他想到一个奇怪的问题：这个池塘里共有几桶水？这个问题问得古怪，就像问一座山有多少斤一样，谁能答得上来？老学者的弟子都是出名的学者，但没有一个人能回答上来。老学者很不高兴，便说："你们回去思考三天。"

三天过去了，弟子中仍无人能解答这个问题。老学者觉得很扫兴，干脆写了一张布告，声明谁能回答出这个问题，就收谁做弟子，免得有人说他的弟子都是庸才。

布告贴出后，一个女孩子大大咧咧地走进老学者的授课教室，说她知道这个池塘里有几桶水。弟子们一听觉得好笑，心想：小孩子懂什么。这个女孩子凑到老学者耳边说了几句话。老学者听完连连点头，露出了赞许的笑容。

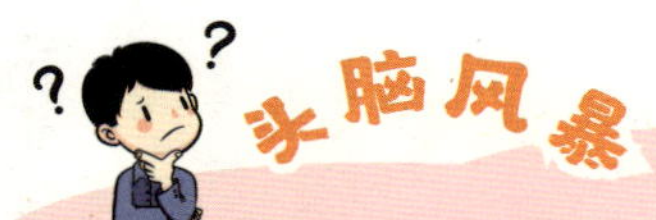

那么，你能说出这个池塘里有几桶水吗？

两个乒乓球

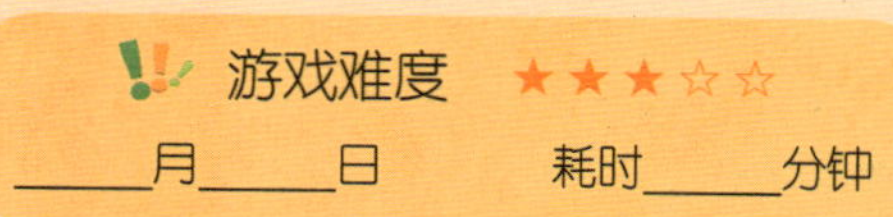

兵兵一直吵着要强强陪他一起打乒乓球。强强被吵得实在受不了，于是想了一个妙计："兵兵，这个袋子里放了两个乒乓球。如果你拿到黄色的，我就陪你玩；如果拿到白色的，你就要放弃，而且不能再来打扰我。"

兵兵的眼睛顿时亮了起来，但此时却瞥见转过身的强强放了两个白色乒乓球进去。那么，不论他拿到哪一个都会是白色的。

请问，兵兵怎样才能玩成乒乓球？

转述广告

游戏难度 ★★☆☆☆

____月____日　　耗时____分钟

小黄、小李、小王和小张 4 个中国人一起去瑞士旅游。小黄会说拉丁语和德语，小李会说德语和法语，小王会说法语和英语，小张会说西班牙语和英语。这天他们在饭店里看到一张用拉丁语写的旅游广告，小黄读后用德语告诉了小李。

头脑风暴

可怎样才能最快捷地把广告内容告诉小王和小张呢？

如何通过？

一艘船顺流而下，在通过一个桥洞时，发现货物比桥洞高出约 1 厘米，需要卸掉一些货物才能通过。无奈货物是整装的，一时无法卸下。

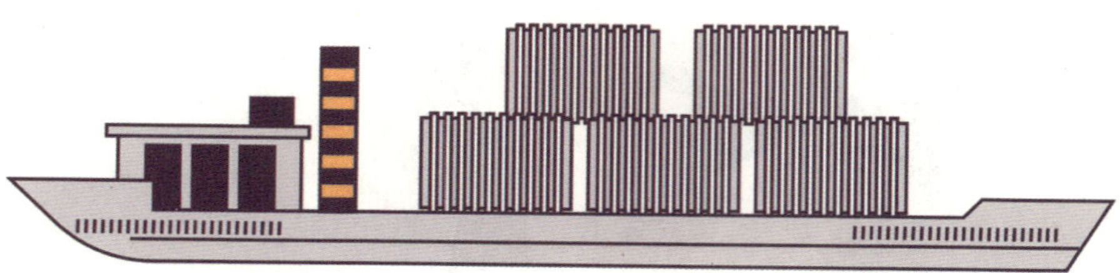

有什么办法能够不卸货物使船通过呢？

自动飞回的皮球

皮皮用力将一个皮球扔了出去，球没有碰到任何障碍物，可奇怪的是，皮球在空中飞了一会儿后，又回到了皮皮手中。

你知道皮皮用了什么办法让皮球自动飞回吗？

浓烟飘向哪个方向？

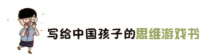

在铁轨上，有辆电力机车以每小时 100 千米的速度正常行驶。迎面的大风以每小时 30 千米的速度刮过来。

头脑风暴

现在有一个问题要考考你：你知道从车头冒出的浓烟会以什么样的速度飘向哪个方向吗？

篮球赛

在某次篮球比赛中，A 组的甲队与乙队正在进行一场关键性对决。对甲队来说，需要赢乙队 6 分才能在小组出线。现在离终场只有 6 秒钟了，但甲队只赢了 2 分。要想在 6 秒内再赢乙队 4 分，显然是不可能的了。

头脑风暴

这时，如果你是甲队的教练，你肯定不会甘心认输，如果允许你有一次叫停机会，你将给场上的队员出个什么主意，才有可能赢乙队 6 分？

分桃子

桌子上一共有 4 个桃子，要把它们分给 4 个小朋友，使每个人都得到 1 个，同时桌子上必须还要留下 1 个。

过河

两个人同时来到了河边，都想过河，但只有一条小船，而且小船一次只能载一个人。

请问，他们是否都能过河？

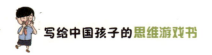

不能出圈

林林对叶子说："有一次，石头把一个塑料圈放在了地上，让我跳进去，这个圈直径为 1 米，然后他在 3 米外的地方摆了一本书，他要我不走出这个圈就能拿到这本书，我一下就拿到了，你知道我是怎么拿到的吗？"叶子一听，想了想说："大概是用棍子把书拨过来的吧？"林林说："不能用棍子，只能用手把书拿过来。"叶子又仔细地想了想，最后想出了原因。

你知道是什么原因吗？

小牛转圈

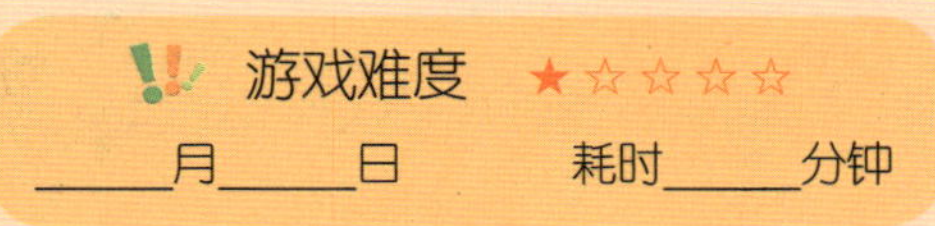

有一头头朝北的小牛，它向右原地转 3 圈，然后向左原地转 3 圈，接着再往右转 1 圈。

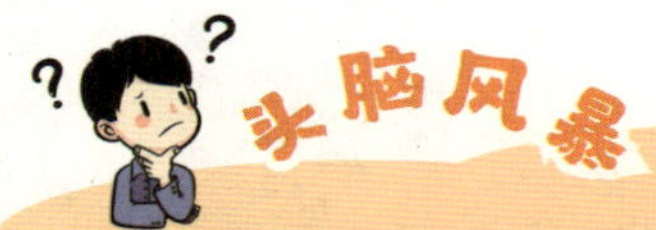

这时候它的尾巴朝哪个方向?

智过界桥

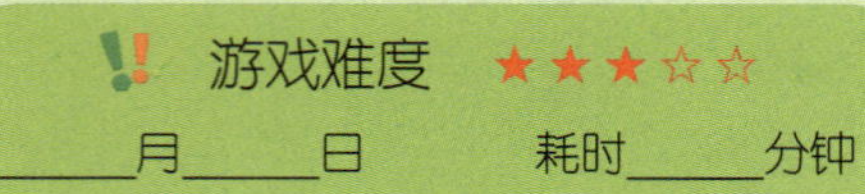

A、B 两国以河为界。河上有一座桥，桥中间的瞭望所上有一个哨兵。

哨兵的任务是阻止行人过桥。如果有人从南往北走，哨兵就把他送回南岸；如果有人从北往南走，哨兵就把他送回北岸。

哨兵每次离开岗位休息的时间为 8 分钟。

但是，要通过这座桥，最快也得 10 分钟。

头脑风暴

有一个人要通过这座桥往南岸去，用什么方法能从桥上走过去？

细胞分裂

游戏难度 ★★★★☆

_____月_____日　　耗时_____分钟

一个生物学家在进行细胞分裂的实验。他在一个试管中植入了 1 个活细胞，1 分钟后，这个细胞分裂成 2 个；再过 1 分钟，2 个细胞分裂成 4 个；3 分钟后，试管中的细胞分裂成 8 个……每过一分钟，试管中细胞的数量增加 1 倍。如果试管的有限空间不能容许所有的细胞同时再分裂，我们就说该试管的活细胞已经饱和。试管内的活细胞一旦饱和，不管试管内的空间是否被活细胞充满，它们的分裂都立即停止。

头脑风暴

假设从 1 个活细胞的分裂开始，一个小时后该试管内的活细胞饱和，并且所有空间正好被活细胞全部充满。那么，如果从 2 个活细胞的分裂开始，需要多长时间才能使该试管中的活细胞饱和呢？

巧妙交错

10 只杯子排成两排，上边 5 只盛满水，下边 5 只空着。

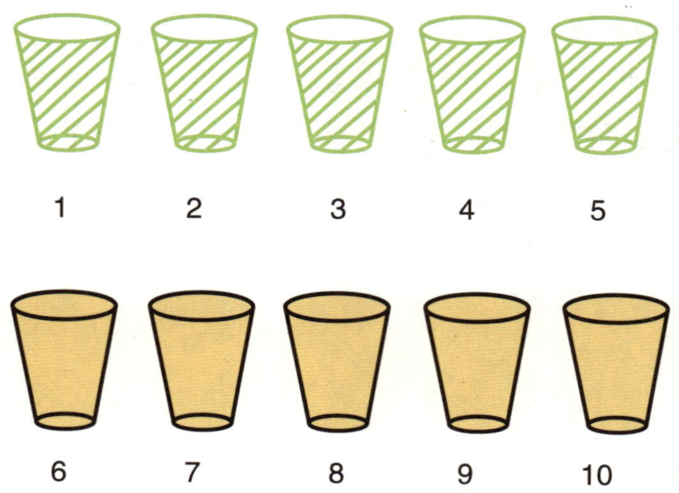

头脑风暴

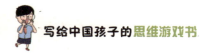

请你在仅动 4 只杯子的条件下，使 10 只杯子变成满杯与空杯相互间隔排列。如果只动 2 只杯子，你还能使它们相互间隔排列吗？

公共汽车上的怪事

毛毛坐上一辆公共汽车，他发现买票的人（包括毛毛在内）只占车上人的三分之一，可汽车一直开到终点，司机和售票员也没有向另外的三分之二的人索要车票。

你知道这是为什么吗?

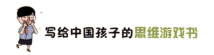

一箭四落

游戏难度 ★★☆☆☆

_____月_____日　　耗时_____分钟

一位老猎人教导他的 3 个儿子说："只有有勇有谋，才能在大森林里面生存。"

一次，老猎人在盘子上放了 4 个大苹果，让 3 个儿子用最少的箭射掉全部苹果。大儿子比画了一下说："我要用 3 支箭。"二儿子一听，急忙说："那我只用 2 支箭。"小儿子想了一下，说："我 1 支箭就足够了。"

老猎人听了很高兴，夸奖小儿子聪明。大儿子与二儿子听了不服气，认为弟弟在说大话。于是小儿子 1 箭射出，4 个苹果全部落地了。

你知道他是怎样射的吗？

“是”还是“不”？

每日来打卡

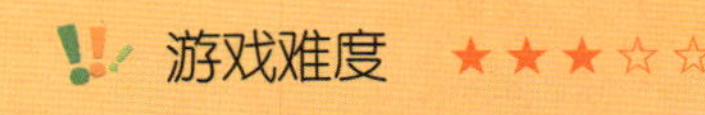

游戏难度 ★★★☆☆

_____月_____日　　耗时_____分钟

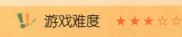

小张想和弟弟去爬山，但是弟弟很懒，小张想了一个办法让弟弟没办法拒绝。他对弟弟说：“我有两个问题要问你，你只能回答‘是’还是‘不’，不能用其他的语句代替。还有，你必须郑重地回答，而且两个回答在逻辑上必须完全合理，不能自相矛盾。”弟弟觉得挺好玩，就一口答应了。

头脑风暴

你知道小张问的是哪两个问题吗？

准时轮班

某隧道的工地现场，有 60 名工作人员轮番施工。因为工地深入地下，不见天日，所以无从分辨白天和晚上。而且该隧道内有十分强烈的磁场，任何钟表在此都无法使用。按规定，这些工人每隔一小时，就轮替 10 人到地面上休息。而在这种完全无法计时，又与外界没有任何联系的情况下，这些工人竟然都能准时轮番交班。

这是为什么呢？

第三章
横向思维

一道简单的心算题

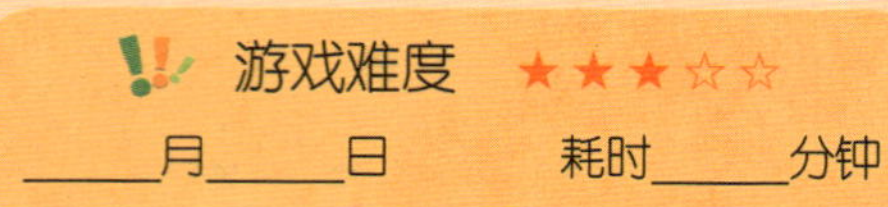

有这样一道简单的心算题：

1000+40+1000+30+1000+20+1000+10=？

你算出答案了吗？你的答案是 5000 吗？

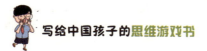

几个铜板？

路上迎面走来 7 位老翁，7 位老翁拄着 7 根拐杖。7 根拐杖系着 7 个葫芦，7 个葫芦装着 7 种名酒。每种名酒都已喝剩 7 两，7 种名酒换来 7 个铜板。

请问，每位老翁得到几个铜板？

字母谜题

下面是一行字母。

A
E
I
O
U

哪一个字母与众不同？

彬彬出国

彬彬与父母头一次出国旅行，由于语言不通，他的父母显得不知所措；彬彬也不懂外语，却像在自己国家里一样，没有感到丝毫的不便。

停止不动

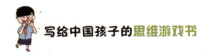

王先生怕赶不上公司的会议，从车站一直跑到了公司。但不知为什么，就快要到公司会议室了，他突然站立不动了。他的身体没什么毛病，会议也照常进行没有中止。

他为什么不跑了呢？

洞中救鸟

田田发现一只小鸟飞进一个小洞里出不来了。小洞很狭窄，手伸不进去，如果用树枝戳的话，又会伤到小鸟。

头脑风暴

你能想一个简便的办法，把小鸟从洞里救出来吗?

倒转水杯

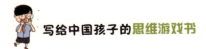

用手把装满水的杯子倒转过来，一直拿着，杯中的水也不会洒下来。当然，杯子上没有加盖子，而杯中一定是液态的水，而非冰或水蒸气。

请问，用的是什么方法呢？

奇怪的交通事故

某地发生了一起交通事故，由于桥梁垮塌，一辆卡车和 12 辆轿车严重受损，但卡车司机却毫发无伤地逃出了驾驶室，当巡警赶到现场时，却一名轿车司机也没看到。当时也没有轿车司机因此事故而以任何方式报警。

这是为什么呢？

字母排队

据说 O、T、T、F、F、S、S、E 这几个字母是按照一定的顺序排列在一起并组成一个队伍的。

头脑风暴

请你仔细思考：它们之间存在什么关系？下一个字母应该是什么？

两个吵架的人

每日来打卡

游戏难度 ★★★☆☆

_____月_____日　　耗时_____分钟

一位指挥家在和一位老人聊天，此时跑过来一个小孩子，他焦急地对指挥家说："你爸爸和我爸爸吵起来了！"老人问指挥家："这孩子和你是什么关系？"指挥家说："是我儿子。"

头脑风暴

那么请问，两个吵架的人和指挥家是什么关系？

合理分钱

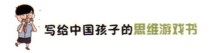

一个农场主有很大一片荒地，他手下有两个工人，分别是甲和乙。甲开垦荒地的速度是乙的 2 倍，但乙种植的速度是甲的 3 倍。农场主想开垦这片荒地并种植上农作物，于是他让甲、乙各承包一半的土地。于是，甲从南面开始开垦，乙从北面开始开垦。他们用了 10 天完成了这项开垦和种植的工作。农场主一共给了他们 1000 元钱。

头脑风暴

那么，他们两个人如何分这 1000 元钱才合理呢？

能放50瓶吗？

一家矿泉水公司生意很不错，不过最近有一件麻烦的事：公司最初设计的纸箱可以每排放 8 瓶，共 6 排，一箱可放 48 瓶，但是现在客户都反映放 48 瓶不好计算，必须改成每箱 50 瓶。如果要满足客户的需要，公司只能把做好的几千个箱子废弃，再做新的箱子，会造成很大浪费。一个负责洗瓶子的工人却说其实原来的箱子也可以放 50 瓶的，但没有人相信。

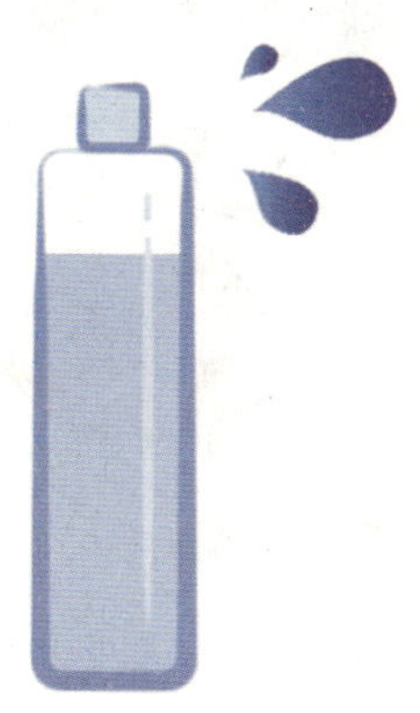

你认为这个箱子真的能放 50 瓶吗？

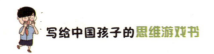

巧打绳结

有一条绳子，如果你用右手拿着绳子的一端，左手拿着绳子的另一端，两只手都不准放开绳子，把这条绳子打个结。

请问，你能做到吗？

哪个准些？

老王家有两个会报时的钟，一个每天慢 1 分钟，另一个指针根本就不动。

请问，这两个钟哪一个报时准些呢？

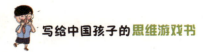

奇特的算式

每日来打卡

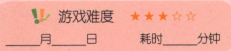

游戏难度 ★★★☆☆

_____月_____日　　耗时_____分钟

有一个奇特的算式：7+8=3。

在什么情况下该算式可能成立？

加热凝固

我们知道，很多东西加热都会熔化，但是有一样东西加热后便凝固。

请问，它是什么东西？

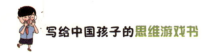

挑瓜过桥

有一个人挑一担西瓜要过桥去，桥宽 1 米，河水离桥面 0.5 米，桥能承受 200 斤的重量。挑瓜人体重 120 斤，两筐西瓜，每筐重 50 斤。

怎么才能一次把两筐西瓜挑过桥？

猜猜数字

有一个数字，去掉 2 变成 5，去掉 5 变成 2，减去 10 变成 15。

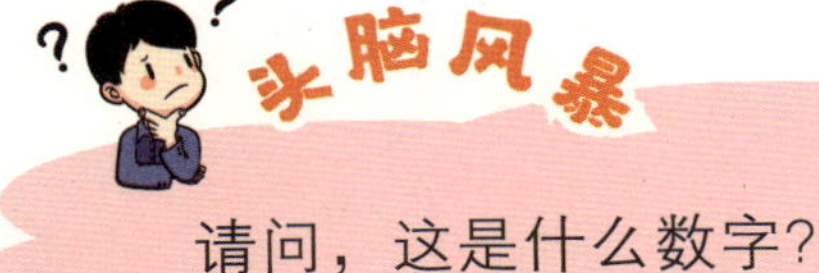

请问，这是什么数字?

奇特的年份

每日来打卡
游戏难度 ★★☆☆☆
____月____日
耗时____分钟

20 世纪中有这样一年，把这一年的年份写在纸上，把纸倒过来时，纸上的数还是这年的年份数字。

头脑风暴
这是哪一年呢？

奇怪的比较

有一个问题很奇怪，那就是 5 比 0 强，2 又比 5 强，但 0 却又比 2 强。

这到底是怎么一回事呢？

喝水问题

满满一壶凉开水，一次只能喝一半。

你能在 30 秒内让壶内的水一下子变没吗？

快速回答

为了测试一下同学们这几天的学习成果，数学老师出了一道题，要求同学们在 1 分钟之内回答出所有无理数的和是多少。全班只有 1 个同学脱口而出。

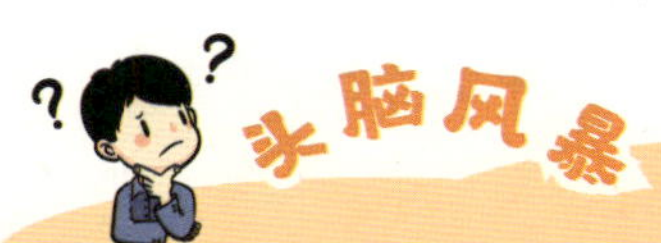

请问，你知道答案是多少吗？

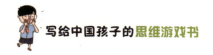

画像

上美术课时，老师给同学们出了一道题：“现在，我手里有一张 50 厘米长的白纸，要求你们画一幅 1 米高的人物图像，10 分钟交卷。”同学们一听都傻眼了，心想 50 厘米的白纸怎么能画出 1 米高的人呢？最后只有小娇完成了考题。

头脑风暴

你知道小娇是怎样画的吗？

谁知道密码？

每日来打卡

游戏难度 ★★☆☆☆

____月____日 耗时____分钟

有一位富翁的遗孀，年龄很大，身体很差，而且性格孤僻，她一个人孤独地住在一座大宅子里，陪伴她的只有一只会说话的鹦鹉，而她的乐趣就是教鹦鹉学习说话。

这位老太太有个远房侄女，是个很讨人喜欢的姑娘，老太太最近感到身体特别不好，就想把自己的财产都留给她。因为老太太没什么文化，眼睛又看不太清，就请人给侄女写了封信，嘱咐她赶快到这里来。但为了保密，信上没写保险柜的密码，只说："如果我等不到你来就死了，也没关系，我已经把一切都安排好了，我最可靠的朋友会告诉你密码。"

没过几天，老太太突然发病，不幸去世了。她侄女赶到后，为老太太料理完后事，就想起那封信来了，但等了几天，也没人告诉她密码。不过姑娘很聪明，她向邻居们打听了老太太生活的有关情况后，终于知道应该向谁去问密码了。

到底谁知道密码呢？

国王选女婿

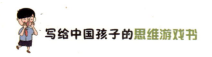

从前，有一位国王想为自己的宝贝女儿挑选一个聪明机智的丈夫。于是他贴出了招选女婿的告示，并在告示里提了一个古怪的条件：

“凡前来应选的英俊青年，不能送我任何礼物，也不可空着手不带东西来。”

结果，很多英俊的青年都知难而退了。但有一位才貌双全的小伙子却做到了，并最终成了国王的女婿。

聪明的你能猜出他是怎样做的吗？

第四章
纵向思维

圆的另一半

有一个圆碎成了两半，现在已知一半的样子，我们需要找到另外一半。

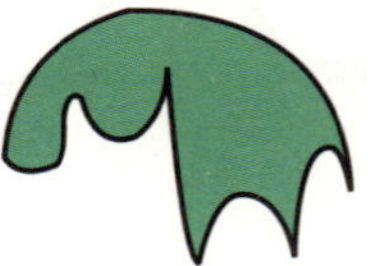

下面 A、B、C、D、E 五幅图，哪一幅是丢失的另一半？

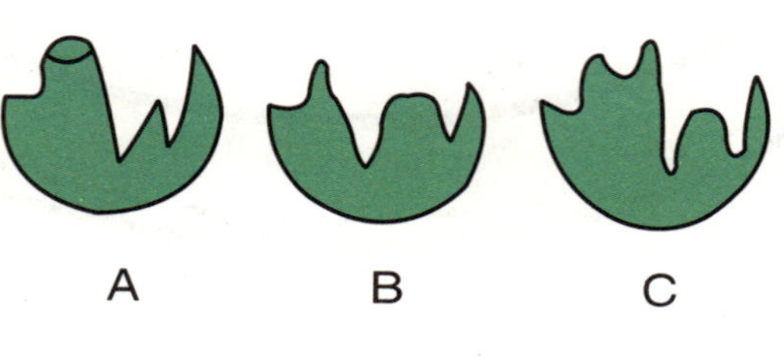

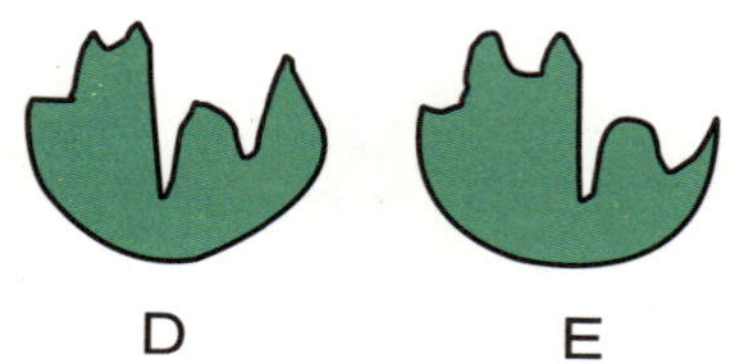

拼图

先看看下面这些别致的拼图。

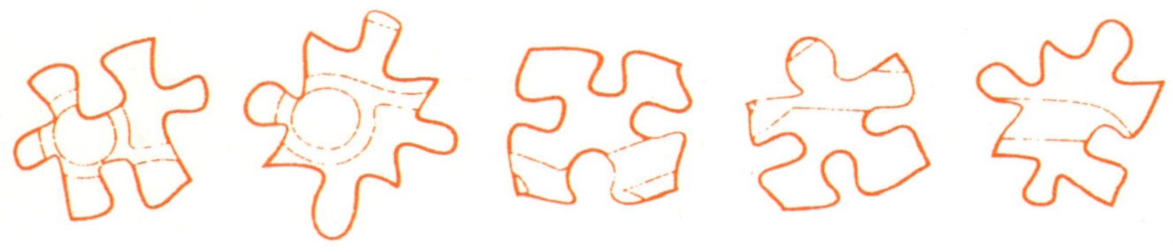

头脑风暴

下面哪个拼图能和上面 5 个拼图组成完整的一套?

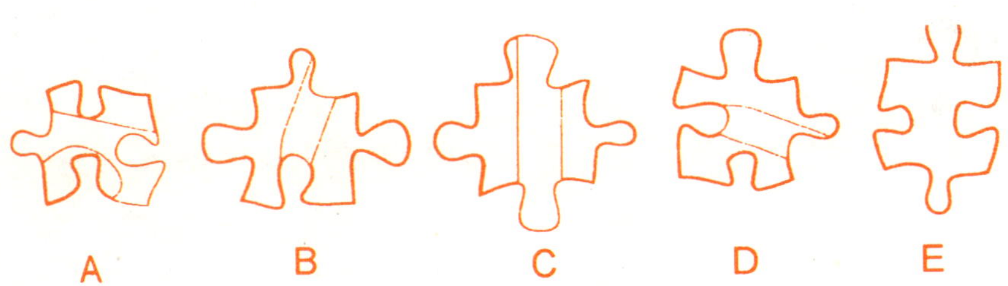

修黑板

下图是一块长方形的黑板，不过，其中两个角掉了，需要进行修缮。

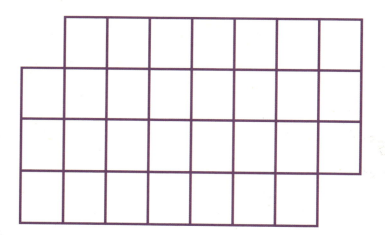

头脑风暴

能否不用其他木料就把它拼成一块完整的黑板呢？

形状奇特的岛屿

A、B、C 三国各派一名探险家进行环球航行，希望发现新大陆。3 名探险家历经千辛万苦，终于找到一个形状奇特的岛屿。3 名探险家经过商量，决定平分这块土地以示公平。

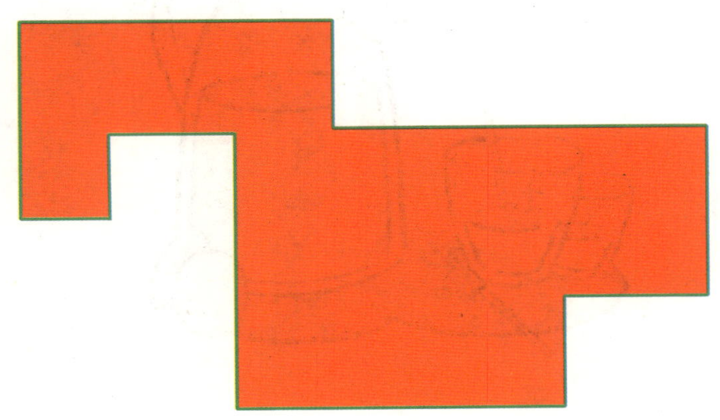

怎样才能平均分割这个形状奇特的岛屿呢?

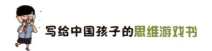

精确倒水

有一个盛有 900 毫升水的水壶和两个空杯子，一个杯子能盛 500 毫升，另一个杯子能盛 300 毫升。

不允许使用别的容器，也不允许在杯子上做记号，应该怎样倒水才能使得每个杯子里都恰好有 100 毫升水？

巧取袜子

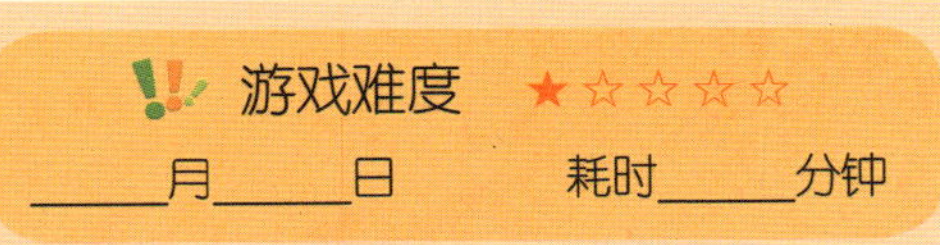

抽屉里有 10 只灰短袜、20 只花短袜。

头脑风暴

天黑了，你看不清袜子的颜色，但需找一双同色的袜子穿，你最多需要取出多少只袜子才可以找到一双同色的？

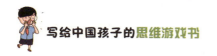

座位的顺序

游戏难度 ★★★★☆

____月____日　　耗时____分钟

在学校里，男孩子坐在 1 ~ 5 号课桌旁，女孩子坐在他们对面的 6 ~ 10 号课桌旁，5 号课桌正对 6 号课桌。

（1）1 号男孩对面是一个女孩，紧挨着她的女孩子名叫菲奥纳。

（2）菲奥纳坐在格雷斯（女）旁边的第三张桌子旁。

（3）希拉里（女）坐在科林（男）的对面。

（4）埃迪（男）坐在希拉里旁边的那位女孩的对面。

（5）不是科林就是艾伦（男）坐在正中间。

（6）戴维（男）坐在比尔（男）旁边。

（7）比尔坐在科林旁边第三张桌子旁。

（8）不是菲奥纳就是英蒂拉（女）坐在正中间。

（9）希拉里坐在简（女）旁边的第三张桌子旁。

（10）戴维坐在格雷斯的对面。

（11）坐在艾伦对面的女孩的旁边的是简。

（12）科林不坐在 5 号桌子旁。

（13）简不坐在 10 号桌子旁。

好 好 学 习　天 天 向 上

头脑风暴

你能排列出他们的座次吗？

数学讲师的难题

英国剑桥大学数学讲师卡洛尔曾出了下面这道题目来测验他的学生的逻辑思维能力。题目是这样的：

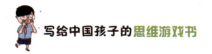

1. 教室里标有日期的信都是用粉色纸写的。
2. 丽萨写的信都是以“亲爱的”开头的。
3. 除约翰外没有人用黑墨水写信。
4. 皮特没有收藏他可以看到的信。
5. 只有一页信纸的信中标明了日期。
6. 未做标记的信都是用黑墨水写的。
7. 用粉色纸写的信都收藏起来了。
8. 一页以上信纸的信中，没有一封是做标记的。
9. 约翰没有写过一封以“亲爱的”开头的信。

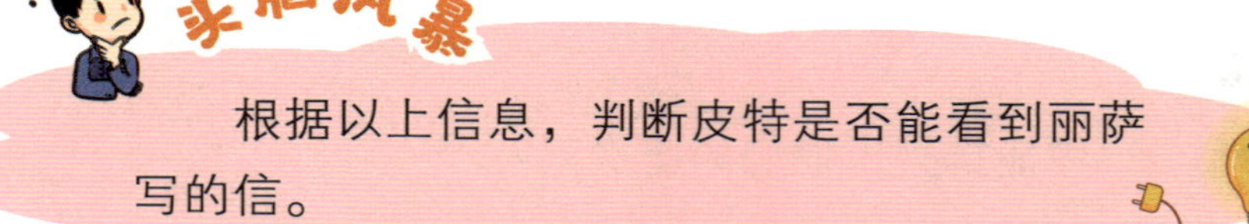

头脑风暴
根据以上信息，判断皮特是否能看到丽萨写的信。

蚂蚁过地下通道

一只蚂蚁在地下通道里爬行，对面又来了一只。由于通道非常狭窄，只能单只通过，幸好，通道一侧有个凹处，刚好能容下一只蚂蚁。可不巧的是，里面有一个小沙粒，把它移出来后又把通道堵住了，还是无法通行。

两只蚂蚁应该怎么做才能都顺利通过呢?

3人3狼过河

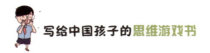

有3个人和3只狼都要过河，但河边只有一条船，每次只能乘坐2人或2狼或1人1狼，船到对岸后，还得有人或狼将船划回来接送余下的人和狼。人和狼可以一起乘船过河，但是过河时，任何一边的狼都不能比人多，否则狼会将人吃掉。

头脑风暴

请你想一想，人和狼都要平安地到达对岸，该如何过河？

如何找出假金币？

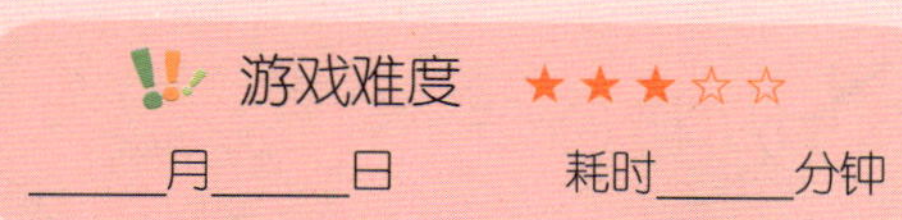

一次偶然的机会，蕾蒂从她的朋友那里得到 8 枚外表一模一样的金币。但是其中有一枚是假的，重量特别轻。于是她找来一架天平，想用它找出那枚假的金币。

头脑风暴

想一想，蕾蒂最少需要用天平称几次才能找出那枚假的金币？

几张唱片？

小南说：“你那些爵士乐唱片还在吗？”

小熊回答：“没有了。我已经把一半唱片和一张唱片的一半送给了小吴。然后我又把剩下的一半唱片和一张唱片的一半送给了小海。我现在只剩下一张唱片了，假如你能说出我原来有几张唱片，那么这一张唱片就送给你。”

你知道小熊原来有几张唱片吗？

究竟有多少个“1”？

每日来打卡

游戏难度 ★★★★☆

____月____日　　耗时____分钟

在 1 ~ 11 中有 4 个“1”，其中 1 中有一个“1”，10 中有一个“1”，11 中有两个“1”。

思考一下，1 ~ 1000 中有多少个“1”？

货架的排列顺序

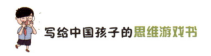

从超市的入口处起，共有 6 排货架。洗衣粉货架紧挨着奶瓶货架，但洗衣粉不是一进超市就看到的第一样物品。肉类货架在面包货架的前面，罐头在奶瓶货架前面的第 2 排货架上，肉类在水果货架后面的第 4 排货架上。

你知道货架从前往后依次摆放的是什么吗？

10枚硬币

有10枚硬币，甲、乙两人轮流从中取走1枚、2枚或者4枚，谁取最后一枚硬币就算谁输。

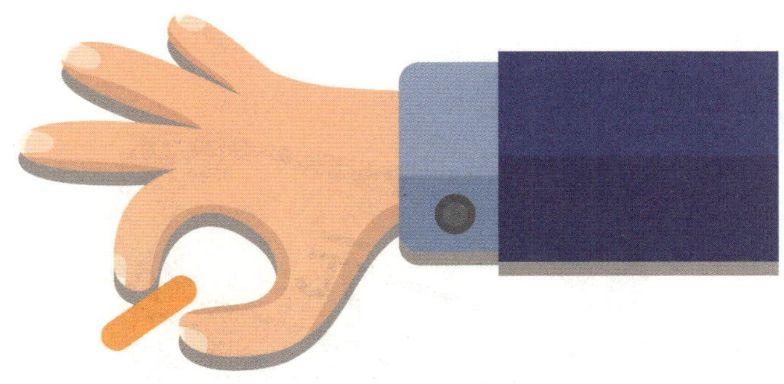

请问，该怎么做才能获得胜利？

1元钱哪去了？

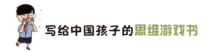

三个人在酒店吃饭，接到一张30元的账单，于是，每人拿了10元钱给服务员。后来一算账，只花费了25元，找回来5元，是5张1元钱的钞票。由于服务员工作马虎，在送回零钱时，不慎把2张1元的钞票掉到桌子下面去了，他自己没有发觉。吃饭的三个人只拿回3元，每人各拿了1元。

这样，每个客人付了9元，共3×9=27元，加上掉在桌子下面没有人发觉的2元，共29元，还有1元钱到哪里去了？

几天后相遇？

米奇和埃尔两人同时从 A 地向 B 地出发，其中米奇每天走 7 千米，埃尔第一天走 1 千米，第二天走 2 千米，第三天走 3 千米，这以后每天都比前一天多走 1 千米。

这两人出发几天后会相遇？

迟到的德比

德比去离家 1600 米的公园同他的女朋友约会，约会时间是 13:20。

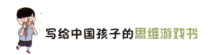

德比正好 13:00 出门，以每分钟 80 米的速度向公园前进。但是在 13:05，妹妹蒂娜发现德比忘记带钱包，于是带着哥哥的钱包以每分钟 100 米的速度追了出去。

另外，德比在 13:10 也发现自己忘了带钱包，然后还是不慌不忙地以每分钟 80 米的速度返回。终于两人碰面了。德比从蒂娜那里拿到了钱包，仍然以每分钟 80 米的速度向公园前进。

头脑风暴

那么，德比会迟到几分几秒呢（两人交接钱包的时间忽略不计）？

哪个更短？

一座小城里有许多纵横交错的街巷。皮皮、琪琪两人要从甲处出发步行到乙处，琪琪认为沿着城边走的路程短些，皮皮认为在城里穿街走巷的路程较短。

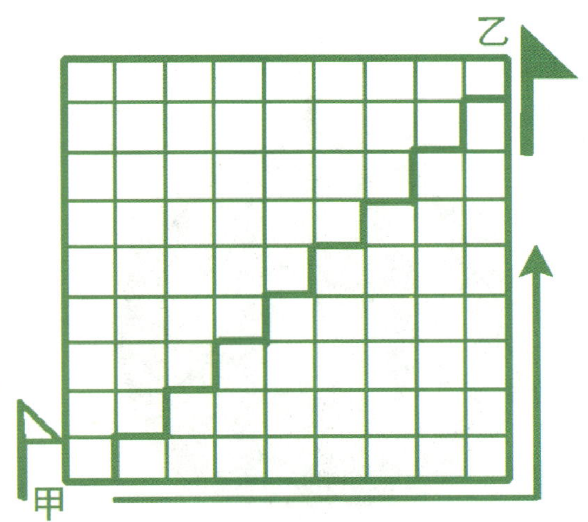

你认为哪种走法的路程短些？

巧切西瓜

夏天的时候，爸爸从外面买来一个大西瓜，明明立即拿着刀说让他来切。爸爸则要求如果明明能切 4 刀便把西瓜切成 15 块，就让他切。明明想了很久也没有想出来怎么切，看来这个西瓜只能由爸爸来切了。

亲爱的朋友，你能帮帮明明吗？

走出迷宫

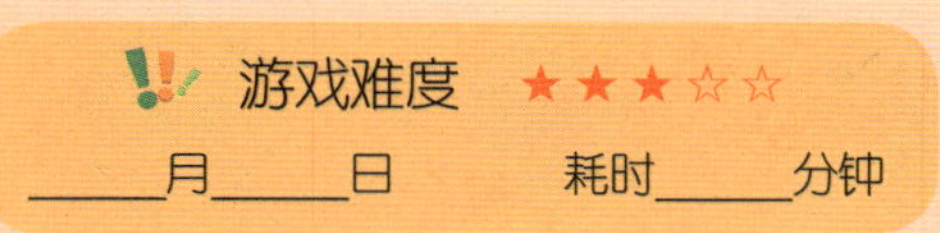

贝蒂喜欢迷宫游戏，她总能在很短的时间内找到走出迷宫的道路。下图是她正在玩的一个迷宫游戏，这个游戏的难度不小，需要耐心和智慧。图中所显示的是一个迷你迷宫，其中A是起点，B是终点。迷宫里面放置着许多障碍物，图中央的小盒子里面有每种障碍物代表的数值。

头脑风暴

怎么走出迷宫并且能使这些数值相加后等于40呢？

孰对孰错

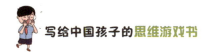

莎莎和妹妹一起看一本童话书，莎莎指着书的页码说："我们现在看的左右两页页码的和是 132。"而妹妹说："你错了，左右两页页码的和是 133。"

请你仔细想一想，她们俩谁说得对呢？

巧分油

有两只大小、形状和重量都相等的瓶子，一只瓶子里装有多半瓶的油，另外一只瓶里没有油。

头脑风暴

请问，在没有任何称量工具的情况下，如何均分这些油？

大厦的电梯

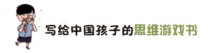

一栋 19 层的大厦，只安装了一部奇怪的电梯，上面只有“上楼”和“下楼”两个按钮。“上楼”按钮可以把乘梯者带上 8 个楼层（如果上面不够 8 个楼层则原地不动）；“下楼”的按钮可以把乘梯者带下 11 个楼层（如果下面不够 11 个楼层则原地不动）。

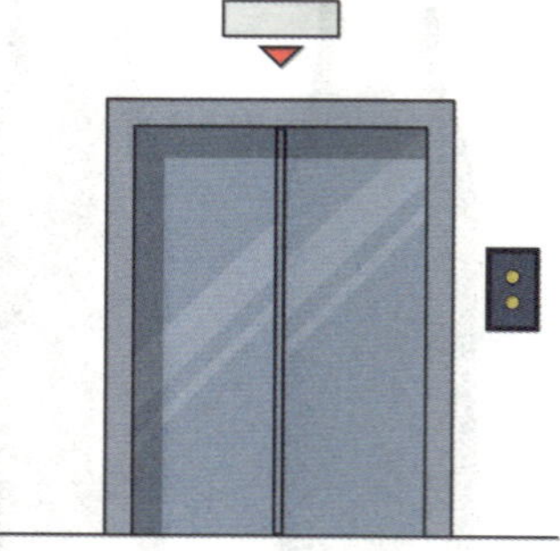

用这样的电梯能够停遍所有的楼层吗？从 1 楼开始，你需要按多少次按钮才能停完所有的楼层呢？你停完这些楼层的顺序又是什么呢？

上楼

亨特上班的办公楼和他居住的家属楼都是 6 层楼，而亨特工作和居住的楼层均在 3 层。

头脑风暴

亨特每天所爬的台阶数是家住 6 楼、工作也在 6 楼的同事的几分之几呢？

参考答案

第一章 立体思维

火柴图形

答案：如图所示。

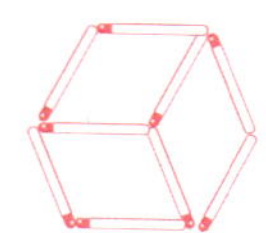

火柴棒立体图

答案：如图所示。

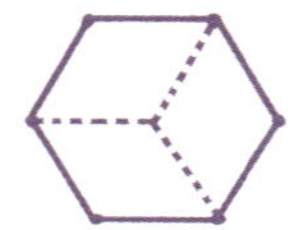

莫比乌斯带

答案：分开莫比乌斯带之后，你所得到的是一个更细更长的双曲面带。

打结的绳子

答案：图 3 没打结。

几个方块？

答案：把图倒过来看就能看到 7 个方块。

不同角度的立方体

答案：C。

原图有 6 个立方体排列在一个平面上，请注意它们排列的相对位置，只有 C 是相同的。

立方体各面颜色

答案：如图表所示。分析如下：

红	蓝	组合方式
6 面	无	1 种
5 面	1 面	1 种
4 面	2 面	2 种
3 面	3 面	2 种
2 面	4 面	2 种
1 面	5 面	1 种
无	6 面	1 种
合　计		10 种

第一种方案是将 6 个面都染上红色。因为六面体放置于地面上时，和地面接触的一面尽管是红色的，但是不知道的人或许会猜它是蓝色的；第二种方案是将其中 1 个面染成蓝的，其他面是红的；第三种方案是将六面体的 4 个面染上红色，2 个面染上蓝色，蓝 色的 2 个面可以是相邻的，也可以是相对的，因而是两种组合方式；第四种方案是将六面体的 3 个面染成红色，3 个

面染成蓝色，相邻或者相对，都可以。按照以上的方案，将红色和蓝色对调过来，同样成立。因而加起来，一共是 10 种组合方式。

折叠立方体

答案：C。

此类题目需要跳出点、线、面的限制，从四面八方去观察、思考，就可找出答案。

侧面图案

答案：D。

一个图形或者出现一次，或者出现两次。假设 D 只出现一次，则图 1 和图 2 中的图案 D 是同一个侧面上的图案。这样，和图案 D 相邻的四个侧面上，是四个互相不同并且与图案 D 也不同的图案。因此，图 1 中位于底部的图案一定出现了两次，这和给出的条件矛盾。所以，图 1 和图 2 中的图案 D 是两个不同的侧面上的图案，即出现了两次。

面面俱到

答案：B。

13 根木棍

答案：8—10—7—3—2—11—5—4—13—1—6—9—12。

椅子倒了

答案：如图所示。

补全积木

答案：D。

破损的宝塔

答案：10 与 16 相同。

猜物品

答案：如图所示。

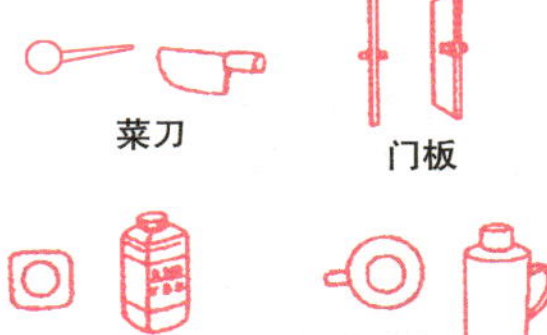

将军守城

答案：如图所示。

360：

10	80	10
80	□	80
10	80	10

340：

20	70	10
70	□	70
10	70	20

320：

20	60	20
60	□	60
20	60	20

300：

20	50	30
50	□	50
30	50	20

280：

30	40	30
40	□	40
30	40	30

260：

40	30	30
30	□	30
30	30	40

240：

40	20	40
20	□	20
40	20	40

220：

50	10	40
10	□	10
40	10	50

聪明的亲兵

答案：有两种方法，如图所示。

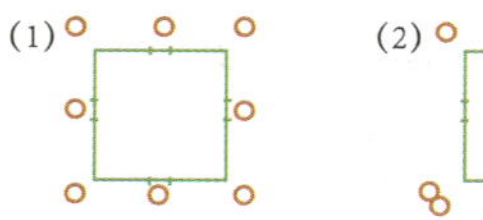

哪个人最高？

答案：3个人一样高。

这是一幅立体空间图，之所以看起来最前面的那个人矮，是因为观察的角度不一样。

立体招牌

答案：对这个问题来说，当你看到立体实物之后就会一目了然。这个立体实物如下图所示，需要按照一定的程序才能做成它。首先，它的形状从前面看是“十”字形的，把“十”字形的柱体剖通，再从上面将其剖成“工”字形，就可以了。也就是说，从三个方面剖成从各个角度所看到的形状，就能够贯通整体。

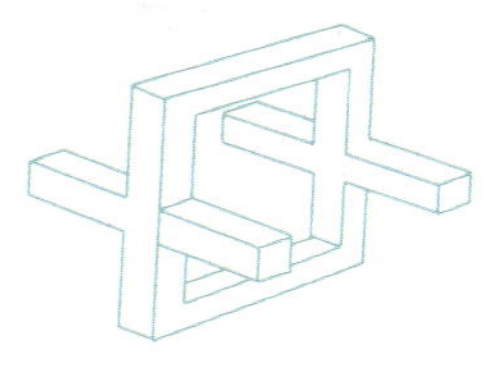

四边形玻璃板

答案：图中看起来好像有很多块，其实仔细数数，只有10块玻璃板。每数过一块记住它的一个角，很快就数清楚了。

硬币金字塔

答案：7枚。

其实，只有当金字塔层数是3的倍数时，才会出现非对称的移动方式。所以，只要移动右上图中有颜色的硬币，就可以将金字塔上下颠倒了。

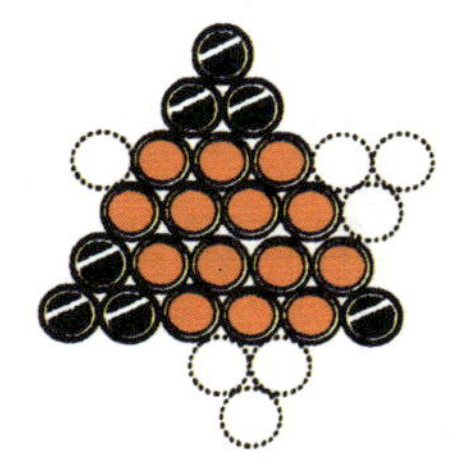

积木塔

答案：如图所示。

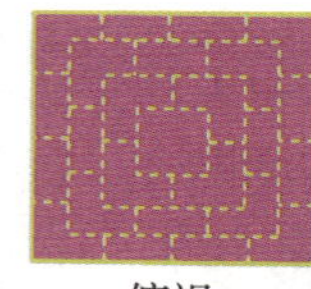
俯视

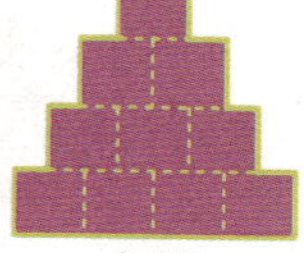
侧视

最短的路线

答案：将正方体展开，A和B的连线即是最短路线。

立体图形

答案：10+11=21块。

施罗德阶梯

答案：如图所示。

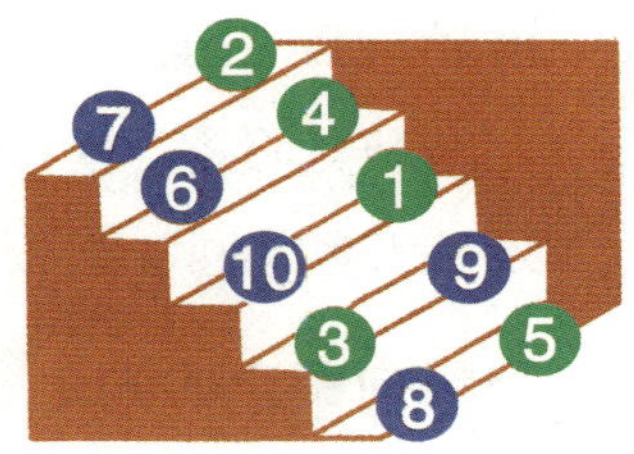

第二章

逆向思维

先喝到瓶底的饮料

答案：把吸管直接插到瓶底，这样就能先喝到瓶底的饮料了。

火柴杯

答案：能，如图所示。

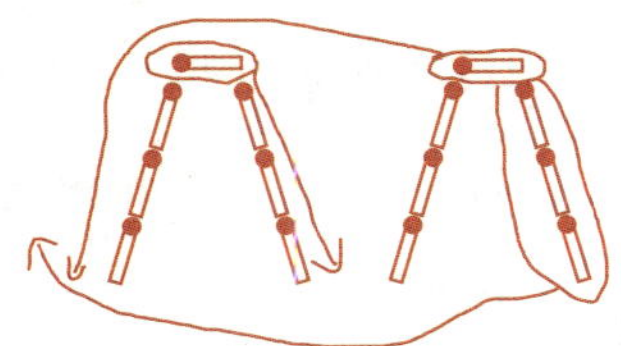

改变鹿头方向

答案：将最右边的火柴移到最下面，这样小鹿的头的朝向就改变了。

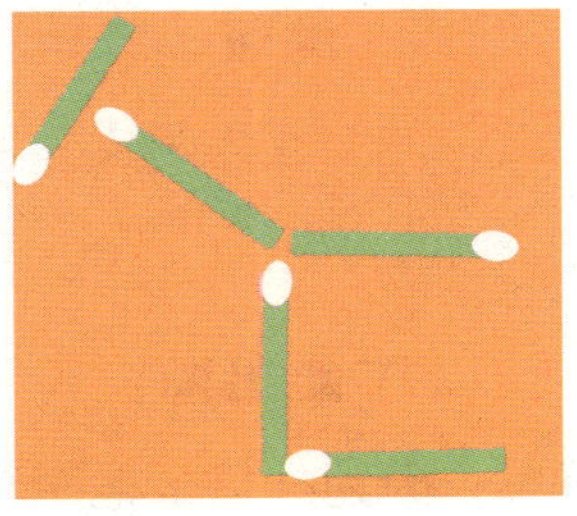

巧取宝石

答案：小公主把地毯的一角卷起来，逐渐接近宝石，最后她一伸手就拿到了宝石。

不吃羊的狼

答案：因为它们没有在同一时间过河，没有见面，狼当然吃不到小羊了。

小狗赛跑

答案：狗不会出汗。

分蘑菇

答案：大象先让兔子A将蘑菇平均切成两份，然后由兔子B先在两份中挑选一份，剩下的那份就留给兔子A。因为蘑菇是由兔子A切的，这两份在它的眼中当然是一模一样的。两份蘑菇在兔子B眼中肯定是大小不一样的，所以它挑走了自认为比较大的那一份。

取出药片

答案：姐姐把软木塞按进了药瓶里，就能把药片倒出来了。

神奇的镜子

答案：判断左右是人的一种视觉习惯。实际上，视觉分辨左右和分辨上下的概念不同。当人侧身躺下时，令头的方向为右，脚的方向为左，那么你会发现，原本在腹部“右边”的头，在镜子中则变成了在腹部的“左边”。

池塘里共有几桶水？

答案：要看是怎样的桶。如果桶和池塘一样大，则只有 1 桶水；如果桶只有池塘一半大，则有 2 桶水；如果桶有池塘的 1/3 大，则有 3 桶水，以此类推。

两个乒乓球

答案：乒乒从袋子里拿出一个乒乓球之后，让强强看袋子里面剩下的是什么颜色的乒乓球，就可以推断乒乒拿到的乒乓球是什么颜色了。

转述广告

答案：不都是中国人吗？说中文好了，不用一个一个地转述那么麻烦了。

如何通过？

答案：只要在船上加些重物，使船下沉几厘米，就可以从桥下安全通过了。

自动飞回的皮球

答案：皮皮是将皮球垂直向上抛的，当然会自动飞回到他手里。

浓烟飘向哪个方向？

答案：电力机车不像以往的蒸汽机车，它是不会冒浓烟的。这道题与你开了个玩笑，不过它能很好地考查你的反应能力和观察问题的能力。

篮球赛

答案：让本队的队员往自己篮筐投一个二分球，结果打成平局。根据篮球比赛规则，在规定时间内，如果双方打成平局，则可以加赛 5 分钟。这样，甲队就有可能利用这 5 分钟来赢取宝贵的 6 分。

分桃子

答案：给 3 个小朋友一人一个，留下第 4 个放在桌子上，给第 4 个小朋友。

过河

答案：能。因为两人分别在河的两边。

不能出圈

答案：因为林林是把圈套在自

己身上，这样身体既没有走出圈，又可以拿到 3 米外的书。

小牛转圈

答案：朝下。

智过界桥

答案：这个人看见哨兵离开了哨所，立刻从北岸上桥往南走，走到 7 分钟的时候，已走过了哨兵的哨所，这时转身往北走，走不到 1 分钟，哨兵就会回来，马上喝令其回到南岸去，这样就能很顺利地通过这座桥。

细胞分裂

答案：59 分钟。

你可能会想当然地认为，既然从 1 个活细胞的分裂开始，一个小时后能使该试管的活细胞饱和，那么，从 2 个活细胞的分裂开始，大概只要半小时就行了吧。答案可能会使你感到吃惊。从 2 个活细胞的分裂开始，需要 59 分钟才能使该试管中的活细胞饱和。理由其实很简单。从 1 个细胞分裂开始，1 个小时后试管内的细胞饱和。在这个过程中，第 2 分钟时试管内的活细胞的数量是 2 个，此后的 59 分钟，正是从这 2 个活细胞分裂到使试管内的活细胞饱和所需要的时间。

巧妙交错

答案：动 4 只杯子：将 2 与 7、4 与 9 互相交换位置。

动 2 只杯子：将 2 和 4 两只杯子里的水倒进 7 和 9 两只空杯里就行。

公共汽车上的怪事

答案：车上只有一位乘客，那就是毛毛，只有他买了票，司机和售票员当然不会自己向自己索要车票。

一箭四落

答案：小儿子拔出一支箭，朝盘子射出，射翻了盘子，4 个苹果就全部掉在地上了。

“是”还是“不”？

答案：小张的第一个问题是：“周末你愿意和我去爬山吗？”第二个问题是：“对第二个问题的回答，与对第一个问题的回答是一样的吗？”如果弟弟对第一个问题说“不”，那么对于第二个问题，他无论说“是”还是“不”，都在逻辑上自相矛盾。所以，弟弟别无选择，只能对第一个问题回答“是”。

准时轮班

答案：在一天作业开始的同时，第一批10个人就先到地面上休息，待一个小时以后，到工地与下一批人交班，其余依次类推即可。

第三章

横向思维

一道简单的心算题

答案：4100。

看到这道题的时候，大多数人都是先看到4个1000，然后得出4000这个数。这时，我们的思维就固定在了千位数上，所以下面的计算就会不由自主地得出1000这个数，因此最后就得出了5000这个错误答案。

几个铜板？

答案：这个题目看似复杂，实际十分简单。整个题目中只有一句话最关键，即“7种名酒换来7个铜板”，因此每位老翁得到1个铜板。

字母谜题

答案：E与其他字母不同，A、I、O、U都是左右对称的，而E不是。

彬彬出国

答案：彬彬是个不会说话的婴儿。

停止不动

答案：因为王先生进了电梯。在电梯里面当然不能跑了。

洞中救鸟

答案：可以用沙子慢慢地把洞灌满，这样小鸟就会随着沙子的增多而往洞外走。

倒转水杯

答案：只要在一个盛满水的盆中将装满水的杯子倒转过来即可。

奇怪的交通事故

答案：轿车是作为货物由卡车运输的。

字母排队

答案：这些字母分别是1、2、3、4等数字的英文单词的第一个字母。这些单词分别是One、Two、Three、Four、Five、Six、Seven、Eight，因此，下一个字母就是“N”，单词是nine。

两个吵架的人

答案：指挥家是女性，吵架的一个是她的丈夫，一个是她的爸爸。

合理分钱

答案：每个人500元。因为农场主让甲、乙各承包一半的土地，所以他们开垦和种植的土地的面积是一样的。

能放50瓶吗？

答案：能。

原来的瓶子是按照四边形的排法来放的，其实所有的圆柱体物品如果按照六角形排法，都可以节省空间。所以用六角形排法，原来的箱子完全可以放50个瓶子。如图所示：

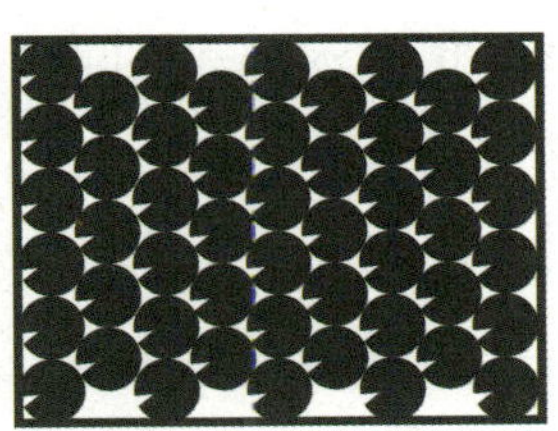

巧打绳结

答案：你只要将胳膊相互缠绕交叉后，再双手各拿绳子的一端，然后将交叉的两条胳膊展开，就可以在绳子上打一个结。

哪个准些？

答案：那个指针不动的钟，报时会准确些。因为，一天慢1分钟的那个钟约每两年才会报准1次，而指针不动的那个钟每24小时就会报准两次时间，所以那个指针不动的钟报时更准确。

奇特的算式

答案：在时间上，上午7点钟再加上8个小时是下午3点钟。

加热凝固

答案：蛋。

挑瓜过桥

答案：把挑着的西瓜浸在河水里，就可以安全过桥。

猜猜数字

答案：25。

奇特的年份

答案：1961年。

奇怪的比较

答案：是“石头、剪刀、布”，即猜拳游戏。

喝水问题

答案：把水倒掉就行了。

快速回答

答案：0。

因为每一个正无理数都有与之相

应的负无理数。所以最后的结果是 0。

画像

答案：小娇画的人正蹲在地上玩，要是他直起腰来，就有 1 米高了。

谁知道密码？

答案：因为老太太性格孤僻，不愿与人往来，也没有亲近的朋友，所以她不会将密码告诉任何人。但是她信中却说她已经安排好了，联想到她每天都教鹦鹉说话，能告诉姑娘密码的只可能是鹦鹉。

国王选女婿

答案：那小伙子手里抓着一只白鸽，走到国王面前松开五指，那鸽子就飞走了。

第四章 纵向思维

圆的另一半

答案：C。

拼图

答案：D。

将原来的 5 块拼图拼好后，左侧缺圆弧，右侧缺延展性弧线，将选项依次试过，只有 D 项合适。

修黑板

答案：如图所示。

形状奇特的岛屿

答案：如图所示。

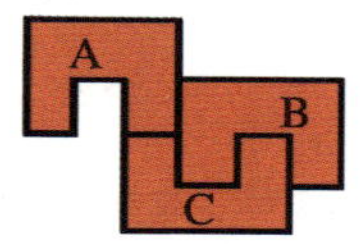

精确倒水

答案：把两个杯子都倒满，然后将水壶里的水倒掉。接着将 300 毫升杯子里的水全部倒回水壶，把大杯子里的水往小杯子里倒 300 毫升，并把这 300 毫升水倒回壶中，再把大杯子里剩下的 200 毫升水倒入小杯子，把壶里的水倒满大杯子（500 毫升），这样，壶里只剩 100 毫升水。再把大杯子里的水倒满小杯子（只能倒出 100 毫升），然后把小杯子里的水倒掉，再从大杯子往小杯子里倒满 300 毫升，大杯子里剩下 100 毫升，再把小杯子里的水倒掉，最后把水壶里剩的 100 毫升水倒入小杯子。

这样每个杯子里都恰好有100毫升的水。

巧取袜子

答案：最多取出3只就够了。

座位的顺序

答案：先确定菲奥纳和英蒂拉的座位。

他们的座位顺序依次为：1号科林；2号埃迪；3号艾伦；4号比尔；5号戴维；6号格雷斯；7号简；8号英蒂拉；9号菲奥纳；10号希拉里。

数学讲师的难题

答案：不能。

由1知：标有日期的信——用粉色纸写的；由2知：丽萨写的信——“亲爱的”开头；由3知：不是约翰写的信——不用黑墨水；由4知：皮特收藏的信——不能看到；由5知：只有一页信纸的信——标明了日期；由6知：不是用黑墨水写的信——做标记；由7知：用粉色纸写的信——收藏；由8知：做标记的信——只有一页信纸；由9知：约翰的信——不以“亲爱的”开头。综上可知：丽萨写的信——不是约翰写的信——不是用黑墨水——做了标记——只有一页信纸——标明了日期——用粉色纸写的——收藏起来——皮特不能看到。所以，皮特不能看到丽萨写的信。

蚂蚁过地下通道

答案：由一只蚂蚁把沙粒拉出凹处，放在通道里；然后另一只蚂蚁进入凹处；再由前一只蚂蚁推着沙粒通过凹处后暂停；然后另一只蚂蚁爬出凹处，沿通道爬走；最后前一只蚂蚁将沙粒拖回凹处，自己再向前走。

3人3狼过河

答案：首先可以将3只狼分别编号为A、B、C，3个人分别编号为D、E、F。第一步，让A和B划船过河，B划船返回；第二步，B和D一起过河，A划船返回；第三步，E和F一起过河，B划船返回；第四步，A和B一起过河，B划船返回；第五步，B和C一起过河。

如何找出假金币？

答案：她只需要用天平称2次就可以找出那枚假的金币了。由于那枚假的金币特别轻，她可以先在天平的左右两个秤盘上都放3枚金币。如果天平保持平衡的话，她就只需要再称剩下的2枚金币就可以了。如果天平没有保持平衡，就从较轻的3枚中拿2枚分别放进左右称盘，较轻的那一边就是假金币；如果天平保持平衡，则手里的那一枚金币就是假的了。

几张唱片？

答案：本题的窍门在于数量为奇数的唱片，取其一半再加上半张唱片，一定是个整数。因为小熊在最后一次送礼后只剩下了1张唱片，所以在他把唱片送给小海之前，一定有（$1+\frac{1}{2}$）×2=3张唱片。现在倒过来往前算就很简单了，他原来一定有（$3+\frac{1}{2}$）×2=7张唱片。

究竟有多少个“1”？

答案：301个。

1–9中有1个1，10–19中有11个1，20–99中有8个1，1–99中总共有1+11+8=20个。100–199中，110–119有21个1，其余有11个1，总共21+11×9=120。200–999中，有8个“1–99”，所以总共有8×20=160。1000中只有1个1。总共有1+20+120+160=301。

货架的排列顺序

答案：根据“肉类在水果货架后面的第4排货架上”可知，肉类货架和水果货架中间有3排货架；再根据“肉类货架在面包货架的前面”和“共有6排货架”可知，肉类在第5排货架，水果在第1排货架，面包在第6排货架；根据“罐头在奶瓶货架前面的第2排货架上”可知，罐头货架和奶瓶货架中间还有一个货架；而根据“洗衣粉货架紧挨着奶瓶货架”可知，洗衣粉货架在罐头货架和奶瓶货架中间。货架的排列顺序是：第1排水果；第2排罐头；第3排洗衣粉；第4排奶瓶；第5排肉类；第6排面包。

10枚硬币

答案：后取一方会获得胜利。

这是一个后发制胜的游戏，谁先开局谁必输。如：你的对手先取1枚，你再取1枚，还剩下8枚；你的对手接着取2枚，你又取2枚，还剩下4枚；最后你的对手取4枚，就会出现他输的局面。

1 元钱哪去了？

答案：这个题用错误的提问混淆了你的思路。服务员掉落的 2 元是在三个人付出的 27 元中，应从中减掉，而不是加上去。实际上这笔账很简单：三个人付了 27 元钱，其中饭馆收 25 元，服务员掉落 2 元。

几天后相遇？

答案：先推算出埃尔与米奇在哪一天所走的距离是相等的，而此后埃尔每天比米奇多走的距离与前面比米奇少走的距离抵消，就可以算出两人第几天相遇了。前 6 天埃尔比米奇依次少走 6、5、4、3、2、1 千米，第 7 天两人走的距离相等，从第 8 天开始，埃尔比米奇依次多走 1、2、3……千米。这样到第 13 天两人相遇。

迟到的德比

答案：先推算出德比开始返回时，与蒂娜之间的距离；再推算两人碰面所需的时间，德比没有改变速度，他往返所浪费的时间就是迟到的时间。在 13∶10 的时候，离家的距离是：德比——80 米／分 ×10 分 =800 米；蒂娜——100 米／分 ×5 分 =500 米。也就是说，两人之间的距离间隔为 300 米。从那个时候到两人碰面为止：300÷（100+80）=1 分 40 秒。德比把返回的距离和时间又走了一次，往返浪费的时间 = 迟到的时间，即 1 分 40 秒 ×2=3 分 20 秒。

哪个更短？

答案：如果不考虑街巷的宽度，单从理论推算的话，两人走的路程是一样长的。但实际上，皮皮走的路程要短些，因为街巷不是一条细细的直线而是有宽度的，路面越宽，皮皮走的路就越直，即可选择斜边走；而琪琪走的全是两直角边，而斜边长度是小于两直角边长度之和的。

巧切西瓜

答案：横着切一刀，竖着切一刀，再水平切一刀。这三刀就把西瓜切成了 8 块。拿出一块不切，再一刀把其他 7 块一分为二，就是 14 块，加上方才拿出不切的 1 块，一共 15 块。

走出迷宫

答案：这是一个经典的题目。数字迷宫的问题经常会遇到，所以我们的思路也容易被局限在走过的迷宫路线中。

我们先看迷宫的起点和终点的数字，然后联想 1、2、3 和 40 之间的关系。显而易见，1+2+3=6，6×6=36，再加上终点处的 3 和 1 正好得出 40。

孰对孰错

答案：妹妹说得对。

书的右边都是单数页码，左边都是双数页码，右边页码都比左边页码多 1，根据单数 + 双数 = 单数的规律，可以判断左右两页页码的和一定是单数。

巧分油

答案：让这两只瓶子浮在水面上，将油倒来倒去，直到这两只瓶子浮在水面上的高度相等时，这些油就被均分了。

大厦的电梯

答案：可以停遍所有的楼层。需要按 19 次按钮，顺序如下：1→9→17→6→14→3→11→19→8→16→5→13→2→10→18→7→15→4→12→1（1 楼为起点，第一次不计数）。

上楼

答案：2/5。

这里的关键是住 1 楼的人不需要爬楼梯。如果你想上 3 楼，需要爬 2 层台阶而不是 3 层；想上 6 楼，要爬 5 层台阶而不是 6 层。